# ビジネスパーソンのための
# 近現代史の読み方

Modern History for
Top Businesspeople

Kenichi Sato
佐藤けんいち

Discover

ビジネスパーソンのための近現代史の読み方

# 目次

Contents

序章
# なぜ「逆回し」で歴史を見るのか？

●「リバース・エンジニアリング」の発想で歴史を読み解く 019／●「歴史」をさかのぼるとは「地層」を掘り下げてゆくこと 021／●「現在が過去を照らす」 022／●「現在」を知るために「歴史」をさかのぼる 024

第1章
# 2016年の衝撃
## ふたたび英米アングロサクソン主導の「大転換」が始動する

●英国の「EU離脱」とトランプ大統領誕生 028／●英米アングロサクソンが主導してきた「近代」 030／●「EU」の歴史と英国のEU加盟 033／●「ブレクジット」の開始 035／●「島国」の英国はもともと「大陸」と距離をおいてきた 038／●「離脱」は「解体」につながりやすい 041／●まさかの逆転勝利でトランプ米国大統領が誕生 043／●止まらない「格差問題」 044／●英国も米国も「国益」の観点から「グローバリゼーション」を推進 046／●再浮上してきた「ネーション」への回帰の時代になっている 048

第２章

# 「現在」の先進国の都市型ライフスタイルはいつできあがったのか？

●「現在」を日常生活から考えてみる　052／●平均的な日本人ビジネスパーソンの一日　053／●「前近代」の日本、「近代」の高度成長期、「戦前」との比較　055／●「近代」の都市型ライフスタイルは19世紀のロンドンから　057／●「明治維新革命」政権は「産業革命」後の19世紀の最先端を導入　058／●18世紀後半から21世紀にかけての4次にわたる「産業革命」　060／●「近代」がもたらした「意識」の変化……「見えないもの」から考える　063／●「近代」以降の「空間意識」と「時間意識」　064／●「空間」が「時間」化される　067／●すでに世界はネットワークによってほぼ完全に「一体化」している　068／●「現在」は英米アングロサクソンが主導する世界　069／●20世紀最高の歴史家ブローデルによる「歴史の三層構造」　071／●本書の探索テーマ　072

## 第3章
# 「第3次グローバリゼーション」時代とその帰結（21世紀）
冷戦終結後、秩序の解体と崩壊によって混迷が深まる


### 1 「グローバリゼーション」と「ネーション・ステート」の関係
●「グローバリゼーション」と「ネーション・ステート」 079／●「ネーション」と「ステート」はイコールではない 081／●「グローバリゼーション」は三段階で進展した 085／●「第3次グローバリゼーション」を促進した「新自由主義」 088／●冷戦構造崩壊後、きれいごとによって抑圧されてきたものが噴出 090

### 2 「現在」を地政学の考えで空間的に把握する
●地政学の枠組みで現状認識を行う重要性 095／●日米関係を地政学の観点からみる 097／●日中関係を地政学の観点からみる 100／●日米中の三角関係という構造 102

## 3 「時代区分」としての21世紀
冷戦終結後の四半世紀をひとまとめで考える

●現在は「大転換期」 105／●「リーマン・ショック」と「世界金融危機」（２００８年） 107／●「リーマン・ショック」は「サブプライム・ショック」に起因する 109／●投資銀行とヘッジファンドの暴走とクラッシュ 111／●深刻な影響を受けたのは震源地の米国よりもむしろ欧州 114

## 4 オバマ大統領の8年間を振り返る
米国は「内向き志向」を強めた

●オバマ大統領は米国に「チェンジ」をもたらした 117／●オバマの国際関係における功罪 119／●「リーマン・ショック」後の世界を動かしているプレイヤーたち 121

## 5 米国は本当に衰退しているのか？

●２００１年に始まる「米国衰退論」 125／●圧倒的な軍事力と経済力 126／●米国の強みは「ソフトパワー」 127／●「基軸通貨」をもつ米国の最終兵器が「金融制裁」 128

## 6　「冷戦構造」の崩壊（1991年）と「ポスト冷戦期」

●それは「ベルリンの壁崩壊」（1989年）から始まった 131／●「冷戦構造」崩壊後つぎつぎと開く「パンドラの箱」 133／●旧ソ連から科学者と技術者がイスラエルに大量流出 135／●米国の「仮想敵国」となった日本 137／●冷戦構造崩壊と日本のバブル崩壊（1990年） 139

## 7　「人工国家・ソ連」の74年間の「実験」

●ソ連崩壊につながった3つの問題 142／●ソ連崩壊の原因は「計画経済」の失敗 143

## 8　日本「高度成長期」の奇跡

●「日本モデル」は産官学のトライアングル 147／●「経済ナショナリズム」と西欧先進国へのキャッチアップという夢 149／●「高度経済成長」の代償としての「公害問題」 152

9 「1979年」の意味
「サッチャー革命」「イラン革命」「アフガン侵攻」の影響が現在まで続いている
●「サッチャー革命」でよみがえった英国と「第3次グローバリゼーション」の開始 156／●イスラームが世界史にふたたび急浮上した1979年 158／●イランの「イスラーム革命」のインパクト 159／●アフガン侵攻は「無神論」の「共産主義国家・ソ連」にとって命取りになった 160／●米国のレーガン大統領は「グローバリゼーション」を推進してソ連を自壊させた 162
Column 1 2つのアングロサクソン――英国と米国の共通点と相違点 166

第4章
「パックス・アメリカーナ」
20世紀は「植民地なき覇権」の米国が主導した

1 米国の覇権体制と「パックス・アメリカーナ」
●第二次世界大戦後の米国の「覇権」を支えたのは「合理性信仰」 173

## 2　「成長の限界」と「持続的成長」の出発点としての１９７０年代

●「成長の限界」と「持続的成長」論の登場　176／●「ベトナム戦争」で米国が敗北（１９７５年）……植民地時代の終わり　178／●米国のベトナム敗戦は合理主義信仰の敗北でもあった　180／●「ベトナム戦争特需」で経済発展の足がかりをつかんだ韓国　181／●「第４次中東戦争」と石油ショック（１９７３年）　182

## 3　「米ソ冷戦構造」の時代と「アジア太平洋」の時代の始まり

●米国の「黄金時代」から「９・11」まで　186／●英国から米国への「覇権」の移動……「覇権」は暴力的に奪取される　188／●米国の「覇権」確立……対抗軸としてのソ連　189／●「米ソ冷戦構造」の開始……米国陣営に位置づけられた西ドイツと日本　190／●米国の「覇権」のもと「反共」の日本は「戦後復興」した　192／●「反共」のスローガンのもとに行われた虐殺　194／●米国の「反共」政策とテレビ放送の開始　196／●原子力とコンピュータ　198／●「キューバ・ミサイル危機」（１９６２年）　199／●中華人民共和国の成立（１９４９年）　201

## 4 「第二次世界大戦」（1939～1945年）

覇権国は英国から米国へと移動した

●西欧諸国の「植民地」体制の終焉 204
●アジア・アフリカの「脱植民地化」と「第三世界」 208

## 5 「大恐慌」（1929年）は米国から始まり欧州と日本に飛び火した

●米国の大恐慌 212
●日本では「昭和恐慌」（1930年）へ 215
●米国発の「大恐慌」がことさらドイツに破壊的影響をもたらした理由 216
●「反資本主義」の発生 217
●「反資本主義」じたいに魅力があった？ 218
●「電化の時代」と「コンビナート」（工場結合体） 220
●ルーズヴェルト政権による「反資本主義」政策 221
●ヒトラーの経済政策 222

## 6 「第一次世界大戦」（1914～1918年）で激変した世界

ここから実質的に新しい時代が始まった

●世界史における「第一次世界大戦」の意味 225
●「第2次グローバリゼーション時代」の「システミック・リスク」が顕在化 226
●大量殺戮はテクノロジーが前面にでた戦争の惨禍 228
●「第一次世界大戦」で登場した毒ガス 230
●米国の参戦が「連合国」勝利に果たした決定的役割 231
●戦場となった欧州は

「世界大戦」による破壊で富の平準化が実現　232／●「ベルエポック」という旧来の秩序が崩壊して生まれたもの　235

## 7 「第一次世界大戦」……「西欧の没落」の始まりと米ソの台頭①
「ビジネス立国」米国は急成長した

●「ビジネス立国」としての米国……ビジネス界の発言力の大きさ　239／●「大量生産」と「大量消費」の時代が米国から始まる　241／●電気自動車は技術的制約でガソリン自動車に敗れた　244／●「テイラー主義」（＝科学的管理法）　245／●「新興国」米国の起爆剤となった「南北戦争」と北軍の勝利　247

## 8 「第一次世界大戦」……「西欧の没落」の始まりと米ソの台頭②
ロシア革命でソ連が誕生する

●マルクスの予言を裏切って成功した「暴力革命」　250／●テロといえばロシアが中心地だった　251／●「働かざる者　食うべからず」（レーニン）と「スターリン憲法」　253／●「独裁者」スターリンは「官僚制」によって支えられていた　255

## 9 「第一次世界大戦」が引き起こした「帝国」の崩壊と「民族自決」

●オスマン帝国とハプスブルク帝国は「バルカン半島」で接していた 258／●「サイクス・ピコ協定」（1916年）によるオスマン帝国分割 260／●「アルメニア人虐殺」（1915年）は「アウシュヴィッツ」のわずか25年前に発生 262／●オスマン帝国と「英独対立」 264／●「トルコ民族主義」と「トルコ共和国」の誕生（1923年） 266／●「国家」をもたないクルド人問題 268／●「人工国家」として大英帝国が設計したイラク（1921年） 269

## 10 「帝国の解体」とイスラエル誕生への道

●「シオニズム」は「世紀末ウィーン」で生まれた 273／●ユダヤ人虐殺が組織的に行われたロシア帝国と「反ユダヤ主義」 276／●英米のユダヤ人投資銀行家は「日露戦争」で日本を支援した 278／●ロシアから米国に移住したユダヤ人 279／●「ユダヤ人絶滅政策」……ドイツとオーストリアの関与 280／●「大英帝国」への愛憎と「イスラエル建国」（1948年）への道 282

→Column 2 内村鑑三が体験した「金ぴか時代」の米国——カネ儲けと慈善活動 284

# 第5章

# 「第2次グローバリゼーション」時代と「パックス・ブリタニカ」

## 19世紀は「植民地帝国」イギリスが主導した

## 1 大英帝国が世界を一体化した

●「スマートパワー」としての「大英帝国」288／●「大英帝国」は世界史上、空前絶後の「帝国」290／●「文明化の使命」295／●「都市型ライフスタイル」の原点は19世紀英国297／●「覇権国」となった19世紀の「第2次大英帝国」299／●「第2次大英帝国」と植民地インド301／●「間接統治」と「分割統治」303／●植民地における「二重支配体制」が多国籍企業の経営モデルとなった305／●「1857年インド大反乱」……ムガル帝国の崩壊と英国による支配の開始306／●大英帝国の貿易構造と「比較生産費説」308／●「基軸通貨」ポンドによる「覇権」310

## 2　「交通革命」と「情報通信革命」で地球が劇的に縮小

●大英帝国を支えた「エンパイア・ルート」 315／●蒸気船による「交通革命」……スピードアップと正確な所要時間 316／●蒸気船のデメリット 317／●「80日間世界一周」 318／●感染症のグローバル化……インド発のコレラが大英帝国のネットワークで東西に拡大 321／●大英帝国を支えた「海底ケーブル」ネットワークと「情報通信革命」 323／●「知的財産」としての有用植物の組織的収集 326

## 3　大英帝国内の大規模な人口移動

●英国本国からの人口移動……過剰人口のはけ口としての「植民地」 329／●「大英帝国」の枠組みのなかでのインド人と中国人の大移動 331／●ビジネスチャンスを求めて大移動した客家《はっか》とユダヤ系資本家 334／●入ってくる「移民」（イミグラント）と出て行く「移民」（エミグラント） 336

## 4　帝国主義国による「中国分割」と「アフリカ分割」

●「アヘン戦争」で覚醒したのは中国ではなく日本 338／●西欧列強による「中国分割競争」 340／●英仏を中心とした「アフリカ分割」競争 342／●「帝国主義者」セシル・ローズ 344

## 5 英米アングロサクソンの枠組みでつくられた「近代日本」

●「上からの改革」であった「明治維新」後の「近代化」 352／●「明治維新」……新政府は「西欧近代化」に舵を切る 348／●「日英同盟」と「日露戦争」 353／●「市民革命」は挫折したが、「産業革命」は成功した日本 355／●なぜ日本は米国によって「開国」を余儀なくされたのか？ 358

## 6 「西欧近代」に「同化」したユダヤ人とロスチャイルド家

●「西欧近代」とユダヤ人 362／●ロスチャイルド家誕生の背景 363／●「大英帝国」とロスチャイルド家の飛躍 365

## 7 「産業革命」は人類史における「第二の波」

●パートナーシップによるイノベーションとマーケティングの組み合わせ 369／●1820年から「経済成長」が始まった 371／●「産業革命」は「イギリス経験論」のたまもの 373／●それは綿製品の「国産化」から始まった 376／●英国は「保護関税」によって国内綿工業を支援 378／●「産業革命」は「地球環境問題」の出発点 379／●「新興資本家」と「労働者階級」の形成 382／●「産業革命」は「結核の時代」……労働環境の劣悪化 384／●「社会変革」を実践した工場経営者ロバート・オーウェン 387／●社会主義者

エンゲルスも英国で紡糸工場を経営 390

## 8 「ナポレオン戦争」が「近代化」を促進した

●「辺境」から出現したナポレオン 394／●ナポレオンの世界史的意義 398／●攻撃的な「ナショナリズム」が対外戦争に向かう 400／●ナポレオン戦争から生み出されたもの 402／●エリート養成の「エコール・ポリテクニーク」 404／●『ナポレオン法典』（1804年）は「近代資本主義」の基礎 406／●「国勢調査」と「統計」の積極的活用 408

## 9 「フランス革命」で「ネーション・ステート」（＝民族国家・国民国家）と「ナショナリズム」は「モデル化」された

●フランスは歴史上一度も「覇権国」になったことがない 411／●「フランス革命」は食糧暴動が引き金を引いた 413／●フランス革命を招いた深刻な「財政問題」 415／●反対派を「粛清」する「恐怖政治」 417／●ギロチンは平等思想にもとづいたイノベーション 419／●「政教分離原則」の背後にある「革命」の宗教的情熱 420／●「ネーション・ステート」と「ナショナリズム」の誕生 422／●パスポートによる国境管理と国民の一元的管理 425／●「ロシア革命」と「フランス革命」の類似性 426／●「保守主義者」による「フランス革命」批判 427

## 10 「アメリカ独立」は、なぜ「革命」なのか？

●英国にとって「金の卵を産むニワトリ」であった北米植民地 431／●「植民地13州」による「独立戦争」 433／●「連邦共和国」として出発した米国 436／●モデルとしたのは古代ローマの「共和制」 438／●「連邦制」の採用……異なる発展の歴史をもつ「地域」をどう一つにまとめるか？ 441／●じつは権限が弱い米国大統領 444／●大統領制の権限を制限する「三権分立」 446／●「権力分立制」と「コーポレート・ガバナンス」 449／●「アメリカ独立革命」と「フランス革命」をあわせて「環大西洋革命」という 452／●「政教分離」にかんする米国とフランスの違い……「合衆国憲法修正第1条」 454／●「人民の武装権」は「基本的人権」……「合衆国憲法修正第2条」 457／●「独立宣言」が発せられた1776年、『国富論』が出版された 460／●「欲望」の追求と資本主義 462

Column 3 「アメリカ精神」の「三層構造」 465

## 終章 「自分史」を「世界史」に接続する 469

主要参考文献 I

# 序章
# なぜ「逆回し」で歴史を見るのか？

2017

Modern History for Top Businesspeople

1776

自明の前提が崩れ、先行きの見通しのききにくい時代だ。いつ、どこで、なにが起こるか想定するのも難しい。世界全体がそうであるし、ビジネスの世界であっても同様だ。

こんな時代状況だからこそ、「現在」を知り、「未来」を考えるためには、あらためて「過去」の歴史を知ることの重要性が強調されるようになっているのだろう。

「歴史」という巨大なデータベースには、成功事例も失敗事例もふくめて、これまで人類が経験してきた無数の出来事が「ビッグデータ」として蓄積されている。そのなかからなにか傾向やヒントになるものを見つけることができるかもしれない、と。

ビジネスを広い文脈のなかに位置づけて、重層的かつ複眼的に考える。「現在」に生きるビジネスパーソンには、こういったマインドセットが求められている。

「ビジネスパーソンの、ビジネスパーソンによる、ビジネスパーソンのための歴史書」である本書は、「目次」をご覧になっていただければわかるように、通常の歴史書とは構成が真逆といってよいほど異なっている。「序章」のタイトルにあるように「逆回し」で歴史をさかのぼる構成で制作されている。

「逆回し」というのは、もちろん比喩的な表現だ。録画したビデオを「逆回し」すると、人間の動作がなんだかぎこちなく再生されてしまい、思わず笑ってしまうことがある。

この本でいう「逆回し」とは、そういう意味ではない。ある意味では「リバース・エンジニアリング」の実践と考えていただいたほうがいいかもしれない。

## 「リバース・エンジニアリング」の発想で歴史を読み解く

いま目の前にある製品をバラバラに分解することで、その構造と機構、構成部品の詳細を知り、「見えない設計図」を再現する行為をさして「リバース・エンジニアリング」という。「リバース」とは、オート・リバース機能の「リバース」である。「逆走」するという意味だ。

ものづくりは、基本的に「設計図」にしたがって製造工程を進めていく形で行われる。まずはパーツをつくり、パーツを組み合わせてユニットにし、さらにユニットを組み合わせてモジュールに組み上げて、アセンブリーによって最終製品に加工される。

「リバース・エンジニアリング」の発想は、通常のものづくりの真逆の方向で行われる。最終製品をバラしてモジュールにし、モジュールを分解してユニットに、ユニットを分解して個々のパーツを取り出す。そういうプロセスだ。このプロセスで分解することで、逆に設計図が見えてくるのである。設計図がないからこそ、分解してメカニズムを明らかにするのである。

「リバース・エンジニアリング」の発想は、ものづくりのプロセスを「逆回し」にするものだ。

これをアナロジーとして歴史に当てはめてみよう。最終製品として「現在」のいまここにあるモノは、「過去」につくられたモジュール、さらにその前につくられたユニット、さらにその前につくられたパーツにさかのぼっていくことができる。これは物理的な形をもったハードだけでなく、映像作品などのソフトについても同様だ。ソフトウェアも過去につくられたプログラムのうえに成り立っている。

「逆回し」とは、時間を「現在」から「過去」にさかのぼって、個々の要素を明らかにすることである。そうすることによって、現時点の最終製品である「現在」について、要素ごとに深く知ることになる。それが「逆回し」によって実現したいことなのだ。

もちろん、現時点の「最終製品」だって、ほんとうのことをいえば、それが最終形というわけではない。購入した人が、さらに加工して「カスタマイズ」することもあるし、この世に存在するありとあらゆるモノは、できあがったその瞬間から劣化していくという宿命をもつ。コトである情報は、それ自体は劣化しなくても、時間の経過にともなってコンテクストが変化することによって、陳腐化していくのである。

「現在」は、「過去」と「未来」によって規定されているのである。だが、「未来」については正確に把握することは人間には難しい。できることはまず、「逆回し」で「過去」にさかのぼっていくことだろう。

## 「歴史」をさかのぼるとは「地層」を掘り下げてゆくこと

「地層」は土地の歴史を「見える化」するものだ。切り立った崖の断面に地層が露出していることがある。地層が縞模様として現れている状態だ。

「過去」の地層の上に「現在」の地層があり、形成中の地層の上に、さらにあらたな地層が「未来」に向けて堆積していく。大地震による断層や褶曲《しゅうきょく》やによって、いっけん上下が入れ替わったように見える地層もあるが、地層には不連続はない。そこに飛躍はない。

地層には、「土地の歴史」が刻み込まれている。「土地の歴史」は「人間の歴史」でもある。人間が暮らしてきた痕跡は、日本の場合でいえば、戦国時代の古戦場の跡だったり、弥生時代の住居跡や、縄文時代の貝塚だったりする場合もある。

人に歴史あり、土地に歴史あり。「過去」があって「現在」がある、「現在」のあとに「未来」がやってくる。現在は、地層が堆積している過程であるといってもいい。リアルタイムで観察することは難しいが、百年後、二百年後に掘り返してみれば、かならず「現在」の痕跡をそこに見いだすことができるはずだ。掘り出したら出てくるのは、空き缶であったりペットボトルかもしれないが、それだって「現在」という時代を測定する重要な物件になる。

現在の地層の下には、かならず過去の地層がある。たとえ現在の地面から見えなくても、過去の地層がなくなってしまうことはない。歴史もまた同じだ。歴史には「断絶」する瞬間はあるが、「断絶」したすぐあとには、また「連続」が開始される。

掘ればいろんなものが出てくるし、掘ってみなければ何が出てくるかわからないということもある。掘り進めていかないとわからないものもある。

歴史を「現在」から逆走して「過去」にさかのぼっていくことは、発掘調査で地面を下に向かって掘っていくことに似ているといえるかもしれない。「現在」は一瞬にして消えてしまうが、さまざまな形で「痕跡」を残している。そんな「痕跡」を探っていくこともまた、「逆回し」の課題である。

## 「現在が過去を照らす」

エリック・ホッファーという米国の哲学者がいる。「沖仲仕《おきなかし》の哲学者」と呼ばれていたホッファーは、生涯をつうじて港湾労働など肉体労働に従事しながら、余暇時間を読書と思索に費やした「独学の人」だ。

少年時代に7歳で失明し、15歳で奇跡的に視力を回復したという数奇な運命の持ち主だが、学校教育はまったく受けておらず、「大恐慌」時代を体験した前半生では移動しながら働き、ひたすら自分のアタマで考えつづけた人だ。
そんなホッファーの自伝にこんな一節がある。

ありふれた日々の出来事が歴史に光をあてることがあることを知ったとき、私はこの上ない喜びを感じた。たぶん、書かれた歴史が抱える問題は、歴史家たちが古代の遺跡や古文書から過去への洞察を導き出し、現在の研究からは引き出していないということにあるのだろう。私が知る歴史家の中に、過去が現在を照らすというよりも、現在が過去を照らすのだという事実を受け入れる者はいない。大半の歴史家は、目の前で起きていることに興味をしめさないのだ。

出典：『エリック・ホッファー自伝　構想された真実』（中本義彦訳、作品社、２００２年）

「現在」に対する関心から出発しなくては、歴史を知る意味はない。「現在が過去を照らす」からこそ、いまここにある「現在」から始めて、「現在」を理解するために重要な事項を「過去」にさかのぼって追跡するというアプローチが重要なのだ。
「現在」を知ることで「過去」が見えてくるのであって、「過去」の延長線上に「現在」のすべてがあるわけではない。「過去」であれ「現在」であれ、人間はすべて「現在」を生きている。「過去」の時代に生きた人間も、その時代の「現在」を生きていたのである。

## 「現在」を知るために「歴史」をさかのぼる

ここまで「リバース・エンジニアリング」、「地質学」、それから「哲学者」の立場から「逆回し」の意味について考えてみた。では、「歴史学者」はどう考えているのだろうか。

西欧中世史が専門の歴史学者・阿部謹也は、動物行動学が専門の生物学者・日高敏隆との対話をまとめた『新・学問のすすめ　人と人間の学びかた』（阿部謹也・日高敏隆、青土社、2014年）という本の「第2章　「自分とはなにか」から始まる学問　歴史学（阿部謹也）」で、以下のような発言をしているので紹介しておこう。

> 歴史学というのは、一般的には過去を知ることだといわれています。しかし私はそうは思いません。歴史学というのは、現在を知るための学問です。（…中略…）結局のところ、「自分とはなにか」ということを中心にして、現在を知ることになるのです。自分を知ることは、まわりを知ることになりますし、それは人間そのものを知ることでもあります。非常に細かいところから、非常に広いところまで広がっていく。それが歴史学だと思ってもいいのです。（…中略…）歴史発見のおもしろさというのは、異文化との接触といってもいいし、SF的なおもしろさといってもいい。歴史学には、そういう要素もあるのです。

では、「現在」を知るための「歴史」はどうあるべきなのか？　同じ本の「第3章「学び」の原点はどこにあるのか」に以下のようなやりとりがある。

阿部　教科書というのはパターンが決まっていて、歴史でいえば古代から始まっているんですよ。ぼくは、現代からさかのぼっていくような、そういう歴史を書くべきだといっているのですが。

日高　「いま現在、こうである」ということから始まって、なんでそうなっているのかというふうにしていけば、みんな興味をもちますよ。

本書では、この発想にしたがって、「いま現在」からさかのぼって、「なぜそうなっているのか」という疑問に読者みずからが気づいていくための材料を提供したいと考えている。そのために、「逆回し」という新機軸で世界史を考えるという試みだ。

対象はビジネスパーソンに設定しているので、「現在」に生きるビジネスパーソンにとっては、当たり前すぎて疑問をもつこともないであろう「ビジネス環境」の形成が始まった、18世紀後半の「産業革命」までさかのぼってみることにした。

「過去」についての認識をもつことは、「現在」に生きる人間が、いやおうなく「未来」からやってくる時間のなかで、現実的にものを考え、生きていくために不可欠である。

歴史は、短期・中期・長期の3つの時間軸でみる。これは、問題解決にあたるビジネスパーソンが、短期・中期・長期の3つの時間軸でみることと同じである。ただ、向かう方向が、「現在」から「未来」に向けてのものであるか、「現在」から「過去」に向けてのものであるかのちがいだけなのである。

「現在」からさかのぼることによって、「現在」を知る。ビジネスパーソンにとっての「現在」は、劇的に変化する世界情勢と、比較的ゆるやかに変化しているビジネス環境に区分できるだろう。

つづく第1章では「2016年の衝撃」、第2章では「先進国の都市型ライフスタイル」についで考えてみたい。

# 第1章

# 2016年の衝撃

## ふたたび英米アングロサクソン主導の「大転換」が始動する

2017

Modern History for Top Businesspeople

1776

21世紀の「現在」、世界はますます混迷を深め、日本は依然として迷走をつづけている。「ありえない」ことが起きる、いわゆる「想定外」の事態に慣れ始めた日本人でさえ驚くような事態がつぎからつぎへと発生しつづけている。

２０１６年は「ありえないこと」が何度もつづけて起こった一年だった。「想定外」の事態は、２０１１年３月11日の「３・11」の東日本大震災と引き続き発生した原発事故のような大規模災害だけではない。

ビジネス界では、「ＶＵＣＡの時代」という表現も使われるようになってきた。ＶＵＣＡ（ブーカ）とは、英語のVolatility（＝ボラティリティ：不安定）、Uncertainty（＝不確実性）、Complexity（＝複雑性）、Ambiguity（＝曖昧性）の頭文字を合わせた造語で、もともとは軍事用語だ。先の読めない状況で、いかに対処するべきかを考えるという発想が根底にある。

## 英国の「ＥＵ離脱」とトランプ大統領誕生

英国が、国民投票で「ありえない」はずの「ＥＵ離脱」を選択したのは２０１６年６月23日のことだった。つづいて米国で、「ありえない」はずのトランプ大統領が誕生することになったのは、２０１６年11月８日のことだった。接戦の末の、まさかの逆転勝利であった。

まさに歴史が変わりはじめたのである。潮目が変わったといっていい。歴史に対する「逆行」

と捉える人もいることだろう。だが、奇しくも英国が先行し、つづいて米国がそれに呼応するかのように発生した事象を、単なる偶然と片付けてしまうことができるのだろうか？　ブーメランは戻ってきた。歴史は直線的には進まない。歴史はジグザグカーブを描きながら前に進んでいく。時間は未来からこちらに向かってくる。時間は不可逆である。

　２０１７年１月17日、英国のテリーザ・メイ首相は演説で、ＥＵ（＝欧州連合）の単一市場からの離脱という強硬な方針をとることを表明した。これをさして「ハード・ブレクジット」という。「ブレクジット」とは、英国を意味するブリテンと離脱を意味するエクジットの合成語だ。同じ日には、大統領就任前のトランプ氏は英国の行動を絶賛している。オバマ政権時代に疎遠になりがちであった英米関係がふたたび緊密になるきざしが見えてきた。

　その３日後の２０１７年１月20日、不動産王ドナルド・トランプ氏が第45代の米国大統領に就任した。「アメリカをふたたび偉大にする」というわかりやすいスローガンで大統領選を勝ち抜いたトランプ氏は、さらに「アメリカ・ファースト」（＝アメリカ第一主義）を前面に打ち出している。オバマ前大統領がスローガンとして掲げた「チェンジ」以上の大変化を、米国内にとどまらず、世界全体に及ぼすであろう。それは地殻変動ともいってよいほどの変化となる。

　すでに単独の「覇権国」ではなくなったとはいえ、米国は現在でも世界最大の経済大国であり、世界最大の軍事力をもつ超大国である。このことを念頭におけば、これから起こる変化が、いかに巨大なものとなるかわかるはずだ。すでに変化が現れ始めている。

## 英米アングロサクソンが主導してきた「近代」

英米はアングロサクソンとしてひとくくりにされることが多い。英国は「立憲君主制」、米国は「連邦共和制」と政治形態は異なるが、共通のルーツをもつ同類の存在とみなされてきたし、彼ら自身もそう思いたがるところがあるようだ。英語や英語圏特有の思想の近さも要因としてあげられるだろう。

２０１６年の英米それぞれ二つの政治的な動きの背景にもまた共通するものがあるといっていい。それは行き過ぎた「グローバリゼーション」への反作用とでもいうべきものだ。

英米ともに、「移民」による「文化多元性」が国力を支えてきたのだが、国民投票と大統領選でテーマとなった「移民制限」に賛成の意を示す有権者が多かったのは、問題が「移民」そのものよりもグローバリゼーションによって経済格差が極端なまでに拡大し、国民の不満と不安が増大していることにあると捉えるべきだろう。

「新自由主義」のもとで自由主義を徹底すると、社会的な強者はさらに強くなり、社会的な弱者はさらに弱くなる。英語には“the winner takes it all”（＝勝者の独り占め）というフレーズがあるように、「持てる者」と「持たざる者」の格差が拡大していく。２０１６年に英国と米国の衝撃の背景には、こうした経済的格差拡大への反発が底流にあったと見るべきなのだ。

これは、「エレファント・カーブ」と呼ばれるグラフ（次ページ）に端的に表現されている。「グローバリゼーション」によって先進国で中産階級が崩壊し、所得が低水準にとどまっている状態がグラフとして「見える化」されている。経済格差に苦しむ先進国の国民の姿をそこに読み取ることができる。

これは伝統的に存在してきた"They vs Us"の対立構造がさらに深刻化していることを示している。「やつら 対 俺たち」の対立構造は、英国はもとより米国にも存在するが、階級社会の英国ではより鮮明に現れる。「やつら」とは「グローバリゼーション」で荒稼ぎするスーツを着たエリートたちのこと、「俺たち」とは、移民に仕事を奪われ、人間の尊厳も奪われた労働者階級。このなかには民間軍事会社に雇用されてイラクやアフガニスタンで危険な仕事に従事する者もいる。

政治経済のエリートが主導する「グローバリゼーション」の拒否、最後のよりどころとしての「国民国家」への回帰路線。これは「ナショナリズム」のあらわれであり、「新自由主義」へのアンチテーゼである。グローバリゼーションのなかで忘れ去られていた大衆の怒りがある。「大衆迎合」という意味をもつ「ポピュリズム」でひとくくりするのは、ただしい見方ではない。

「グローバリゼーション」の反作用について考える前に、英国の「EU離脱」と米国の「トランプ大統領誕生」について、もうすこしくわしく触れておこう。

**エレファントカーブ**

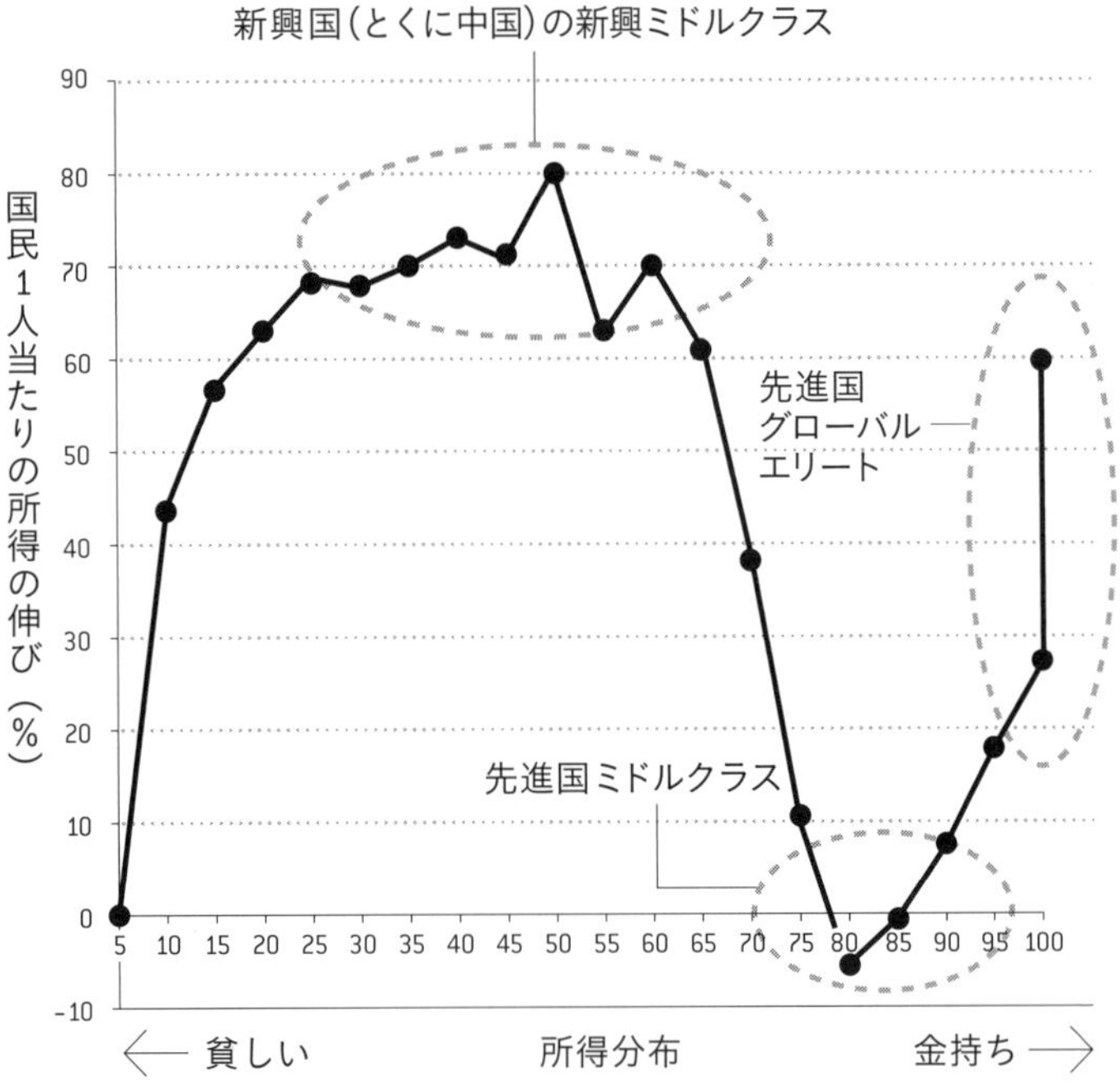


グローバル化により先進国で中産階級の所得が伸び悩んだ。
1988年～2008年において、実質所得がどれだけ伸びたか(縦軸)を所得分布階層(横軸)によって整理したもの。(出所:Resolution Foundation Report,September 2016)

## 「EU」の歴史と英国のEU加盟

「ブレクジット」については、EU（＝欧州連合）の歴史を簡単に振り返ったうえで、英国とEUとの関係をみておく必要がある。

EUは、条約によって形成されてきた共同体である。20世紀前半の二度にわたる世界大戦で疲弊しきった欧州が、国家間の過度な競争関係が戦争による徹底的破壊という結末にいたったことを反省し、国家を超えた「超国家」の組織体をつくることで、「国家主権」の一部を放棄した。米ソの超大国が世界を支配した「冷戦構造時代」に、生き残りをかけた欧州の大戦略である。

まずは、1952年に「欧州石炭鉄鋼共同体」として出発した。政治統合よりも経済統合から始めたほうが現実的であり、なによりも統合はエネルギー問題から始めたほうが理解を得やすいと考えたからだ。二つの世界大戦で宿敵であったドイツ（当時は西ドイツ）とフランスが中心となり、これにイタリアとベネルクス三か国（＝オランダ、ベルギー、ルクセンブルク）が加わって調印された。

そしてこの六か国が中心となって1958年に設立された「欧州経済共同体」（EEC）と「欧州原子力共同体」が、「欧州共同体」（EC）をへて、1993年には「欧州連合」（EU）となった。EUは、「欧州大陸」の大部分を占める「国家」による地政学的な統合体である。かつて共産圏であった中東欧諸国も加えながら拡大をつづけており、現在の加盟国は英国を含めて28か国である。欧州諸国の半数が加盟しているが、「欧州自由貿易連合」（EFTA）加盟国のアイスランド、ノルウェー、スイス、リヒテンシュタインはEUには参加していない。長年にわたって加盟申請をつづけてきたトルコに対しては、態度をあいまいなままにしている。

すでに欧州規模の「市場統合」が実現し、2002年には「基軸通貨」の米ドルへの挑戦として「共通通貨ユーロ」を導入、「シェンゲン協定」によって域内の国境通過を簡約化し、外交・安全保障分野と司法・内務分野、研究や教育分野での協力枠組みもつくられてきていた。国家間の条約をベースにした「超国家」の枠組みのもと、「欧州市民」の形成が促進されてきた。

だが、加盟国は国家主権の一部を放棄したが、すべてを放棄したわけではない。このことが「ユーロ危機」で迷走を生んだ致命的な原因となった。経済統合が実現していても、政治的に統合されない限り、同様の問題は今後も発生するだろう。EUは、あくまでも「超国家」の組織体であって、合併によってあらたな「国家」となったわけではないのである。

つぎに、英国とEUの関係について見ておこう。

「第二次世界大戦」で勝利国となったものの財政的に疲弊しきった英国は、インドを中心とする海外植民地を維持できずに手放し、世界を支配した「覇権国」の地位から完全に転落、もとの「島国」に戻っていった。１９５８年に設立された「欧州経済共同体」には加盟せず、１９６０年には対抗して英国が主導する「欧州自由貿易連合」（ＥＦＴＡ）を結成して独自路線を歩んだが、経済不振から脱することはできなかった。

英国は方針転換によって１９６３年にはＥＥＣ加盟を申請したが、政治経済の超大国の米国に対抗心を燃やしていた政治大国フランスが強硬に反対し、英国の加盟は実現しなかった。１９７１年の「ニクソンショック」や１９７３年の「石油ショック」などの外部環境の激変のなか、ようやく「欧州共同体」（ＥＣ）は英国の加盟を認めるにいたった。１９７５年には「ＥＣ残留」をめぐって「国民投票」を実施、２０１６年とは異なり、結果は残留となった。

サッチャー首相は、「ＥＵ加盟」には反対しなかったが、「共通通貨ユーロ」の導入には最後の最後まで強硬に反対しつづけた。その結果、英ポンドをつかいつづけることになり現在にいたっている。

## 「ブレクジット」の開始

２０１６年６月の「国民投票」に示された結果を受け、英国政府は、２０１７年３月29日、リスボン条約第50条に基づき、ＥＵに対する離脱通告を行い、２年間に及ぶ「ＥＵ離脱」交渉の開始を宣言した。ついに、もはや引き戻ることのできないポイント・オブ・ノーリターンを越えてしまったのである。ＥＵ創設以来、史上初めてのＥＵ離脱プロセスが始まったのである。きわめて困難なプロセスとなると予想されている。

現時点ではっきりしていることは、これから2年間のあいだに「離脱」の実務を進めるということである。「離脱」完了がいつになるかわからないが、完了のあかつきには、欧州大陸内の空港、たとえば玄関口であるフランクフルト空港の入国管理で、英国国民は"Non-EU Citizen"（＝非ＥＵ市民）の列に並ぶことになる。欧州人でありながら、同じ列に並ぶ日本人や米国人と共通の立場になるということだ。

僅差とはいえ、国民の過半数が「ＥＵ離脱」を選択した引き金となったのは「移民問題」である。米国で始まった２００８年の「リーマン・ショック」は、米国よりもむしろ欧州の経済により深刻なダメージを与えたが、現時点においても欧州経済の脆弱性は完治したというにはほど遠い。ポーランドを中心とする欧州域内からの移民が大量に英国に引き寄せられたのは、英国経済が欧州域内では相対的にパフォーマンスがよかったからでもある。「移民問題」が、英国の「ＥＵ離脱」の引き金になったのはそのためである。

だが、財政破綻危機に陥ったギリシアですら「グレクジット」と呼ばれた「ＥＵ離脱」はぎりぎりのところで回避したのに対し、主要メンバーである英国が「離脱」を選択したことのインパクトはきわめて大きい。ドイツとフランスを中核とするＥＵにとってのダメージもまたきわめて大きい。

「離脱」を選択した英国にとっても、「離脱」によって主要メンバーを失うＥＵにとっても、今回の「離脱」はＥＵ存続にとってのターニングポイントとなる。経済大国であるだけでなく、実質的に欧州の政治を左右する存在になったドイツを制御できる大国はＥＵ内に存在しなくなるからだ。そもそも、二度の世界大戦を引き起こす原因となった「ドイツ問題」解決がＥＵの出発点であった。

英国は、共通通貨ユーロは採用せず英ポンドを使いつづけてきたが、究極の「国家主権」とされる「通貨発行権」（＝シニョリッジ）をＥＵに引き渡していなかったことは不幸中の幸いであった。ＥＵを離脱するに際しても、傷口を小さくすることができるのだ。これは共通通貨ユーロに翻弄されつづけてきたギリシアとの根本的な違いである。

逆にいえば、共通通貨ユーロを採用していなかったからこそ、英国の「離脱」は可能と考えるべきだろう。ＥＵに加盟していながらユーロを使用しない国は、英国のほかにスウェーデンやデンマークといった北欧諸国がある。すでにユーロを採用しているオランダやフランスが、仮に国民投票で「離脱」を選択しても、実行には困難をともなうことは明白だ。「離脱ドミノ」はじっさいには発生しにくいと考えるべきではないだろうか。

じっさいにいつまでかかるかわからないが、「離脱」が完了するまでは混乱が発生することは避けられない。英国を欧州拠点に戦略展開している日本企業にとっては、頭の痛い問題であろう。しかし、中長期的にみれば、英国国民にとってはよい選択だったと回想されることになるかもしれない。

おそらく「英連邦」(=コモンウェルス・オブ・ネーションズ：諸国民の共通の富)という英国にとっての「資産」を、どう経済面で活かすことができるかが大きな焦点になってくる。だが、経済的なパワーが喪失した場合、はたして英連邦も現在のまま推移できるかは不透明である。

## 「島国」の英国はもともと「大陸」と距離をおいてきた

歴史的に見ると、英国にとって「離脱」はけっして珍しい話ではない。日本と同様に「島国」の英国は、つねに「大陸」とは距離をおいてきた。「島国」という地政学的特性をもった国家の国民がもつ「見えざる意思」、あるいは個々の英国人のDNAに刻み込まれた「本能的行動」というべきかもしれない。

そもそも英国の出発点は、中世以来、西欧を支配してきたカトリック世界からの「離脱」にある。16世紀のイングランド国王ヘンリー8世は、カトリック教会から「離脱」して、国家単位の教会である「国教会」を立ち上げた。みずからの離婚問題が原因であったとはいえ、結果として英国の自立を実現する出来事になったと、後世から評価されている。ヘンリー8世は、

## ユニオンジャックと国の形の変遷

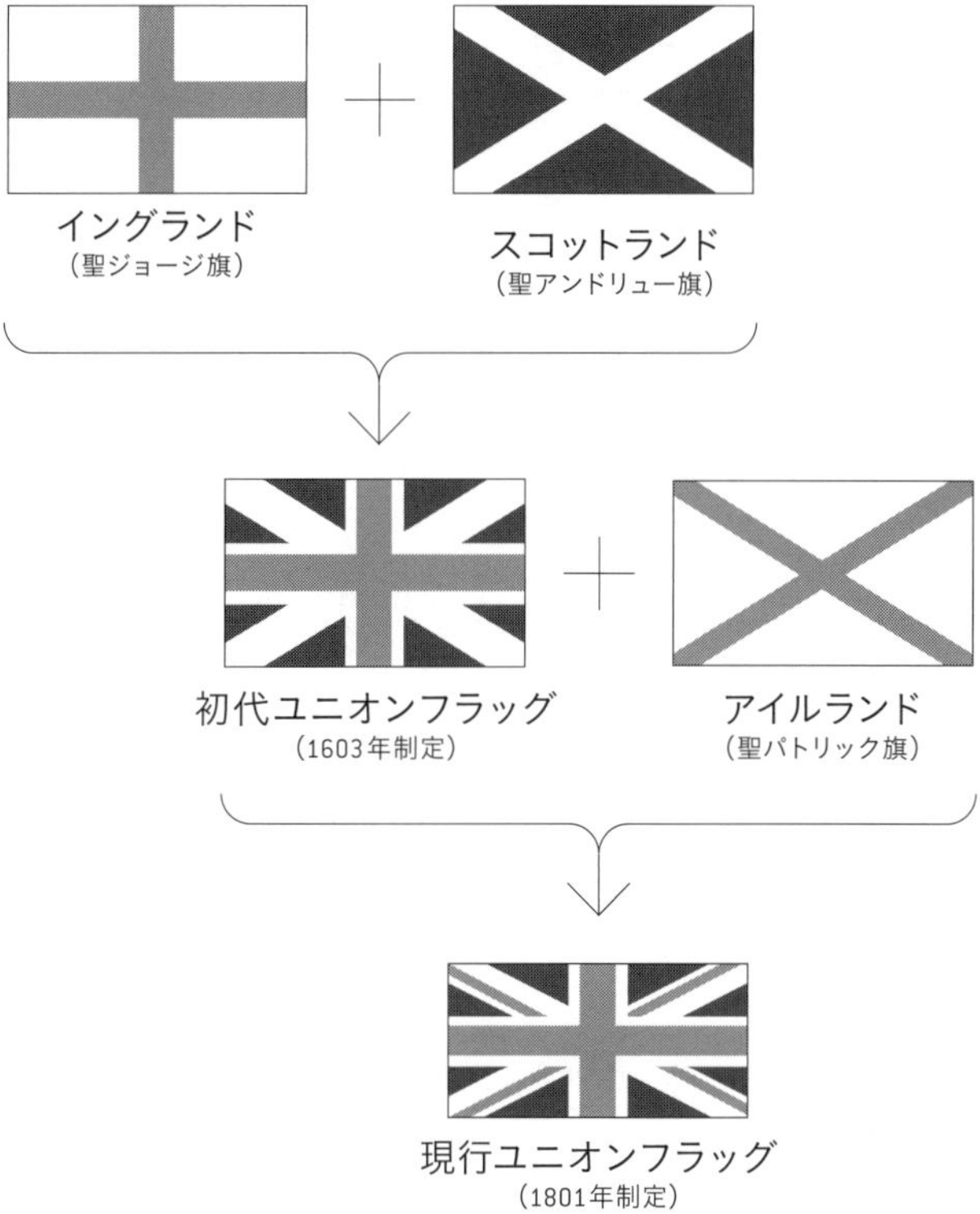

離婚を認めないカトリック教会に対して反旗を翻し、修道院を没収して財政再建も実現した。そしてその娘のエリザベス1世が「英国国教会」を確立した。カトリック教会は現在でも、信徒の離婚も避妊も同性愛もいっさい認めていない。西欧先進国で信徒のカトリック離れが進行しているのはそのためである。

すでに「スコットランド独立運動」の再燃が始まっている。英国は「連合王国」（＝ユナイテッド・キングダム：略してUK）であり、ゲルマン系のイングランドを中核にして、先住民ケルト系のウェールズとスコットランド、そして北アイルランドの連合体という政治形態をとっている。「EU離脱」をめぐる「国民投票」では、イングランドとウェールズが「離脱」に傾いたのに対し、国際金融と経済の中心であるロンドンだけでなく、スコットランドと北アイルランドは「残留」を望んでいることが明らかになった。スコットランド王国は、1707年にイングランド王国と合併して国家としての独立を失って現在にいたっている。

スコットランドが独立して「連合王国」から「離脱」となれば、連合王国の「国の形」も変わることになる。「ユニオンジャック」という英国国旗の形も変わることになる。「ユニオン」とは連合のことだ。もしかすると、「連合王国」崩壊の第一歩となる可能性も皆無とはいえない。

## 「離脱」は「解体」につながりやすい

英国による「EU離脱」は、「連合」からの「離脱」である。「連合」や「連邦」からの「離脱」が、流血の事態を招かずに平和裏になされたならば、世界史においては希有な例となる。これまでの世界史においては、「分離独立運動」のほとんどは武力衝突を招いており、流血無しで独立を獲得した国家はきわめて少ない。誰かひとりのメンバーが「一抜けた」で、グループそのものが崩壊してしまうことはよくあることだ。

1776年に「独立宣言」を発表し、英国との独立戦争を戦って独立を獲得した米国だが、「連邦共和国」として出発した米国では、19世紀半ばには「連邦」からの「離脱」が危機を招いている。「南北戦争」である。

「連邦政府」のもとに「州政府」が存在する米国で、工業志向の「北部」の政策に反発する「南部」の11州が「離脱」を宣言し「南部連合」を結成したことで、「南北戦争」という米国史上最大規模の「内戦」が勃発したのだ。

この「内戦」は、1861年から4年間もつづき、なんと南北両軍をあわせて50万人も戦死している。戦死者の数では、第二次世界大戦の40万人を上回っており、米国史上最悪の戦争である。

日本語では「州」と訳している「ステート」だが、これは「国家」を意味する英語でもある。外交や軍事は連邦政府に権限があるが、州レベルの権限は税率の設定を含めてきわめてつよい。「州兵」という軍隊も常備している。

「冷戦構造時代」には米国と対抗関係にあった大国の多民族国家ソ連（＝ソビエト「連邦」）もまた、「連邦」からの「離脱」の危機が迫ったことにより、最終的にソ連邦が解体しソ連という国家は地上から消えた。１９９１年のことだ。ソビエト「連邦」においても、連邦を構成する共和国が離脱することは法的には可能だったが、ソ連経済が弱体化するまでは、そういった動きが顕在化することはなかった。

ソ連崩壊の直後から、バルカン半島の多民族国家ユーゴスラビア「連邦」もスロヴェニアの分離独立宣言が引き金となり解体、その後の「バルカン戦争」へとつながっている。米国の広告代理店によって「エスニック・クレンジング」（＝民族浄化）という表現が発明され、虐殺とその報復としての虐殺がエスカレートしていった。

英国による「ＥＵ離脱」は困難ではあっても平和裏に実現するであろうが、一般に「連合」（＝「連邦」）からの「離脱」は、一筋縄ではいかないものがあるのだ。

## まさかの逆転勝利でトランプ米国大統領が誕生

米国の有権者は、不動産王のドナルド・トランプ氏を選んだ。支持率はけっして高くないが、「民意」であることに変わりはない。たとえポピュリズム（＝大衆迎合政治）と批判されようが、それが「民意」であることに違いはない。アメリカ的なタテマエであるポリティカル・コレクトネス（ＰＣ）や、平気でウソをつくワシントンの政治エリートやエスタブリッシュメントに、多くの有権者はそれほどウンザリしていたのだろう。

米国の選挙制度では、国民による「直接投票」と州ごとの「選挙人獲得」という二段構えになっているので、単純に総得票数だけで勝敗が決まるわけではない。州ごとに割り当てられた選挙人で勝敗が決まるのだが、州単位での勝利によってその州の選挙人が「総取り」できるという制度になっている。

大統領選におけるトランプ候補の主張のポイントは、エスタブリッシュメントから権力を「国民」に戻すこと、「外国を支援しすぎて貧しくなった」ので「アメリカ・ファースト」（＝米国第一主義）によって、米国を再び偉大な国にするという、誰にでもわかりやすいものであった。

トランプ氏の米大統領選勝利は、「人民」（＝ピープル）による既存の「特権層」（＝エスタブリッシュメント）に対する反乱という「革命」の側面と、「経済グローバリゼーション」に対する「経済ナショナリズム」の反撃という側面がある。この両側面は、英国の「ＥＵ離脱」だけでなく、イタリアの「五つ星運動」の躍進などにも共通してみられる、世界的な潮流と言えよう。潮目は変わったのである。

## 止まらない「格差問題」

１９８１年のレーガン大統領就任以降、現在にいたるまでの約30年のあいだ、歴代の政権によって、政党に関係なく金持ち優遇策がとられてきたという指摘がなされることが多い。だが、『超・格差社会アメリカの真実』（小林由美、文春文庫、２００９年）によれば、米国史においては、富が平準化した時代は「大恐慌」後１９３０年代から１９７０年代までの期間だけであり、あくまでも例外なのである。

米国が大戦後に史上空前の大繁栄期を迎えることになったのは、ルーズヴェルト政権のもとで「ニューディール政策」という「反資本主義」政策を遂行し、１９４０年代前半には第二次世界大戦に参入したことで、軍事関連物資の増産体制がケインズ政策的な有効需要創出と雇用の吸収を可能としたためだ。この時代の米国の「ミドルクラス」のライフスタイルは世界中の憧れになった。だが、１９６０年代に始まった「ベトナム戦争」の泥沼化で軍事費が増大して財政を圧迫、１９７０年代に入るとドル防衛のための「ニクソンショック」と、あいついで発生した「石油ショック」で世界経済の成長はピークアウトし、低成長時代がつづいており、ミドルクラスの崩壊が始まったのである。

　そんななか登場したのがレーガン大統領であり、極限まで自由主義を徹底した「新自由主義」の流れが現在までつづいていたのである。「新自由主義」のもとでは、どうしても行き過ぎが発生しがちである。企業経営にかんしていえば、１９９０年以降、株主重視にシフトし、株主（シェアホールダー）以外の利害関係者（ステークホールダー）を軽視する傾向がでてきた。行き過ぎた「株主中心主義」によって、従業員を軽視する傾向さえ見られた。所得税減税などの金持ち優遇政策によって、「持てる者」はさらに豊かになり、「持たざる者」はさらに貧困化している。「ミドルクラスの崩壊」はまったく止まることなく、最貧層からさらに搾り取る、いわゆる「貧困ビジネス」がはびこっており、２０１１年９月には、「オキュパイ・ウォールストリート」（＝ウォール街を占拠せよ）という抗議活動も発生している。スローガンとして掲げていたのが“We are the 99%”というもので、１９７０年代以降、「上位１％の富裕層」が富を独占し、それ以外の「99%」は「持たざる者」となって苦境にあえいでいるという主張である。「リーマン・ショック」後に、行き過ぎた格差を是正することを期待されて登場したオバマ大統領も、彼一人のチカラでは米国の現実を変えることはできなかった。

## 英国も米国も「国益」の観点から「グローバリゼーション」を推進

フランスの歴史人口学者エマニュエル・トッドは、英国の「EU離脱」の背景にあるのは、「グローバリゼーション・ファティーグ」であると指摘している。人びとは「グローバリゼーション」に疲れたのだ、と。

世界経済を活性化し経済成長をつくりだしてきたという点に「グローバリゼーション」のポジティブな側面がある一方、恩恵を受けるのがもっぱら富裕層であり、「持てる者」と「持たざる者」の格差拡大が止まらないという「グローバリゼーション」の負の側面は臨界点に達し、ついにその旗振り役であった英米から反旗がひるがえったのだ。もっと国内に投資し、雇用を増やせという国民からの突き上げが「民意」として現れたというべきかもしれない。

経済分野で金融を中心に「グローバリゼーション」を推進したのは、英国と米国である。最初にその方向に舵を切ったのは、１９７９年に就任した英国のサッチャー首相であった。そして、その後１９８１年に就任した米国のレーガン大統領がその路線を全面的に支持する。

「グローバリゼーション」は、英国の立て直しと米国の強大化という、ナショナリズムを背景にした国益重視の政策であったことに注意する必要がある。「グローバリゼーション」が当たり前になってしまうと、それがあたかも自然現象のような錯覚を抱いてしまい、前提を疑うこともなく過ごしてしまうが、「グローバリゼーション」は、あくまでも英国の「国益」であり、米国の「国益」が出発点にあったのである。

その「グローバリゼーション」が行き着くところまで行ってしまい、声なき大衆である「サイレント・マジョリティ」が声を上げはじめたことによって、もはや無視できないものとなったというのが「2016年の衝撃」となって現れたのである。

民主主義のルールに従った投票という行動をつうじて、「民意」が「見える化」されたのである。だから、その動きを「ポピュリズム」（＝大衆迎合主義）だとして一刀両断するのは、的を外していると考えるべきだろう。

なにごとであれ、「始めがあれば、終わりがある」というのは世の中の基本原理である。1979年に「グローバリゼーション」を始めた英国が、2016年には完了の旗振りをすることになった。英国につづいて「グローバリゼーション」を開始し、英国を後押しした米国が、2016年には英国をフォローする形で完了宣言する役を引き受けたことになる。

単純化してしまえば、世界全体が依然として英国と米国というアングロサクソン勢力によって先導され、振り回されているといってもいいのかもしれない。かつての「覇権国」であった英国はいうまでもなく、20世紀の「覇権国」であった米国も衰退し、現在は「覇権国」の存在しない「多極化」の時代であるが、世界をリードするだけのチカラをもっているのは、依然としてこの二か国だけであることは否定できない。日本もドイツも、ましてや急速に台頭してきた「新興国」の中国も、世界全体をリードする意志も力量もあるとは考えにくい。

## 再浮上してきた「ネーション」への回帰の時代になっている

「グローバリゼーション」の終わりが始まり、歴史はふたたび浮上してきた「ネーション」への回帰の時代となる。いや、「グローバル化」が地球のすみずみにまで及んだがために、かえって逆説的に「国家の論理」が再浮上してきたのである。作用に対する反作用というべきか、世の中は一直線には進まないものである。

歴史をさらに「逆回し」にさかのぼれば、「1930年代」が想起されるのは、ある意味で当然だろう。

1930年代とは、米国が震源となった1929年の「大恐慌」が世界全体に波及し、経済再建のため各国が「保護主義」に走り、自国の「国益」を守ることだけに集中して、自国の「生存圏」を確保するために血眼になった時代である。

「第一次世界大戦」で疲弊しきった大英帝国は衰退過程にあり、それにとって代わろうと勢いのあった米国もまた国内事情のため、「アメリカ・ファースト」の観点から国際政治にコミットせずに「孤立主義」をとっていた時代である。英国も米国も、「覇権国」として世界全体の秩序維持にチカラを注ぐことはなかった。

米国は、最終的に第一次世界大戦に参戦して当時の「新興国」ドイツの暴走を封じ込めたが、ウィルソン大統領が提唱した戦後の国際秩序を再構築する構想の「国際連盟」が、足元の米国議会で否決され、提唱したもうひとつの理念であった「民族自決」だけが暴走する結果となってしまった。

「第二次世界大戦」勃発までの20年間にわたり、米国が世界情勢に関与せず「孤立主義」を取った結果、ふたたび再生したドイツの暴走を招き、国際秩序が解体する。英国から「覇権国」の地位を奪い取った米国は、第二次世界大戦後には米国が主導する形で連合国を中心に「国際連合」をつくり、現在にいたっている。


「2016年」以降の世界と「1930年代」とのアナロジーは探そうと思えば、いくらでもあげることができる。まずは、すでに触れたように「自由貿易」から「保護貿易」へのシフトが起こったこと、「自由」がもたらす「不安」から逃れるためにナチズムに代表される「全体主義」になびいていった人びとが多かったこと、「難民問題」にかんしては「ユダヤ人難民」が大量に発生しながら受け入れを拒否した欧米先進国、「移民排斥」にかんしては第二次世界大戦開始とともに実行された米国の「日系人収容所」などをあげることができるだろう。

だが、「1930年代」にそのまま「逆戻り」するかといえば、そうとは言い切れないのではないだろうか。世の中の現象にはすべて「慣性の法則」が働くので、そう簡単に「グローバリゼーション」の動きがストップするわけではないし、すでに「グローバル化」してしまっている世界が、それ以前の世界に戻ることは想像以上に困難なことであろう。

複雑にからみあってしまった現在の世界は、なにかひとつ不具合が発生しただけで、全体に影響が及んでしまう「システミック・リスク」にさらされている。「１９３０年代」のような動きをしようとしても、そう簡単に身動きができる状態にはない。保護貿易を実行すれば、世界全体からカウンターパンチをくらう可能性が高いのである。一国だけで存在できるような世界では、すでになくなっているのが現実だ。１９３０年代のように、自国の生存圏を確保するために、他国の領土に侵攻して占領することも現実的ではない。

「冷戦構造」が終わったあとには、日系三世の米国人政治思想家フランシス・フクヤマの『歴史の終わり』（１９８９年）が話題になったが、その後の推移をみればわかるように、「進歩の時代」は終わったが、「違う形の歴史」がうごめき始めているというべきだろう。

現在は、あらたな秩序が形成されるまでの混沌とした「カオス状態」にあるというべきかもしれない。このカオス状態がいつまでつづくのかわからないのがつらいところだ。もしかすると、21世紀いっぱいかかるのかもしれない。

# 第2章

# 「現在」の先進国の都市型ライフスタイルはいつできあがったのか？

2017

Modern History for Top Businesspeople

1776

「現在」の先進国の都市型ライフスタイルはいつできあがったのか？
この問いから始めるのは、「現在」から「逆回し」で歴史をさかのぼっていくために必要な前提となるからだ。

## 「現在」を日常生活から考えてみる

取り組んでいる仕事は人によって千差万別だろうから、ここではおそらく最大公約数的に共通なビジネスパーソンの日常生活について振り返ることから始めてみたい。これが「逆回し」で歴史をさかのぼるための、もうひとつの思考の原点になる。

そのなかに生きている人にとっては、当たり前に過ぎて日常的に振り返ってみることなどないように感じるのが日常生活。同じような生活がいままで続いてきたし、これからも続いていくだろうと、なんとなく無意識に考えているのが日常生活。

この日常生活が、いつどこまでさかのぼることができるか、あえて考えてみると、意外なことに、たかだか200年程度の歴史しかないことがわかってくる。もちろん、日本人の「日常生活」に即していえば、「高度成長期」の前後、「敗戦」の前後などで激変しているが、なにも古代や中世にまでさかのぼる必要などない。

「現在」に生きる日本人の9割以上は、「地方都市」も含めた「都市部」に生活しており、「都市型ライフスタイル」は日本人のあいだですっかり定着しているといっていいだろう。2016年公開のアニメ映画『君の名は。』(監督:新海誠)は、世界的大都市の東京に生きる男子高校生と、地方都市に生きる女子高生の、空間を超えた入れ替わりを描いて世界的に大ヒットした作品だが、ストーリーの展開上、「地方都市」の変電所がきわめて重要な意味をもつことからもわかるように、過疎化の進む「地方都市」であっても近代的なインフラ抜きには日常生活がなりたたないのである。

## 平均的な日本人ビジネスパーソンの一日

日本人だけでなく先進国全般、あるいは発展途上国であっても、都市部に暮らす人に共通するものが「都市型ライフスタイル」である。平均的な日本人ビジネスパーソンの一日を想定して、朝起きてから寝るまでを、具体的なシーンで列挙してみると、こんな感じになるだろうか。

朝起きてベッドから起きたらまずは顔を洗ってシャワー。蛇口をひねれば水がでる。お湯がでる。朝食はパンにコーヒー、昼は社員食堂か外食。夜は残業があればコンビニで軽食か弁当、残業がなければ帰宅して家で食べるか、飲み会か勉強会に参加する。

一日中なかなか手放せないのがスマートフォン。頻繁に連絡を取る必要がある人ならガラケーも同時にもつ。固定電話を備えている家はまだまだあるが、市街地では公衆電話ボックスは見なくなった。買い物には小銭を使うこともまだまだ多いが、クレジットカードなど磁気カードを使うか、あるいはおサイフケータイで支払いを済ませることもある。

家庭では家電製品が一通りそろっている。家電製品は読んで字のごとく電気で動く家庭製品。水洗トイレが当たり前で、しかも温水自動洗浄機能付きトイレも当たり前のように普及している。オール電化という家庭すらある。

通勤や移動は電車か自動車。スーツに革靴、オフィスでは机に向かってイスに座り、コンピュータに向かって作業。家庭でもテーブルにイスの生活で、フローリングの床にカーペットとソファを置いてくつろぐ家庭もある。

こうした日常生活を支えているのが、鉄道、自動車、舗装道路、街路樹、電柱、街灯、そしてライフラインとしての上下水道・ガス・電気・通信といった社会インフラであり、エレベーター、エスカレーター、自動ドア、冷暖房と空調（エアコン）を備えたオフィスビルやマンションといった高層建築のなかで活動しているのが、学校や病院、会社といった「組織」である。フリーランスの人も増えてきてはいるが、まだまだ大半は組織で動いている人だろう。

娯楽や趣味には映画やテーマパーク、スポーツ観戦など無数にあり。自宅やスポーツバーではJリーグや日本代表チームのサッカー試合をみたり、そのほかのスポーツも観戦するだけでなく自分でやることもあるだろう。病気になったら病院にいって医者の治療を受ける。

まあ、ざっと見ればこんな感じだろうか。

## 「前近代」の日本、「近代」の高度成長期、「戦前」との比較

「前近代」の日本、「近代」の高度成長期、「戦前」との比較をしてみよう。

すでに触れたが、テレビ・冷蔵庫・洗濯機は「高度成長期」には「三種の神器」と呼ばれ、この3点セットをそろえることが日本人の夢であった。意外に思われるかもしれないが、日本では電気の普及は西欧先進国よりも早かった。山がちで急流の多い日本の河川は、水力発電には有利だったからだ。もちろん、明治維新後の話だが、同時代の最先端の技術をそっくりそのまま導入したからである。

「明治維新」以前は、いうまでもなく江戸時代。電気もなければガスもない。燃料は薪か木炭。街灯はないので夜は真っ暗。ろうそくの炎で本を読む。中国や朝鮮とは違って机とイスは使用せず、畳か土間にそのまま座る。一汁一菜が基本で、魚は食べることがあっても肉を食べる人は少なかった。連絡は電話も電報もないので、直接出向くか飛脚を使用。履き物は靴ではないので靴下もない。農民が人口の大半で、組織に属していたのはほんの一握りだけ。男女ともにマゲを結っていた。着物を着ていたが、洋服という概念はなかったから現在のように和服とはいわない。

つまるところ、これが前近代の日本人の日常生活であった。身分制度が存在したが、その枠組みのなかでは安定した社会であったといわれている。時間の流れはゆったりとしており、なにかにせかされるようなことはなかった。

「前近代」社会の日常生活と比較すると、現在の日常生活のスタイルがいかに激変しているかは一目瞭然だ。日本は「開国」後に西欧文明を受け入れて劇的に変化したと思われがちだが、現在のようなスタイルが定着するまでには約100年かかっている。「明治100年」が祝われたのは1968年だが、定着したのは高度成長期が終わった1973年頃であろう。だが、近代化に当たって最初から西欧文明を全面的に取り入れたことは紛れもない事実だ。その意味では「現在」の日本人は「改造人間」であるといってよい。

現在に生きる日本人ビジネスパーソンが日常生活で意識することはほとんどないだろうが、日本人は「西欧近代化」の「優等生」なのである。戦前は英仏独の西欧諸国、戦後はとくに米国の影響が圧倒的であった。現在では米国一辺倒の時代が終わっているのは、米国流の取り入れがほぼ終わってしまったからだろう。現代の日本は、ある意味では成熟期にあるといえる。

日常生活の「西欧近代化」は不可逆的変化であり、その是非と功罪については賛否両論があるだろう。だが、現在のライフスタイルを前提に議論しないことには、将来についての議論は不毛なものとなる。

面白いことに、日本が「文明」を取り入れたはずの西欧諸国も、じつは最初から現在のような状態だったわけではない。『世界繁盛の三都』（加藤祐三、ＮＨＫブックス、１９９３年）によれば、人口規模からみた世界の三大都市は、18世紀時点では百万都市の江戸、北京、ロンドンだったとされている。都市機能の点からいっても、この3つの都市はそれほど大きな差があったわけではないらしい。それぞれ独自の「都市型ライフスタイル」をつくりあげて繁栄していたのである。

だが、「近代」の「都市型ライフスタイル」の発祥の地といえば、ロンドンを挙げねばならない。

## 「近代」の都市型ライフスタイルは19世紀のロンドンから

都市型ライフスタイルは19世紀英国のロンドンで誕生し、その後、「産業革命」のプロセスに入ったフランスやドイツ、イタリアといった西欧諸国に波及していく。同時期に「近代化」を開始した日本もまた同様であり、いうまでもなく米国もまたそうである。

その結果、西欧諸国と日米を含めた先進国で共通のライフスタイルの基盤ができあがったわけだが、20世紀後半以降には米国型のライフスタイルが先進国全体だけでなく、世界全体に普及した。

アメリカ文化の圧倒的影響を受けたのは敗戦国では日本だけでなく、ドイツやイタリアもそうであり、頑強に抵抗していたフランスにさえ、現在ではディズニーランド・パリがあるくらいだ。政治的な意味で「反米主義」をとなえるイランや中国でさえ、一般市民はじつはアメリカ文化が大好きなのである。

「発展途上国」でも「中進国」でも、首都は大都市化しており、都市型ライフスタイルが普及している。グローバル世界とダイレクトにつながっている首都から始まるライフスタイルが徐々に地方にも波及していくという構図がある。とはいえ、多くの場合は都市と地方の格差は拡大する一方というのが現状であることは、じっさいに現地を踏んでみれば実感できることだ。「先進国」ではすでにモノがあふれかえり、かえってモノ離れさえ発生している状況だが、これは日本だけの現象ではない。

さまざまなネットワークによってつながっている都市型インフラを基盤とした都市型ライフスタイルは、政治体制や宗教などの違いに関係なく全世界的に普及しているが、19世紀の英国とロンドンに起源があることを押さえておきたい。

## 「明治維新革命」政権は「産業革命」後の19世紀の最先端を導入

日本は19世紀の半ば以降から、西欧文明を本格的に導入することになる。それ以前も西欧からモノの輸入は継続して行われており、けっして「鎖国」状態にあったわけではない。蘭学者の研究によって西欧文明そのものはかなり知られるようになっていた。

本格的な導入が始まったのはいわゆる「開国」（1858年）以降のことである。明治維新政府が全面的に「近代化」方針を採用したとき、「近代化」イコール「西欧化」として、徹底的な導入の取り組みが開始されたのである。これほど徹底的な導入は、世界史的に見てもほとんど例がない。

中央集権化を推進する日本は、西欧諸国の制度を徹底研究したうえで、主体的に選択しているのであり、19世紀当時の覇権国・英国からすべてを導入したわけではない。

国内全般を扱う内務省の制度はフランスとドイツから。学校制度はフランス、警察もフランス。民法も最初はフランス式だったがのちドイツ式になった。軍事にかんしては、海軍は当然のことながら「7つの海を支配」していた英国、陸軍は最初はフランスでその後ドイツ（これらはともに大陸国である）。医学はドイツが中心、大学制度を含めた高等教育はドイツから（じつは米国もドイツに学んでいる）。鉄道や土木技術は英国から。ただし、河川関連にかんしては専門能力の高さを買ってオランダから。

ビジネス関連は当時の覇権国・英国と新興国・米国から。経済の面でも世界をリードしていたのは英国であり、それにつづいて急成長をしていたのが米国であった。したがって、ビジネスにかんしては「開国」後は一貫して英語が支配する世界であることに変わりはない。

## 18世紀後半から21世紀にかけての4次にわたる「産業革命」

「現在」につながる生活革命の出発点は、英国発の「産業革命」にある。「産業革命」の成果が「経済成長」として顕在化したのは1820年以降のことだ。ちょうどいまから200年前のことだが、たかだか200年前のことに過ぎないというべきかもしれない。「産業革命」の以前と以後では、世界は根本的に変化してしまったのである。

ただし、世界に先駆けて英国で始まった「産業革命」は短期間に集中して発生したものではなく、長期にわたってゆっくりと進行したプロセスであったことに注意しておきたい。渦中にいた人たちは当然のことながら「革命」だという意識はもっていなかったようだ。根本的な変化というものは、あとになってから気づくものだ。

21世紀の現在、「モノのインターネット」(＝IoT : Internet of Things) による「第4次産業革命」がよく話題になっている。工業生産とエネルギー転換という観点から整理すると、4次にわたる「産業革命」は以下のようになる。

「第1次産業革命」とは英国で始まったいわゆる「産業革命」のことだ。石炭を動力とする蒸気機関の発明が、機械化と工業化を全面的に推進する原動力になったことはよく知られているとおりである。

蒸気機関の発達が工業生産だけでなく、蒸気機関車や蒸気船といった交通革命を生み、ライフスタイルを革命的に変化させていった。石炭が動力源として使用される以前は、木材や木炭が使用されていたのであり、この点にかんしては江戸時代までの日本と変わりなかった。しかし、英国では木材が枯渇し輸入に頼っていたのだが、それにも限界があり、英国で豊富に産出した石炭に着目することになったのである。

「産業革命」は英国から始まったが、その後19世紀には、チャレンジャーとして当時の「新興国」ドイツや米国、そして日本が、英国の先行事例をモデル化して激しくキャッチアップを開始した。製造業にかんしては、「現在」においても、とくに非英語圏のドイツと日本の存在が大きいことは、ビジネスパーソンなら周知のことだろう。

「第2次産業革命」は電力を動力源としたエネルギー革命であり、規格化と互換部品によって大量生産システムを確立した米国がリードする。いわゆるテーラー・システムとフォード・システムによって一般消費財の大量生産が可能になったことで、モノがあふれる豊かな社会の基盤ができあがった。現在につながる大量生産・大量消費・大量廃棄社会は米国から始まったのである。

「第3次産業革命」は、コンピュータによる自動生産化で日本が製造業をリードした時代。1980年代には、積極的に産業用ロボットを生産現場に導入し、同時に労働者の現場レベルでの自主的な生産性向上を促すやり方で、世界のモノづくりをリードする製造業大国にのしあがった。そしてこの時代はアナログからデジタルへの移行期でもあり、パーソナル・コンピュータ（PC）とマイクロソフト（MS）のウィンドウズ（WINDOWS）の関係に端的に表れているように、ソフトウェアの優位性がハードウェアを上回りはじめた時代でもある。

「第4次産業革命」とは、すべてがインターネットで接続したIoTのことだ。21世紀に入ってから、デジタルの時代に完全に移行しはじめた。製造業の未来に危機感を抱いていたドイツが主導し、製造業復活を試みる米国もまた独自に取り組みを開始している。ドイツが提唱した「インダストリー4・0」とは、「第4次産業革命」のことである。

「産業革命」については、第5章で詳しく触れることにしたい。なんども強調するが、それが「現在」の都市型ライフスタイルにつながる原点だからだ。しかしその一方では、温暖化などの地球環境問題の根源も「産業革命」にあることは知っておかねばならない。石炭という化石燃料から排出される$CO_2$が問題を引き起こしていることは、1960年代の「高度成長期」にいちはやく公害問題で苦しんだ経験をもつ日本人は、とくに銘記しておくべきことであろう。
以上、「見えるもの」としての「物質文明」から日常生活について考えてみた。

## 「近代」がもたらした「意識」の変化……「見えないもの」から考える

さてここからは「見えないもの」として現代人の「意識」について取り上げて考えてみよう。「意識」というものは、あくまでも脳内世界の存在であるが、自分自身の意識もさることながら他者の意識を知ることはそれ以上に難しい。

しかも、生活習慣化していると無意識となる。「自由な個人」として思考し、行動している。そうは思っていても、じつはかならずしもそうではない。無意識のうちに「習慣」となったことを繰り返しているのが日常生活というものだろう。

それほど「意識」そのものを対象として捉えることは難しいが、その時代に生きる人たちには最大公約数的に共通するものがある。都市型ライフスタイルを送る現代人特有の「意識」があるということだ。

「意識」については、「空間意識」と「時間意識」の2つの側面から考えてみよう。人間は「空間」と「時間」のなかに存在しているからだ。

## 「近代」以降の「空間意識」と「時間意識」

「空間意識」については、人間は成長するに従って、自分が生きている空間が拡大していくことを実感する。母親を中心とした自分の身の回りの世界から、隣近所、そして幼稚園を経て小学校からさらにその上の段階に進学していくにつれて、視野が拡大する。日本人の場合は高校までは地元で過ごすことが多いが、大学に進学する場合は地元を離れて別の都市に移動することも多い。その過程のなかで、問題関心も地元から地域全体、さらには日本全体から世界、あるいは宇宙へと拡大していく。

「空間意識」の拡大は、一方では自分が把握している空間が縮小していく感覚と裏腹の関係にある。自分が生きている世界にかかわってくるのが身の回りだけでなく、地域社会や日本全体、そして国際情勢もまた日常生活に影響を及ぼしていることを実感するようになる。空間意識が拡大するにつれて、世界が狭くなるという逆説的な関係にあるわけだ。

「時間意識」については、人間が成長するにつれて、時間を意識せざるをえなくなっていくのは、学校制度が定時に始まり定時に終わるという仕組みで設計されているからだ。授業時間は時間単位で区切られ、12時にならなければ昼食を食べることはできない。遅刻が発生するのは始業時間が決まっているからである。そもそも学校というのは、そういう時間感覚を身につけさせるためにつくられた制度なのである。ある意味ではしつけであり、この時間感覚が身についていないと、ビジネスパーソンに限らず仕事人としては失格ということになる。

学校生活は、入学から始まり卒業で終わる。その間は複数の年度で構成されているが、年度そのものは、現在の日本の場合、4月から始まって翌年の3月に終わる。この間の一年は月ごとの年中行事で埋め尽くされているわけで、ある意味では毎年同じことが繰り返される。そこにあるのは「循環的時間」である。

その一方で、学年は一年生から二年生、そして最終年度へと進んでいく。落第する場合を除けば同じ年度を繰り返すことはない。つまり学校生活は不可逆的なのである。そこにあるのは「直線的時間」である。

学校とは、「循環的時間」を生きながら、同時に「直線的時間」を生きる経験を体感させる制度であり施設であると言い換えることもできるだろう。この関係は学校を卒業して実社会に入ってからも基本的に同じである。事業年度によって区切られ、四半期単位での報告が求められ、つねに前倒し前倒しで年度計画から中期計画、長期ビジョンへと「直線的時間」を意識しながら活動する。

だが、「前近代」においてはそうではなかった。その年どしによって変化はあっても、基本的に同じ場所に住み、同じ職業に従事し、世代を超えて同じことを繰り返していけば、その当人は自然と年を取り、世代交代していくというのが、人口の大半を占める農民の生き方であった。農事暦という年間カレンダーに従ってやるべきことが決まっており、自発的に新たな取り組みを行うことは奨励されていたわけではない。日の出とともに労働が始まり、日没とともに労働が終わる。そもそも学校という制度もなかったし、会社も病院も工場も存在しなかった。

「近代」になってから「時間意識」に大きな変化が生じたのである。だがそれは突然変化したわけではない。知らず知らずのうちに、気がついたら時間に追われる感覚になっていたというのが真相だろう。

この感覚が端的にあらわれているのが「定時発車」という考えだ。電車が時刻表どおりに運行されることが当たり前だと思い、少しでも遅れるとイラつくという「意識」。日本以外では先進国であっても厳格に「定時発車」が守られているわけではないが、定時発車についての「優等生」日本は、ある種のオブセッションにつきまとわれている国となっているといえるかもしれない。

ただしここでいう「近代」とは広い意味の「近代」のことをさしている。「時代区分」の考えでは、狭い意味の「近代」は「フランス革命」以降の19世紀以降を指すことが多いが、広い意味では16世紀以降を「近代」としている。前者と後者を区分して「初期近代」と「後期近代」とすることもある。「初期近代」は「近世」に該当する。「近世」は日本史で言えば江戸時代であり、江戸時代後期以降は農民の識字率も向上し、限りなく「近代」的になっていた。

## 「空間」が「時間」化される

世界で最初に「世界一周」したのは16世紀スペインのマゼランとされている。マゼラン自身はフィリピンで先住民に殺害されたが、探検隊の乗組員は地球を西周りで一周し、スペインまで帰還した。これによって地球が球体であることが実証されたわけだが、マゼランの世界一周はあくまでも冒険航海の一環であって、ふつうの人が「世界一周」できるようになったのは、19世紀半ば以降のことである。まだ200年もたっていないのである。

「前近代」社会においては、ほとんどの人が移動することなく同じ地域のなかで生まれ育ち、働いて死んでいくのが当たり前だった。「産業革命」以降にはテクノロジーの発達が交通機関の発達を促し、蒸気機関車や蒸気船が所要時間を大幅に短縮したことによって、移動範囲が大幅に拡大していった。いいかえれば、交通機関の発達によって「空間」が「時間距離」に換算され縮小していったのである。

時間距離で、時代感覚の違いを比較すると、18世紀のオランダと日本は往復で2~3年であった。帆船しかなかった時代であり、航海は風次第であった。2017年現在時点では、火星までの所要時間が軌道の関係もあるので往復で約2年弱であることを考えれば、時間感覚の劇的変化が実感されるのではないだろうか。

「空間意識」は人間が成長するにつれて拡大していくものだが、これが加速されたのが19世紀以降の世界である。動力源が石炭から電気に移行したことで蒸気機関車は電気機関車となり、19世紀末には石油を動力源とする内燃機関の自動車が誕生し、さらにはディーゼル機関車は電気機関車となり、スピードの向上が移動範囲の拡大をもたらしていく。20世紀後半になってからの旅客機の普及により、地球が狭いと感じるようになり、ついには地球は有限だと気がつくことになる。

「資本主義」とは、空間差を時間差に変換し、その差異を縮小していく運動ということができるが、「世界市場」化によって資本主義にとってのフロンティアが地球上から消失していったのは、ある意味では必然というべきなのである。人類はもうそこまで行き着いてしまったのだ。

## すでに世界はネットワークによってほぼ完全に「一体化」している

経済主導の運動としての「グローバリゼーション」が終わったとしても、世界はすでに「グローバル化」され、「一体化」されているのである。

通信ネットワークでリアルタイムにつながる世界、サプライチェーンで複雑につながる企業、さらに「IoT化」で機器レベルですべてがつながる方向に向かっている。この動きがやむことはないだろう。

通信ネットワークや交通ネットワークによってつながり一体化した世界。ネットワークを動くのは情報だけではない。ヒト・モノ・カネすべてである。過去の研究成果は知識化され蓄積され一元的に管理され、検索されることになる。科学上の発見も、あらたな発見によって否定されない限り、人類の知的財産として蓄積されている。

「グローバル化」がほぼ完了した現在においても、「国家」は依然として存在し、「国境」は消滅する気配すらない。それでも、すでに「グローバル化」している現実は変えようもない。よほどのことがない限り、成長が鈍化しても、この状況から後退することは考えにくい。

これが21世紀最初の四半世紀にある「現在」の状況だ。そして、この状況は19世紀以降のたかだか200年くらいの変化がもたらしたものである。

## 「現在」は英米アングロサクソンが主導する世界

いままで見てきたように、「現在」の都市型ライフスタイルを主導してつくりだしたのは19世紀の英国と20世紀の米国である。19世紀の英国が世界の「覇権国」となり、20世紀には米国が「覇権国」になった結果、英国流のライフスタイルが先進国とその植民地を中心に、米国風のライフスタイルが資本主義圏を中心にして全世界に拡散した。英国と米国はともにアングロサクソンと呼ばれる存在だ。

19世紀から20世紀にかけての２００年で、英語とアングロサクソン的思考法が世界のスタンダードとなったのは、その意味で当然というべきなのである。明治時代以降の日本で、国際ビジネスにおいて英語が必須とされてきただけでなく、学校教育では一貫して英語が重視されてきたのはそのためだ。

１９４１年から始まった大東亜戦争中は日本は英米とは交戦国となったので、「敵性語」として英語が禁止されたこともあったが、明治維新以降の日本近代史１５０年のなかでは、わずか４年間の例外に過ぎない。

グローバリゼーションは19世紀以降においては英国主導で、20世紀後半以降は米国が主導した。

英米が主導してきた「世界の一体化」は「世界の均一化」をもたらし、それぞれの地域の経済や文化を破壊しているというグローバリズム批判がある。とくに経済格差問題とからめて、異文化をもちこんでくる移民の増大に対する反発が、英国のブレクジットと米国のトランプ大統領誕生として顕在化したのが「２０１６年の衝撃」であった。

だが、そうした「反グローバリゼーション」の動きでさえ英米がリードしているというのが、世界の現状なのである。この意味をしっかりと見つめる必要がある。

## 20世紀最高の歴史家ブローデルによる「歴史の三層構造」

歴史的時間は「三層構造」で把握すべきだと主張したのは、20世紀最高の歴史家とされているフェルナン・ブローデルである。

ブローデルは、『物質文明・経済・資本主義』や『フェリペ2世時代の地中海と地中海世界』といった大著を残しているが、「歴史的時間」は「長期波動・中期波動・短期波動」の「三層構造」で構成されており、それぞれが重層的に重なり合っていると把握すべきことを提唱している。

「短期波動」とは、「速いテンポ」で過ぎ去っていく「ちり」のような事件や出来事をさしている。そのときには大きなインパクトをもったとしても、あっという間に忘れさられてしまう性格をもつ。だが、けっして重要でないわけではない。

「中期波動」とは、「より緩やかなテンポ」で動いていく社会の歴史をさしている。「日常生活」は、よほどのことがない限り、昨日と明日の違いは大きくない。あるいは昨年と来年のちがいもあまりない。日常生活を支えている人口動態や国家の枠組みなど、もろもろの要素もまた、そう極端に変化するものではない。戦争もまた、一瞬のうちに過ぎ去るものではないので、このなかに含まれる。

「長期波動」とは、「ほとんど動かないテンポ」の変化である。自然環境や気候などである。

歴史よりも地理的条件、さらにいえば地質学的な要素などは、きわめて長い時間をかけて変化していくものだ。ブローデルは「長期持続」という表現をつかっている。歴史的時間の「深層」を流れているものだ。

この「三層構造」は、経済史の分野で議論されてきた「景気循環」にも似ている。約40ヶ月の比較的短い循環を「キチンの波」、約10年の循環を「ジュグラーの波」、約20年の循環を「クズネッツの波」、約50年の循環を「コンドラチェフの波」と、いずれもその説を提唱した経済学者の名前をつけてよばれている。

もちろん、経済学の議論とブローデルの議論とは、共通点も相違点もあるが、「短期・中期・長期」の「三層構造」で時間を把握することは、問題解決にあたるビジネスパーソンのマインドセットにも合致している思考方法である。ただし、ビジネスの世界では「長期」といっても、せいぜい5年から10年程度であり、「中期」とは3年から5年程度のことをさしている。

## 本書の探索テーマ

これまで見てきたように、「第1章　２０１６年の衝撃　ふたたび英米アングロサクソン主導の『大転換』が始動する」では、現時点においても依然として英米アングロサクソンが世界をリードしていることを確認した。

「グローバリゼーション」の開始を主導し、もっともその成果を享受したのは英国と米国であり、そしてまた「グローバリゼーション」の暴走による負の側面に気がついて方向転換を開始したのも英国と米国なのである。英米アングロクサクソンが、「グローバリゼーション」の開始と完了の両側面においてフロントランナーであることは疑いようのない事実である。

「第2章『現在』の先進国の都市型ライフスタイルはいつできあがったのか？」では、20世紀の米国で「大量消費」が実現したこと、さらにさかのぼれば19世紀の英国の「産業革命」までさかのぼることができることが確認された。現在の「繁栄」は19世紀初頭に始まったものであり、つまるところ英国と米国という「英米アングロサクソン」がリードしてきたものである。

歴史学者のブローデル流にいえば、英国の「ＥＵ離脱」という「ブレクジット」も、米国でトランプ大統領が誕生したことも、「短期波動」の事件であり出来事であるが、「中期波動」としても今後に大きな影響を与えていくものだと考えるべきであろう。

２００年間にわたって確立していった「都市型ライフスタイル」は、「劇的変化」と比較すれば「緩やかな変化」といえるだろう。ブローデル流にいえば「中期波動」であり「長期波動」に該当するものといっていいかもしれない。ブローデルは、「人間は腰の上まで日常性のなかに浸かっている」という表現をつかっている。

「短期」であれ「中期」であれ、「現在」に生きるビジネスパーソンは、英米アングロサクソンがつくりだしてきた歴史と密接な関係にある。ビジネスの範囲が日本国内に限定されようと、中国や東南アジアであろうと、英米アングロサクソンがつくりだしてきた世界の延長線上にあるのだ。

こういう見通しをつけておいたうえで、次章から「グローバリゼーション」に焦点をあてながら歴史を「逆回し」でさかのぼってみることとしよう。

また、「グローバリゼーション」を主導してきた「アングロサクソン」とのかかわりで、日本と日本人がどう生き抜いてきたかについて、意識しながら振り返ってみたい。世界史のなかに日本をきちんと位置づけることは、日本人にとってきわめて重要な認識となるからだ。

日本は、19世紀半ばに米国によって「開国」を余儀なくされたが、みずからのつよい意志によって「西欧近代化」の道を邁進し、「西欧文明」を要素分解したうえでセレクトして導入、英米アングロサクソンのつくった枠組みのなかで生き抜いてきた。この150年の歴史においては、英米アングロサクソンとは政治経済で密接な関係をもってきただけでなく、文化と文明においても大きな影響を受けてきた。

たとえ日本が、英米アングロサクソンのように世界をリードする意志も力量も持ち合わせていないとしても、日本が確実に世界に影響を与える存在であることは否定できないのであり、そのことを意識的に自覚することが、日本と日本人が世界で生き残るための条件となるのだ。「グローバリゼーション」は文明レベルで世界を一体化したが、日本もそうであるように、ローカル文化を伝統として維持し続けることが、日本が世界に向かって「価値」をつくりだし、提供しつづけていくための基盤となる。

　この問題関心から、比較的くわしくユダヤ人の歴史についてもフォローしていく。イスラエルが建国されるまで自分たちの国家をもたなかったユダヤ人だが、日本が「開国」によって西欧世界のまっただ中に出て行った時期と、ユダヤ人が「解放」されて西欧世界に本格的に進出した時期は、ユダヤ人が半世紀ほど先行しているに過ぎないのである。

「非西欧」で「非キリスト教」という点において日本人と共通点をもつユダヤ人が、「アングロサクソン」と密接な関係を築きながら「グローバル世界」でいかに生き抜いてきたかを知ることは、「先行事例」として、日本人にとっても大いに意味のあることだろう。

# 第3章

# 「第3次グローバリゼーション」時代とその帰結（21世紀）

## 冷戦終結後、秩序の解体と崩壊によって混迷が深まる

2017

2017 トランプ米国大統領就任
2016 英国が国民投票でEU離脱を決定
2009 オバマ米国大統領就任
2008 リーマン・ショック（9月）
2001 9.11同時多発テロ事件
1993 EU発足
1991 ソ連崩壊（12月）
ユーゴ内戦勃発（6月）
湾岸戦争（1月）
1990 ドイツ再統一（10月）
日本でバブル崩壊
1989 ベルリンの壁崩壊
1981 レーガン米国大統領就任
1979 ソ連がアフガニスタンに侵攻（12月）
サッチャー英国首相就任（5月）
イラン・イスラーム革命（1月）
1973 石油ショック

1776

# 1 「グローバリゼーション」と「ネーション・ステート」の関係

第2章で見たように、「現在」の都市型ライフスタイルの起源が、19世紀の英国の首都ロンドンにあり、さらに20世紀の米国流のライフスタイルが日本を含めた先進国だけでなく、発展途上国の首都を含めた都市部で均一化したことを確認した。中国やイランなど、政治家がタテマエとして「反米主義」を掲げる国ですら、一般人のホンネのレベルでは米国への憧れがあるのが現実だ。

「19世紀の英国」を起点におけば、「20世紀の米国」はその「発展系」であり、19世紀の英国をつくりあげた「背景」にあるものが、18世紀までの西欧世界であると捉えることもできよう。「19世紀の英国」の「ビフォア&アフター」でとらえると、世界史がクリアに見えてくる。それが「近代」という時代であり、「近代」は「西欧近代」とほぼ同じなのである。

## 「グローバリゼーション」と「ネーション・ステート」

19世紀以降の「近代」を動かしてきた原動力は「グローバリゼーション」(=グローバル化)であり、その主体となったのは、英国と米国という「ネーション・ステート」(=民族国家、国民国家)である。

「グローバル化」が完了していると思われる「現在」においても、「国家」も「国境」も消滅していないどころか、「国家」による「国民」の管理が監視をつうじて強化されている。「グローバリゼーション」によって「国境」がなくならないのは、「グローバル化」した世界では、管理の単位が「国家」になるからである。これは、オリンピックやワールドカップだけでなく、インターネットの管理システムも同様だ。

もちろん、すでに「グローバル化」されてしまっている「現在」においては、ものごとはそう単純ではない。「グローバル経済」が当たり前になっている現状においては、一国単位の経済政策はもはや実行不可能である。

たとえば、「為替政策」を例に取れば、自国産業に有利になるように通貨切り下げを行うことは、「近隣窮乏化策」であるとして批難をあびることになるし、「貿易自由化政策」で輸入関税を撤廃することが、自国の農業を壊滅的に追い込んでしまうこともある。まさに、あっち立てればこっち立たずの状況である。さらに、「租税回避」の問題にあらわれているように、「国家主権」の及ぶ範囲を超えて経済活動が行われているという現実があり、対応には限界がある。

とはいえ、「グローバリゼーション」が自然発生的に始まったのではなく、英国と米国がそれぞれの「国益」にもとづいて推進したことは明らかである。「グローバリゼーション」の行き過ぎが自国の「国益」にかならずしも有利に働いていない現実に気がつかされて、「経済ナショナリズム」重視の方向に舵を切ったのも、おなじく「国益」にもとづいた意志決定である。それがどこまで効果的な政策として機能するかは別にしても、あくまでも「ネーション・ステート」の存在を前提にした行動なのである。

「グローバリゼーション」について説明する前に、まずは「ネーション・ステート」について見ておこう。「ネーション・ステート」の日本語訳は「民族国家」と「国民国家」の二つがあるが、理解しにくい概念である。そもそもは、17世紀の西欧で誕生した「ソブリン・ステート」(=主権国家)の延長線上にある概念なのだ。

## 「ネーション」と「ステート」はイコールではない

「ネーション・ステート」は、18世紀末から19世紀初頭にかけての「フランス革命」で生まれてきた概念で、「ナポレオン戦争」をつうじて、まずは欧州大陸で、さらには日本などの欧州以外の地域にも拡散していった。

19世紀の時点では、西欧諸国とあらたに参入した日本くらいしかなかったが、「第一次世界大戦」後の「民族自決」の流れのなか、「帝国」の崩壊で多数の「主権国家」が誕生し、「国民意識」をつくりだしていったことで「ネーション・ステート」に成長していった。

「第二次世界大戦」後の20世紀後半には、アジア・アフリカでは西欧諸国の「植民地」からきわめて多数の「主権国家」が独立し現在にいたっている。2016年現在では「国連」の加盟国は193か国に増大している。さらに、分離独立する動きがあり、際限なく増大しつつある。

19世紀の国際世界は、入会するには既存の会員による認証を必要とする閉鎖的なクラブのようなものだったが、20世紀後半以降の国際世界は、メンバー数が無限に増えた大衆的な存在となっているといえようか。

「ネーション・ステート」とあえてカタカナで記したのは、日本語では「民族国家」とも「国民国家」とも表現できるからだ。日本語では「民族」と「国民」は、ほぼ一致しているが、そのような国は必ずしも多くない。「国家」という枠組みがあって、はじめて「国民」が生まれてくるのだが、「国家」をもたない「民族」には、「国民」は存在しないのである。

たとえば、自分たちの「国家」をもたないクルド人は、イラン、イラク、トルコの3つの「主権国家」にまたがって分布しており、現在にいたるまで特定の国家をもっていない。西欧のバスク人も同様である。

「民族」や「国民」を意味する「ネーション」と、「国家」を意味する「ステート」の合成が「ネーション・ステート」である。「民族」は生き残りのために「国家」を必要とし、「民族国家」を形成する。しかし、単一民族で成り立っている国家は、日本を含めてひとつも存在しない。米国のような移民で成り立っている国家であればなおさらだ。

だからこそ、「国家」は「国民」をつくりだすために努力するのである。日本においても「国民」が成立したのは、19世紀末から20世紀初頭にかけての「日清戦争」と「日露戦争」後のことであり、たかだか100年超の歴史しかないのである。

「ステート」が必ずしも「ネーション」を前提としていないことは、西欧の中世から近世の歴史を振り返ってみればわかる。フランス絶対王政の太陽王ルイ14世は、「自分が国家である」という名言を残している。この当時の「ステート」においては、「主権」はあくまでも国王にあり、「主権在民」とはほど遠い状況であった。このような状態の「主権国家」は、現在でも世界中にいくらでもある。それほど、「ネーション・ステート」となるのはむずかしい。「ネーション」と「ステート」が合致するようになったのは「フランス革命」以後のこととされる。「ネーション」と「ステート」は、そもそも似て非なる存在であることは、なんどクチを酸っぱくしても言い過ぎではない。

だが、じつは英国は、「フランス革命」以前から、イングランドを中核とした「ネーション・ステート」としての性格をすでにつくりあげていた。「大陸国家」のフランスとは異なり、「島国」という地政学的条件が、それを可能としたと考えられる。フランスは、先行する英国を模倣したのであるが、なかなか「ネーション・ステート」にはなりきれなかったのが本当のところだ。

「グローバリゼーション」が進展すると、「ネーション・ステート」の存在がゆらいでくることは確かなことである。「グローバリゼーション」が進展して複雑な関係で経済関係が行われるようになると、グローバリゼーションの恩恵を受ける「持てる者」は、カネのチカラで「国境」を越えることができるが、恩恵を受けないどころか不利益さえこうむる「持たざる者」は、さらに困窮化していくことになる。「グローバリゼーション」の推進者であった英国でも米国でも、同様の事態が進行していた。

「グローバリゼーション」の恩恵を受けるのは「持てる者」である富裕層だけではない。「ネーション」が成立していない「ステート」自体が支配力を行使して、国内での富の生産ではなく、外から富を収奪する方向に向かうようになる。それが、「国家資本主義」であり、「新重商主義」的な行動を生み出すことになる。「ネーション」の能力に基盤をおいた国際競争力ではなく、「ステート」の支配力に依存した国際競争力である。中国やロシアはいうに及ばず、米国のように「ネーション」のチカラが弱体化している「ステート」においては、その傾向があらわになっていた。

「ネーション・ステート」を基盤としている「グローバリゼーション」だが、足元の「ネーション」が弱体化してくると、国内の不安定さが増大することになる。それが、「2016年の衝撃」としてブーメランのように跳ね返ってきたのであり、なによりも英国と米国で顕在化したのであった。忘れられていたサイレントマジョリティーの声に耳を傾け、「ネーション」の能力を強化しながら、国際協調も行っていくという姿勢が、「ネーション・ステート」に求められるのである。

では、つぎに、「グローバリゼーション」がどう進展してきたのか振り返ってみておくこととしよう。

## 「グローバリゼーション」は三段階で進展した

「グローバリゼーション」とは、経済を中心とした「地球の一体化」といってよいが、歴史的にみれば三段階にわたって発生してきた動きである、21世紀現在の「グローバリゼーション」は終わりに近づいているが、じつは歴史的に見れば今回の「グローバリゼーション」は、三番目のものである。

「第3次グローバリゼーション」が始まったのは1980年前後であり、たかだか四半世紀の歴史しかもたない。現在の「グローバリゼーション」は英米、とくに米国が主導したものだが、それ以前に19世紀の英国が主導したのが「第2次グローバリゼーション」である。これは「産業革命」を背景に「覇権国」となった大英帝国が、地球規模で植民地化をともないながら推進した動きである。

さらにさかのぼれば、15世紀以降ポルトガルとスペインが先行し、最終的に17世紀にオランダが「覇権国」となって推進した「第1次グローバリゼーション」となる。

つまり、「グローバリゼーション」は3次にわたって発生した現象であり、それぞれを主導したスペイン・オランダ・英国・米国を「覇権国」とよぶと理解しやすくなる。

15世紀からはじまったポルトガルとスペインが主導した「大航海時代」は、じつはイタリアのジェノヴァ商人とユダヤ商人が主導権を握っていた大規模な投機経済である。これが大航海時代という「第1次グローバリゼーション」の波であり、その波は日本にまで押し寄せた。ちょうど戦国時代末期の頃である。

大航海時代で先行したポルトガルが衰退し、「覇権」を握ったのはスペインであるが、その後オランダがスペインから独立して「覇権」を握り、さらにはオランダにキャッチアップした英国が、オランダから「覇権」を奪い取り、「海洋帝国」としての「大英帝国」を築き上げていく。そのプロセスのなかで「産業革命」という「第2次グローバリゼーション」が始まる。これが18世紀後半から19世紀にかけての動きである。

「第1次グローバリゼーション」のポルトガルとスペイン、そしてオランダ、「第2次グローバリゼーション」の英国は、みな植民地収奪によって富を蓄積した。歴史上、一度も「覇権国」になったことはないフランスもまた、そのなかに含めるべきであろう。

米国の文明史家イマニュエル・ウォーラスティンのいう「近代世界システム」はこのプロセスのなかで形成されていった。「中心国」が「周辺国」を経済的に従属化し、収奪することによって資本主義が進展するというプロセスである。「中心国」の資本主義にとっては周辺国が広大なフロンティアとして広がっていたわけだ。

「明治維新」後の近代日本は、その流れに参加することになる。日本は、「第1次グローバリゼーション」に巻き込まれたものの、その後は「グローバリゼーション」とはつかず離れずの立場をとりながら、西欧とは異なる歴史を歩んで空前絶後の平和時代を享受する。しかし、「第2次グローバリゼーション」の波には抗しきれず、みずからの意志で積極的に巻き込まれることによって植民地化を回避し、当事者のプレイヤーとして生き残る道を選択した。

「第2次グローバリゼーション」を主導して「覇権国」となった「大英帝国」を受け継いだのが米国であるが、米国のパワーが衰退に転じたのは「ベトナム戦争」末期の１９７４年頃である。前年の１９７３年に米国はパリ協定により撤退を完了、膨張主義にストップがかけられた。いわゆる「ニクソン・ショック」によって、ゴールドと米ドルの交換が停止されたことは、覇権国としての衰退化を象徴した出来事であった。それ以後、変動相場制に移行する。

「第3次グローバリゼーション」は、１９７９年に英国でサッチャー首相が誕生したことで始まった。英国の基幹産業である金融の自由化をつうじて「グローバリゼーション」を遂行することが英国再建という「国益」に合致したためである。

１９８１年に米国でレーガン大統領が就任すると、その流れに乗ることになる。１９９１年にはソ連を自壊に追い込み、旧共産圏の中東欧諸国が資本主義にとっての「フロンティア」として登場し、「第3次グローバリゼーション」がさらに推進されることになった。その前から暴走がはじまった「マネー資本主義」が２００８年には「リーマン・ショック」としてクラッシュしたものの、いまだにストップがかかることなく続いている。

つまり、「グローバリゼーション」は自然発生したものではない。「近代資本主義」が生き残るため、フロンティアを求めての運動であったということなのだ。それが15世紀以来、三度にわたって大きな波として推進され、「第3次グローバリゼーション」も終わりに近づいているということなのである。

「資本主義」は、「空間差」と「時間差」を利用して、その差異を縮小していく運動であるというのは、『ヴェニスの商人の資本論』(筑摩書房、1985年。現在はちくま学芸文庫)における岩井克人教授の説明だが、「空間差」を利用した資本主義は、もはや地理的な意味でのフロンティアがほぼ消滅したことで終わりに近づいているのである。

「時間差」にかんしても、インターネットの普及でリアルタイムでのビジネスが可能となった結果、いちじるしく差異が縮小してしまっている。もはや、米国が単独の「覇権国」として世界を支配することは不可能になっている。

## 「第3次グローバリゼーション」を促進した「新自由主義」

冷戦構造崩壊前後から明確な形を表しはじめた「第3次グローバリゼーション」だが、じつは1970年代に始まる経済の構造転換から始まり、冷戦構造崩壊によって世界経済が一体化したことで大きな潮流となった。

第二次大戦後、東西両陣営に分かれた世界システムは、経済政策の有効性をめぐって西側の自由主義経済圏と、計画経済による東側の社会主義経済圏で対立することになったが、西側においては、1973年のオイルショックまで比較的高めの成長が続いていた。

その後、経済成長率が大きく低下したが、現状打破のために登場したのが米英のアングロサクソン圏を中心とした「新自由主義」(＝ネオ・リベラリズム)であり、金融自由化によって促進された「第3次グローバリゼーション」である。

「新自由主義」により、小さな政府、民営化と規制撤廃(＝ディレギュレーション)、自由貿易と投資重視の政策が推進された。

それまでの非効率で大きな政府と、社会の安定をもたらしていたが停滞を招く原因とみなされた高福祉政策への反動であったと表現することも可能だろう。限られた財政を効率的に配分する投資政策、稼ぐ人がさらに働くためにインセンティブを与える税率引き下げが実施され、所得再分配政策は弱められていった。

同時期のソ連は、1917年の成立以来、約70年にわたって続いたソ連史において「安定と停滞の時代」であった。その後、米国との軍拡競争が激しさを増すなか、消費物資の生産と流通が後回しにされるという、計画経済体制と国民生活の要求とのあいだのギャップや矛盾が拡大し、ついには崩壊するにいたる。

『ソ連史』(松戸清裕、ちくま新書、2011年)によれば、「ソ連は国力に見合わないほどの過剰な福祉国家だったのであり、そのことが国家にとって大きな負担となったとの指摘がある」。財政負担が限界を超えた国家は、崩壊に至ることをソ連の事例は示しているといえよう。

1991年にソ連が自壊したことによって旧共産圏から解放された中東欧諸国が、さらに「グローバリゼーション」を活性化していくことになった。

## 冷戦構造崩壊後、きれいごとによって抑圧されてきたものが噴出

いま世界中でテロの嵐を引き起こしている「イスラーム国」(ISIS)が猛威を振るい始めたのは、イラクからシリアにいたる地域に実効支配を確立し国家樹立宣言を出した2014年のことだ。「イスラーム過激主義」の中心であった「アルカーイダ」が弱体化した後のことである。

「イスラーム国」についての分析で大いに注目を集めた『イスラム国 テロリストが国家をつくる時』(文藝春秋、2015年)の著者ロレッタ・ナポリオーニは、2008年の「リーマンショック」を扱った『ならず者の経済学 世界を大恐慌にひきずり込んだのは誰か』(徳間書店、

2008年）において、「冷戦構造崩壊」後、「グローバリゼーション」によって「ならず者経済」がもたらされたと論じている。以下、わたしなりに要約しておこう。

1991年にソ連が崩壊し、東西冷戦構造が終焉を迎えたとき、世界中が陶酔感に浸った。これで核戦争の恐怖も消え、これからは「平和の配当」を享受できるのだ、と。ところが、冷戦構造の終焉と同時に再び始まった「第3次グローバリゼーション」の波のなか、「パンドラの箱」があけられてしまった。いままで抑えつけられていた邪悪の勢力が解き放たれたのである。そして「ならず者経済」が生み出された。

幻想によってかきたてられる消費。密輸品、海賊版や偽造品が氾濫。国境を越えた人身売買と奴隷労働が横行。インターネットでは闇経済がはびこっている状態。「ならず者」たちは思うままに暴利をむさぼり、貧富の格差は縮まるどころか拡大するばかりだ。旧ソ連地域であった中東欧は、市場経済への移行をつうじて「ならず者」たちによる収奪の対象となった。中近東もアフリカも液状化が進み、混乱が収束する気配もない。

マネーロンダリング（＝資金洗浄）によって、「ならず者」たちが主導権を握る「闇経済」が地上に浮上しつつある。まずは暴利によって獲得した資金のロンダリングによってネットも含めたウラ世界の闇経済がオモテに出始めているのである。オモテとウラが融合していきつつあるなかで、やがて「ならず者」たちが新しい時代の中心となるのであろうか？

グローバリゼーションによって「国民国家」の市場統制力が弱体化した結果、国家間をいとも簡単にくぐりぬける「ならず者」たちを監視し、処罰することが容易でなくなっている。パンドラの箱をあけてしまった以上、もう後戻りはできない。行き着くところまで行くしかないのだ。

液状化する国際状況のあいまをかいくぐって浮上してきたのが、2014年に「カリフ制のもとでの国家」を宣言した「イスラーム国」であるが、このような文脈のなかに出現してきた現象だといっていいだろう。

そしてまた、なぜ過去のものだと思い込んでいた「ナショナリズム」や「極右政党」が、いまかえって猛威を振るい始めているのか？　それは、市場経済をスムーズに制御するための国家と制度的枠組みが機能不全に陥っているためだ。そして、その背景には、人々の不安や恐れの感情が存在する。だが、経済ナショナリズムで一国の「国民経済」にかかわる国民を保護することができたとしても、はたして暴走する「市場経済」そのものを制御することは可能なのだろうか？

「市場経済」の暴走は依然として猛威を振るっている。このうねりのなかで既存の「ネーション・ステート」の存在は、さらに弱体化しつつあるのが現状だ。これはリベラル派が楽天的に語っていた「グローバル市民社会」論や「地域統合による平和と繁栄」論のような「すばらしい世界」とはほど遠い。テロリストを含めた「ならず者」が跋扈《ばっこ》する「おぞましい世界」である。

世界経済は、２００８年にはいわゆる「リーマン・ショック」による「世界金融危機」の瀬戸際まで追い詰められた。その後もいっこうに止まる気配のない「グローバリゼーション」によって先進国の国民経済は疲弊し、格差拡大と貧困化に歯止めがかからない。

２０１６年６月に英国で実施された国民投票の結果、「ＥＵ離脱」が選択されたこと、第45代米国大統領となった不動産王ドナルド・トランプの躍進に、英米アングロサクソン圏で顕著になってきた「反グローバリズム」と「ポピュリズム」の動きを読み取るべきだろう。

それは、「新自由主義」時代の終わりと言うだけでなく、「第３次グローバリゼーション」時代の終わりを意味していると考えられる。

## 2

# 「現在」を地政学の考えで空間的に把握する

つぎからつぎへと想定外の事態が発生し、既存の秩序の解体と崩壊が止まらない。これまでの常識がことごとく通用しなくなりつつあるのが、「いま」という時代の最大の特徴だ。

ビジネスの世界では「破壊的イノベーション」による非連続的変化が常識になって久しいが、政治経済や社会といったビジネスにとっての外部環境も変化がきわめて激しい。先が読めない不安定で不確実、複雑で流動的な状況下で生きていくことを余儀なくされている。

ビジネスの外部環境の大半は、たいへん残念ながらコントロール不能である。だが、外部環境をすこしでもコントロール可能なものにするには、自分が関与できる範囲内だけでもコミットしなければならない、そうでなければ一方的に飲み込まれてしまうだけだ。そして、なによりも外部環境の中身を知ることが第一歩となる。

## 地政学の枠組みで現状認識を行う重要性

世界史の話をする前に、まずは現状認識をきちんと行っておきたい。「現在から逆回し」で世界史を考えるのがこの本の目的だからだ。

「地政学」の観点で世界を見る必要がビジネス界でも日増しに強まっている。2001年9月11日に米国で起こった「9・11事件」、すなわち同時多発テロ事件をきっかけに、資本市場や市場経済分野で「地政学リスク」という表現がひんぱんに使われるようになってきた。

「地政学」(geopolitics) とは、ごく簡単に言ってしまえば、地球全体を前提にして国際政治を見るものの見方のことだ。政治経済を含めた一国の生存条件は、地理的な条件によって決定される。時間としての歴史と、空間としての地理は、いっけん水と油のような印象を受けるかもしれないが、じつは不可分の関係にある。

「はじめに」で紹介したが、最近よく耳にするようになった「VUCA」(ブーカ) という表現と同じく、地政学もまた軍事から生まれた発想だ。地政学は、「海洋国家」の英国と米国で生まれて発展、「大陸国家」のドイツでは別個に展開された。ビジネスの発想は、好き嫌いは別にして、ミリタリーの延長線上にあることは常識にしておいてほしい。戦略 (ストラテジー) や戦術（タクティクス）というコトバじたい、もともとは軍事用語なのだ。

地政学を具体的に捉えるため、日本を事例にして考えてみよう。日本は、周囲を海に囲まれた複数の島々からなる列島で、一言でいえば「島国」である。火山国でかつ地震国であり、台風や豪雪など自然災害は厳しいが、海の幸にも山の幸にも恵まれた島国である。それが証拠に1万年以上前から人間が暮らしてきた。いわゆる縄文人という先住民のことだ。

日本は、「大陸」とは適度な距離に位置しており、絶海の孤島ではない。大陸からは偏西風が吹いてくるだけでなく、情報やモノがもたらされ、弥生人という人間集団も渡来してきた。だが海に隔てられているので、大陸や半島から島国の日本を攻めるのは容易ではない。そんな絶妙な条件を備えているのが日本である。この条件は欧州の英国とよく似ている。日本と英国は、ユーラシア大陸を挟んで東西の両端にある島国だ。

日本で使用されている世界地図は日本を真ん中にして左手にユーラシア大陸、右手に太平洋とアメリカ大陸があるので分かりにくいが、米国は大西洋国家であり、かつ太平洋国家でもある。米国は東海岸で大西洋、西海岸で太平洋に面しており、「島国」的な状況にあるといっていい。これは米国で使用されている世界地図か地球儀をみればすぐにわかることだ。

「地政学が扱うのは、国家や人間に制約を課し、特定の方法で行動するように仕向ける、非人格的な大きな力なのだ」。陰のＣＩＡの異名をもつ民間情報機関ストラトフォー社の代表ジョージ・フリードマンは、ベストセラー『100年予測』（ハヤカワ文庫、2014年）のなかでそう述べている。

島国に生きる人間と大陸の人間、そして半島に生きる人間は、それぞれ思考パタンも行動パタンも異なるものをもっている。島国の人間には島国根性があるという言い方がされる一方、大陸に生きる人間は大陸的とされることもある。このように、人間というものは、知らず知らずのうちに、地理的・環境的制約条件という絶対的制約条件が生み出す「非人格的な大きな力」という「目に見えない力」の影響を受けているのだ。

## 日米関係を地政学の観点からみる

地政学の観点から、地球全体のなかで日本が置かれている現実について整理してみよう。現在の日本にとってもっとも重要な二国間関係は、とくにビジネスパーソンの立場に立てば、日米関係と日中関係につきるといってもいいだろう。

もちろん欧州やその他アジアや南米、中近東やアフリカとの関係も重要だが、ビジネスのボリュームからいえば、優先順位としては米国が第一、そのつぎに中国が来ることに異論はないだろう。これは個人的な好き嫌いとは関係ない話だ。

日米関係が「黒船」来航以来の150年の歴史であるのに対し、日中関係は断続的であるが有史以来2000年以上のかかわりをもつ関係だ。いやおうなく付き合わなくてはならない中国大陸が、距離的には比較的近い隣国であるのに対し、太平洋を挟んではるか彼方にある米国は、隣国であるとはいえ直接的な関係をもった歴史が短いのは当然だ。物理的な距離のもたらす違いは、インターネット時代になっても変化はない。

地政学では、「海洋国家」と「大陸国家」を対比させている。「海洋勢力」（シーパワー）と「陸上勢力」（ランドパワー）ともいう。この両者のせめぎ合いが地政学ゲームの基本構図だが、島国の日本は「海洋国家」に分類される。島国の英国は言うまでもなく、米国もまた「海洋国家」である。

米国は北米大陸の中核に位置しているが、東は大西洋、西は太平洋に囲まれており、「海洋国家」としての側面がきわめて強い。大西洋の米欧関係と、太平洋の米日関係（米中も）両面をにらむ「ヤヌス的存在」である。

ユーラシア大陸とは異なり、南北戦争という内乱を例外として、建国以来200年以上にわたって本格的な侵略を受けたことがないという地政学的条件をもつ米国は、自由貿易体制の原則を維持するため、海上交通をスムーズに行うための「航行の自由」と、海上の安全を確保するために海軍力をなによりも重視してきた。安価で大量輸送が可能な海上交通を保護するには、海軍力による制海権がモノをいうからだ。

とはいえ、「引きこもり体質」である点は、島国的ですらある。

日本は地政学的にみれば本質的に「海洋国家」である。これは、18世紀後半の経世家・林子平が『海国兵談』で、「ロンドンのテムズ川と江戸の隅田川は水でつながっている！」と喝破していたとおりである。

だが、現在の日本人の快適な生活が大きく海に依存していることを、多くの日本人は日頃意識することなく、しかも無関心のようだ。どうしても「島国」意識が抜けず、関係者以外は「海洋国家」意識をもちにくいのだろうか。

「食糧とエネルギー」のほとんどを大きく海外からの輸入に依存しており、金額ベースでみて約7割が「海上輸送」に依存している。海上運賃は航空運賃よりはるかに安いので数量ベースでみたら、比率はもっと高くなる。

海洋国家の米国が日本を「開国」させたのは、世界史的にみれば、「産業革命」が起爆剤となって生じた「第2次グローバリゼーション」の結果である。「産業革命」といえば蒸気機関の発明と密接な関係があるが、外洋航海を可能とした蒸気船というテクノロジーの発展があってこそ、地球を一周したペリー提督の航海も可能となった。当時はまだパナマ運河もスエズ運河もなかったから太平洋を横断できなかったのだ。テクノロジーの飛躍的発展をベースにした圧倒的な軍事力を前にして、幕府はなすすべもなく「開国」やむなしの結論に達したのである。

近代化路線に邁進した日本は、太平洋の覇権をめぐる日米戦争で無条件降伏したあと米国に占領され、独立を回復してからは覇権国となった米国の勢力圏のなかで生きてきた。戦後の復興は米国の支援がなければ不可能だったが、その後の日米関係は愛憎相半ばする関係が続いている。

現在では日米は同盟国となっているが、経済力でもソフトパワーの点においても、対等の関係とはいいがたい。ビジネス上の新しい発想にかんしては、SNSをはじめとして米国発のものが圧倒的に多いことは誰も否定できないだろう。

## 日中関係を地政学の観点からみる

日中関係は、日米関係と比較するときわめて長い。紀元前に半島を経由して弥生人が渡来して以来の関係だが、本格的な二国間関係が生まれたのは近代に入ってからのことだ。明治維新をへていちはやく「近代化」の道を突き進んだ日本と、かなり遅れて「近代化」が始まった中国との関係は、近代以前の関係とは逆転した。先進国・日本と後発国・中国の関係は、21世紀まで100年以上も続いていたのである。日中関係は日米関係とは真逆の関係にある。

日中関係もまた日米関係と同様に愛憎半ばするものであるが、日本優位の関係が長きにわたって続いていた。だが、2010年にはGDP規模で日本は中国に抜かれ、それと前後して日中関係は不安定化を強めている。ビジネスの観点からは生産基地であり市場でもある中国だが、安全保障の面では緊張関係にある。

すでにGDPで日本の2・5倍、軍事費で8倍の大国である（世界銀行のデータによると、日本の防衛費は2015年に470億ドル、中国は3858億ドルにのぼる）。

中国は、ユーラシア大陸の東端に位置する文字通りの「大陸国家」だが、先にも引き合いに出したジョージ・フリードマンは『続・100年予測』（ハヤカワ文庫、2014年）のなかで面白い指摘を行っている。「中国は東西に4000キロの広がりをもち、14の国と国境を接している。海に面しているのは一方向だけで、北、西、南方を、事実上侵入不可能な障壁によって隔離された、太平洋の縁にはりつく細長い島と考えるとイメージしやすい」。

近年、中国はさかんに海洋進出を進めているが、歴史をさかのぼれば、「陸の中国」と「海の中国」はつねに競合関係にあった。活潑な海洋進出は、「大陸国家」としての性格をもちながら、「海洋国家」としての性格を前面に出し始めたと考えるべきだろう。だが、このことは必然的に「海洋国家」米国の利害とのコンフリクトを発生させることになる。

## 日米中の三角関係という構造

本書は、現代からさかのぼって歴史を考えるというのが基本姿勢だが、日米関係についても、日中関係についても、21世紀の現在から19世紀までさかのぼるにとどめる。というのも、アメリカ合衆国は18世紀末まで存在しなかったし、日中関係も正式な国交は江戸時代のあいだずっとなかったからだ。日本は、中国を中心とする世界システムである「華夷秩序」から戦国時代に「離脱」、それ以来すでに500年近くたっている（ただし例外として、現在の沖縄県の前身である琉球王国は清朝とは朝貢関係にあった）。

日米戦争の本質は太平洋の覇権と中国市場をめぐる衝突であったが、現在においても日米中の三角関係の構造は同じである。日米関係、日中関係ともに、政治経済の両面で関係が深いからこそ、好き嫌いに関わりなく付き合わざるを得ない。愛憎相半ばする関係とならざるを得ないのである。

だが、重要なことは、日米関係も、日中関係も、相手側の立場に立てば、それぞれ米日関係、中日関係となることに注意することが必要だ。さらにいえば、二国間の関係とのみ考えていては本質を見誤る。日米中の三国関係には、米中関係という日本がかかわらない世界があることに注意しなくてはならない。

これが現在は「太平洋の時代」といわれている現状の姿だが、東海岸で大西洋、西海岸で太平洋に面している米国は、地政学的にみて特異な存在だといっていいかもしれない。歴史的にみれば、米国が太平洋に進出したのは19世紀以降に過ぎないことも強調しておこう。さらにいえば、米国と欧州は異なる大陸であり、「欧米」とひとくくりにするものの見方は正しくないことも理解することが必要だ。これは、地球儀を回してみればすぐに把握できることだ。

もちろん、日本は米国や中国とだけ関係をもっているのではない。米国も中国もそれぞれ世界中の国々と関係をもっている。日本企業は米国企業や中国企業とだけ関係をもっているのではない。世界はきわめて複雑な関係にある。サプライチェーンで世界はつながっているという現実。情報やモノの流れが途絶えることは、もはやありえないだろう。世界はすでに一体化し、しかしながら多様な主体がせめぎあっている。

すでに全盛期を過ぎ、かつての勢いのない欧州だが、リーマンショック後のユーロ危機をつうじてドイツがふたたび強国化しつつあるという現実がある。欧州の中央に位置する「大陸国家」ドイツは中欧のさらに中心であり、東隣の「大陸国家」ロシアとは愛憎相半ばする関係にある。

東西冷戦時代は東西に分割されていたドイツだが、再統一以降は資源国のロシアとは相互補完関係にあることを念頭においておきたい。ドイツからみてロシアのさらに先には中国がある。ドイツと中国は、日本人が考える以上に相性がいいようだ。

日本は「開国」以後、敗戦による徹底的な破壊という大きな挫折を体験したものの、現在に至るまで基本的には「近代化」＝「西欧化」の路線を歩んできた。ある意味では「西欧近代化の優等生」である。

もちろん固有の文明や文化をもつ日本だが、すくなくとも価値観や利害関係においては「G7サミット」に端的に表れているように米欧先進国と同じ立場にある。したがって、日本のビジネスパーソンにとっても世界史をみるにあたっては、近代以降については米国と欧州についてて深く知っておく必要があるのだ。20世紀の覇権国・米国、19世紀の覇権国・英国についてくわしく取り上げるのはそのためだ。

世界史はけっして自分たちと関係ない過去の話ではない。

# 3 「時代区分」としての21世紀
## 冷戦終結後の四半世紀をひとまとめで考える

歴史を考えるに当たって重要な概念に「時代区分」というものがある。世界史にかんしていえば、古い順に並べれば先史時代、古代、中世、近世（＝初期近代）、近代（＝後期近代）という区分が一般的なものだろう。もちろん、歴史には連続性と断絶があるので厳密に区分できるものではないが、大まかに捉えるためのフレームワークとして考えておけばよい。

### 現在は「大転換期」

現在から歴史を考えるに際しては、「米ソ冷戦構造」終結後の四半世紀をひとかたまりの時代とするべきだ。「現代」という時代は、一般的にはまだ第二次世界大戦終結後を指していることが多いが、冷戦終結後を一つの時代と考えると理解しやすい。それは短いが21世紀の歴史でもある。

「米ソ冷戦構造」は「東西冷戦構造」ともいうが、東西冷戦の「東」とはソ連を盟主とする社会主義国、「西」は米国を盟主とする自由主義諸国のことである。日本はいうまでもなく一貫して西側に属してきた。

1989年に東西世界を分断する象徴となっていた「ベルリンの壁」が崩壊し、1990年には「ドイツ再統一」によって東西分断が終結、その翌年の1991年には東側世界の盟主であったソビエト社会主義共和国連邦（ソ連）が崩壊したことによって、東西冷戦が終結したと考えられている。冷戦時代の秩序は、米国と西欧先進国、そしてソ連といった限られた地域の国々によって作られた制度であり、それぞれの傘下に米国の同盟国や、ソ連の衛星国が存在していた。

冷戦終結後に唯一の超大国となった米国の一人勝ちが続くと思われていたが、その時代は意外と長くは続かなかった。中国やインドといったいわゆる「新興国」（あくまでも経済成長の観点から）が発言力を強めているだけでなく、その他ベトナムやトルコなどの地域も国際社会でプレゼンスを高めつつある。なかでも中国や「自称イスラーム国」（ISIS）は、17世紀なかばの西欧で成立した、主権国家を中心とした国際秩序である「ウェストファリア体制」に真っ向から異議申し立てを行っているのである。

冷戦終結後の約四半世紀を、いわゆる「グローバル化」（＝グローバリゼーション）の光と影として記述すると、さまざまなことが見えてくるだろう。冷戦終結によってもたらされた「平和の配当」は、じつは「パンドラの箱」を開けたことによる世界の大混乱の始まりとなった。それは、「近代資本主義500年」の歴史の終わりと、次の時代に向けての「移行期の混乱」である。「移行期」という「大転換期」時代なのである。

ただし、「時代区分」はあくまでも目安と考えたい。ある特定の年に突然ガラッと変化してしまうわけではなく、「断絶」と見える歴史も、じつは見えないところでは「連続」しているからである。以下の記述でも、厳密な「時代区分」に従っているわけではない。

## 「リーマン・ショック」と「世界金融危機」（2008年）

「2016年の衝撃」が訪れる前まで、ビジネスや経済にきわめて大きな影響を与えてきたのが、2008年に発生した「リーマン・ショック」である。「リーマン・ショック」とは、

２００8年9月15日に米証券会社のリーマン・ブラザーズの破綻が引き起こした「世界金融危機」のことだ。日本では「リーマン・ショック」というが、「世界金融危機」というくくりでみたほうが正確に把握できる。

「世界金融危機」は、世界を不安定化させている要因のひとつである。「１００年に一度の金融危機」だといわれたが、かろうじて１９２9年の「大恐慌」のような事態は回避できたものの、いまなお完全に問題が解決したわけではない。とくに問題なのはギリシアの財政破綻問題がクローズアップされた欧州だが、米国も日本もその他のアジア各国も不安定な経済状況のなかにある。

世界を不安定化させている最大の要因はなにかという問いを、２００8年時点に発したなら、２００1年の「9・11」こそがそうだ、ということになっただろう。たしかに「9・11」テロは米国だけでなく世界を震撼させたが、現時点で考える際は、やはり２００8年を起点にして考えるのが自然なことではないだろうか。

「２０１6年の衝撃」も、２００8年の「世界金融危機」がもたらしたものであり、２００1年の「9・11」がもたらしたものの延長線上にある。因果関係を特定することは困難だが、そう捉えて問題ないだろう。

## 「リーマン・ショック」は「サブプライム・ショック」に起因する

「リーマン・ショック」が発生したのは2008年9月15日のことであった。ニューヨーク市場の株価下落が引き金となって発生したが、これは2007年8月に起きた「サブプライム・ショック」によって引き起こされた結果である。

「サブプライム・ショック」とは、米国の「住宅バブル崩壊」のことである。公的機関を含めたほぼすべての金融機関、保険会社、保証機関、不動産会社、建築会社がかかわっている。

不動産会社は、無収入だろうと失業者だろうと、頭金も用意できないような返済能力の低い人にも住宅を売った。銀行は、住宅価格は右肩上がりに上昇するはずだという前提のもと、払えなくなれば担保に取った住宅を売ればいいと積極的に高金利の住宅ローンを貸しつけた。情報システムの発達で、ローンの自動承認システムも導入された。

公的な保証機関は、基準を引き下げたうえで高い保証料と引き替えに住宅ローンに保証をつけ、証券会社は複数の住宅債権をミックスして小口証券化し、複雑で高度な金融技術を使って立派な金融商品に仕立てあげ、格付け機関による高い格付けのお墨付きで売りまくった。

住宅販売に資金が集中したのは、先進国全般にあてはまるが、長期的な潜在成長率の低下という構造的な問題もあった。『終わりなき危機　君はグローバリゼーションの真実を見たか』（日本経済新聞出版社、２０１１年）など一連の著作で水野和夫教授が述べているように、資本主義にとっての「フロンティア」を失っていた米国の資本主義は、国内の低所得者層こそ巨大な「フロンティア」であることを発見し、それを徹底的に収奪したという見方も可能だろう。

住宅を買う側は、転売を前提とすれば、所有する住宅の含み益の増大が購買力の増大につながるので、積極的に住宅ローンを組んで住宅購入に走ったのである。住宅価格は右肩上がりに上昇しつづけるという「住宅神話」の存在を信じていたからだ。


だが、それは「神話」にしか過ぎなかったのである。住宅を売る側も買う側もフィクションに振り回されていたのである。

「サブプライム・ローン」を組み込んだ証券化商品が大きく値下がりしたのが発端となって「住宅バブル」は崩壊、サブプライム・ローン関連の金融商品を購入していた世界中の金融機関の経営に急速に多大な影響を与え、世界的な金融システム不安に発展したのである。

その背景には、コンピュータによる超高速自動取引が本格的に導入されていたこともある。超高速自動取引とは人工知能（ＡＩ）がプログラムに組み込まれたコンピュータ取引のこと。1秒間に数千回単位で取引が行われるので、上下のブレが簡単に増幅してしまうという性格をもつ。

住宅価格の下落というコンピュータ・モデルにとって「想定外」の事態が発生し、それが金融危機とつながった。その事態をさして「ブラック・スワン」という表現が使用されるようになったのは、あとから振り返ってのものである。

そもそも米国で金融恐慌を招いた原因は、米国の経常収支の大赤字と金融規制緩和にある。1990年代末から加速度的に赤字が増大し、これに原油価格高騰が加わって赤字が急速に増大した。赤字をファイナンスするために、とくに欧州と中国からの資金流入で補っていた。

海外にも飛び火し、米国と同様に「住宅バブル」を発生させていた英国やアイルランド、スペインなどが大きな影響を受けた。アングロサクソン的な投資銀行路線を突っ走ったドイツ銀行などの大手銀行が危機に巻き込まれた。

## 投資銀行とヘッジファンドの暴走とクラッシュ

「世界金融危機」の勃発から、まだあまり時間がたっていない2009年に、『マネー資本主義』という番組が「NHKスペシャル」として放送されている。その書籍版によれば、「世界金融危機」にかかわった米国のプレイヤーたちをカテゴリー別に4つに分類し、複眼的なものの見方を行っている。その4つの視点とは以下のとおりだ。

①投資銀行

②米国の金融財政政策
③年金基金などの機関投資家、ヘッジファンド
④金融商品をつくりだした金融工学者

「①投資銀行」では、名門投資銀行のソロモン・ブラザーズで開発されたモーゲージ債がすべての出発点であったことが確認される。そして自己勘定取引の採用による投資銀行の基本からの逸脱、株式会社による資金調達を利用したレバレッジなど、ソロモンではじまった投資銀行の「革命」から30年後に金融危機として破綻にいたったことが語られる。名門投資銀行であるソロモン・ブラザーズが、１９８５年に会社形態を合資会社から株式会社に変換したことから金融世界の暴走が始まったのだ。

「②米国の金融財政政策」では、連邦準備制度理事会（ＦＲＢ）のアラン・グリーンスパン議長の市場原理主義の思想的根源が小説家アイン・ランドにあったこと、ロバート・ルービン財務長官の「強いドル政策」によりアメリカの主要産業が製造業から金融へシフトしたこと、マネーの動きが大きく変わった１９９５年の背後には、つねにデフレ経済下の日本からの圧力があったこと、総称して「ミセス・ワタナベ」といわれていた日本の個人投資家たちのＦＸ投資など、低金利の日本からあふれでたマネーが制御を失い、アメリカの金融政策の有効性を大き

く減じたことが指摘されている。

「③年金基金などの機関投資家、ヘッジファンド」では、高い利回りを求め続ける年金基金（ペンション・ファンド）が、ヘッジファンドをさらにリスクの高い投資へと追い込んでいったことが明らかになる。ITバブル崩壊による損失をカバーするため、需要が供給をつくりだすという関係だ。まさに「バブルのリレー」という綱渡りが繰り返されてきたのである。

「④金融商品をつくりだした金融工学者」では、アインシュタインによるブラウン運動（＝ランダムな動きの確率論的把握）の理論化が引き起こした2つの「大爆発」は、ひとつは原子爆弾という大量破壊兵器として、もうひとつは金融危機として人類に災厄をもたらしたこと。債券としてのCDO（債務担保証券）、保険商品としてのCDS（クレジット・デフォルト・スワップ）の開発にかんしては、金融危機という大爆発を招いたものの、金融テクノロジー自体の価値は中立的であることが示される。問題はつかう側にあるということだ。

金融商品を販売する側の投資銀行における需要が、高い格付けという供給をつくりだす関係であったことも指摘されている。

世界的に低金利によるカネあまり状況が続いている。問題の根本的解決がなされることなく、先送りされているのだ。2008年のリーマン・ショックはすでに過ぎ去った歴史ではない。いまだに続いている問題であり、なぜ金融危機が発生したかは理解しておく必要がある。

## 深刻な影響を受けたのは震源地の米国よりもむしろ欧州

1929年の「世界大恐慌」のときもそうであったが、2008年の「金融危機」は米国から始まって欧州へと飛び火した。そして危機は西欧の周辺諸国から始まったこともよく似ている。

「リーマン・ショック」後には、経済の脆弱なアイスランドと、ハンガリーをはじめとする中東欧7か国がIMF管理下に入っている。この7か国はいずれも旧社会主義圏で「冷戦構造崩壊」後に市場経済体制に移行した「新興国」である。冷戦構造崩壊後の四半世紀はいったい何だったのかと思う人が少なくないのも当然だろう。

ギリシアの財政破綻問題が、2012年にはギリシアの「ユーロ離脱」（＝グレクジット）問題を引き起こした。英国の「EU離脱」を意味する「ブレクジット」と同様、ギリシアを意味する「グレク」と離脱を意味する「エクジット」の合成語である。

欧州共通通貨ユーロを導入しているギリシアが、「ユーロ導入」に際して、導入基準をクリアするために財政統計の操作を行っていたこと、その統計操作には米国の投資銀行がかかわっていたことが明るみになった。

共通通貨ユーロの加盟国であるギリシアには、究極の国家主権である通貨発行権はいまやない。国家として独自の通貨はもてないのである。にもかかわらず、ギリシアだけでなくその他のユーロ加盟国も、財政主権など通貨発行権以外の主権を有したままの中途半端な状態になっている。これが、ユーロ設計の問題点なのだ。設計ミスといっていいだろう。

小国ギリシアに端を発した財政問題はスペインにも飛び火し、「ユーロ破綻」危機は深刻化したまま現在に至っている。頭文字をとってＰＩＧＳと呼ばれるポルトガル、イタリア、ギリシア、スペインといった南欧諸国はいずれも財政危機状態にある。

その最大の原因は、「資本逃避」（＝キャピタル・フライト）にある。カネは逃げ足が速い。資本は不安定なＰＩＧＳから経済が安定しているドイツやオランダへと逃避が続いている。欧州内の債権国の代表であるドイツにはカネが集まる一方、経済が弱体化している南欧諸国は債務国となっている。つまり、欧州は債権国と債務国に完全に二分化したのである。いまやドイツは欧州の中核にある。

## 4　オバマ大統領の8年間を振り返る

### 米国は「内向き志向」を強めた

2016年の大統領選挙は、「冷戦構造」崩壊後、いや第二次世界大戦後に米国の方向性を決めるもっとも重要な大統領選挙となったといって過言ではない。なぜなら、民主党候補であったヒラリー・クリントンと、大統領に当選した共和党のドナルド・トランプとでは、米国の将来と世界での役割についてのビジョンがあまりにも異なっていたからだ。

クリントンとトランプには、「内向き志向」という点では共通するものがある。これはオバマ政権の延長線上にあるといってよい。これはなにも21世紀になってから出現した傾向ではない。19世紀前半の「モンロー主義」から始まっている傾向だし、さらにさかのぼれば、建国の父である初代大統領ワシントンの思想でもある。

## オバマ大統領は米国に「チェンジ」をもたらした

まずは、この機会にオバマ大統領の8年間を振り返ってみよう。オバマ政権の8年間とは、2008年の「リーマン・ショック」後の8年間のことである。そしてこの8年間は、米国政治の大転換期であった。

オバマ大統領は「チェンジ」をスローガンに選挙戦を戦い2008年に当選した。8年たったいまでは、黒人の米国大統領にはまったく違和感を抱くこともないが、オバマ大統領が選出されたとき、それは米国史上はじめてのことであったことを忘れるべきではない。

ただし、黒人でありながら父親がアフリカのケニア出身、母親は白人の米国人、出身は米本土ではなくハワイ州、少年時代をインドネシアで過ごした人であり、1960年代以降生まれで大統領になったのはオバマ氏が米国史上はじめての存在である。ファーストネームのバラクから、イスラーム教徒ではないかとの疑問も出たが、キリスト教徒である。

その意味では、派手な「チェンジ」ではなかったものの、あきらかに「チェンジ」をもたらした人であったことは否定できない。最初の熱狂が去って久しいが、けっして功績がなかったわけではないのである。

オバマ政権の8年間は、ふたたび「内向き志向」に向かった8年間であった。それは、「金融危機」と「財政問題」の解決が最優先課題とされたためであり、雇用問題をはじめとする国内問題の解決のため「世界の警察官」を止めたためでもある。自国とは直接関係ないと思われる国際問題ではなく、国内問題こそ解決が必要だ、というわけだ。この状況を反映して、直接的な軍事介入はめっきり減少した。

米国が「内向き」志向になった背景には、国内の中流階層（ミドルクラス）の崩壊と貧困層の増大がある。２００８年の「リーマン・ショック」は「住宅バブル」の崩壊から始まったものであり、債務不履行に陥った住宅保有者から住宅が奪われ、転落してしまった人たちも多い。授業料の高騰と高金利の学資ローンなども学生たちの未来を奪っている。最貧層からさらに搾り取る、いわゆる「貧困ビジネス」が米国ではびこっているのだ。

２０１１年9月から数千人が米国経済の心臓部であるニューヨークのウォール街を占拠する「99％の乱」が起き、全米各地に波及した。「たった1％の富裕層に富が偏在し、残りの99％が苦境にあえいでいる」という訴えである。経済は回復したものの、富の一極集中がさらに進んだだけで、大多数の一般国民にとっては「失われた8年」だったことのあらわれかもしれない。

オバマ大統領が就任した２００９年当時の熱狂はすぐに冷めたとはいえ、米国経済と社会を再建の道に乗せたことは否定できない。国内問題では、まずは「１００年に一度の金融危機」を克服し、「リーマン・ショック」の後始末を完了させた。

このほか医療保険制度「オバマケア」の導入、同性婚の許可などをあげることができる。とはいえ、銃規制は実現せず、政権末期になってから、とくに黒人と白人のあいだで人種間対立が激化してきたのは残念なことだ。

ブッシュ（ジュニア）政権の2期8年間が、2001年の「9・11」に始まり、2008年の「リーマン・ショック」で終わったことに比べてみるといい。ブッシュ元大統領は、意外に思われるかもしれないが理想主義者で使命感に満ちた人物であった。もちろん善悪の判断は脇に置いての話である。

オバマ前大統領の8年間をことごとく否定するトランプ大統領だが、すでにオバマ時代から米国の「内向き志向」は進んでおり、景気回復傾向も含めて、オバマ時代の延長線上にある。

## オバマの国際関係における功罪

「内向き志向」について触れてきたが、たしかに国際関係にかんしては中国に対する「弱腰」が目立ったものの、最終的には現実主義の立場からイランとの「包括的核合意」にこぎつけ、アサド政権と反政府勢力の停戦協定発効への流れをつくった「米ロ共同声明」、長年にわたって敵対してきたキューバとの歴史的和解の実現など、大きな功績をあげている。

「緊縮財政」実行の観点もあるが、アフガニスタンとイラクの海外派兵を縮小撤退させる方向付けを行った。その一方で無人攻撃機ドローンを使用した空爆で多くの一般市民が巻き込まれていることなどは国際的に批判されている。

中東へのコミットに変化が生じているのは、「シェールガス革命」によってふたたび産油国としての地位が向上し、中東の石油への依存が大幅に減少した結果でもある。この傾向は、トランプ大統領はさらに強化している。

オバマ政権最後の年となった2016年には、中国は南沙諸島と西沙諸島の軍事防衛態勢強化を加速しているが、オバマ政権は効果的な対抗措置を取らなかった。

ビジネス面にかんしては、「TPP」(=「環太平洋経済パートナーシップ」)の合意にこぎつけたものの、トランプ大統領はそれを反故にしてしまった。

これだけあげれば、2期8年の実績としては充分ではないだろうか。しかも、任期の最後近くになって、米国大統領としては初めて被爆地ヒロシマを訪問し、原爆慰霊碑を訪れて17分間にも及ぶスピーチを行って核廃絶にむけてのメッセージを発信したことは、日本国民だけでなく、全世界の人びとにあらためて感銘を与えた。

## 「リーマン・ショック」後の世界を動かしているプレイヤーたち

「リーマン・ショック」後の世界を動かしているのは誰か？　はたして誰が世界を動かしているのか？

ところが、答えはそう簡単ではない。なぜなら、世界を動かしているのは、20世紀の米国や19世紀の英国のように、単一の「覇権国」ではないからだ。

「覇権国」とは、「覇権」（＝ヘゲモニー）を行使する国家のことだ。覇権国は、自分に都合のいいルールをつくることができる。米ドルのような「基軸通貨」をもつだけではない。「国際海洋法」のように、国際関係をしばるルールをつくる側であるために、自分にとって都合が悪いと脱退するケースもある。米国が横暴であると国際的に非難する「反米主義」がでてくるのは当然だ。

「G7からG20、そしてGゼロ」へというのは地政学的リスク分析のコンサルティング会社ユーラシア・グループの代表イアン・ブレマーの表現だが、その心は、いまや世界には「覇権国」のような圧倒的なリーダーが存在しない「Gゼロ」の時代に入ったという意味である。

現在は、既存の主権国家だけではなく、NGOやNPOなどさまざまなアクターが入り乱れる競合状態というのが実態に近いだろう。それを推進しているのはインターネットによってパワーアップされた個人の存在である。これは「21世紀メディア革命」の結果だ。

グーグルの創業経営者を支えてきたベテラン経営者のエリック・シュミットは、グーグルのシンクタンクのディレクターであるジャレッド・コーエンとの共著『第五の権力』（ダイヤモンド社、2014年）において「相互接続権力」という概念を提示している。

外交交渉の機密文書をネット上に暴露した「ウィキリークス」のジュリアン・アサンジも、米英が行っていたネットの盗聴内容を暴露した「スノーデン・ファイル」のエドワード・スノーデンも、タックスヘイブンの実態についてドイツのジャーナリストたちが暴露した「パナマ文書」も、イスラーム圏のチュニジアで始まってエジプトやリビアに飛び火した「アラブの春」も、イラクとシリアの一部を実効支配するイスラーム過激派組織の「イスラーム国」（ISIS）もみな、この流れのなかにある。21世紀に出現したこの動きは、活版印刷が発明されて情報が一部の独占から解放された「15世紀メディア革命」に匹敵するといっていいだろう。

だが一方で、世界のメディアを実質的に牛耳っているのは米英アングロサクソンという現実もある。世界の科学技術研究を実質的に動かしているのは米英アングロサクソンだ。日本語の情報やロシア語の情報はもとより、かつて影響力のあったフランス語やドイツ語も、いまではその勢いがないことは、日本の大学で選択される第二外国語で人気がなくなっていることにも反映している。

中国やイスラーム圏がチカラをつけつつあるといっても英語がリンガフランカとして実質的に共通語となっている事実は否定しようもない。かつての中世ヨーロッパにおけるラテン語や、東アジア圏における漢文の位置を占めているのは英語である。英語の優位性が揺らぐことは、すくなくとも21世紀中は考えにくい。

# 5 米国は本当に衰退しているのか？

「リーマン・ショック」（２００８年）後にオバマ大統領が就任するまでは、共和党のジョージ・ブッシュ（ジュニア）大統領の8年間であった。ブッシュ大統領の時代は、「反米主義」の時代であったということもできる。世界中で米国の横暴な振る舞いに対する批判が渦巻いていたのである。

ところが、いまや「米国衰退論」が語られるようになっている。たしかに中国が台頭し、その他インドも含めた「新興国」の登場がアメリカの絶対的優位性を弱めていることも確かだろう。冷戦構造崩壊後にスーパーパワーとしての「米国一極化」が実現したが、四半世紀前のそのイメージと比較すれば陰りがみえるのも、当然と言えば当然だろう。

## ２００１年に始まる「米国衰退論」

「米国の衰退」が語られるようになってから、どれだけたつのだろうか。おそらくその始まりは、ブッシュ大統領就任後の２００１年９月11日に起きた「同時多発テロ事件」である。乗っ取られた旅客機がつづけて２機、ニューヨークのツインタワーに突っ込んだテロ事件の衝撃は、映像をつうじて、米国人だけでなく全世界に広がったのであった。

「９・11」を境に猛烈な反撃が開始されたわけだが、しかしその結果、イラクやアフガニスタンで浪費された戦費と人命の損傷は著しく、その他地域、とくに東アジアにおける米軍のプレゼンスが低下した。ときを同じくして中国が急激に台頭してきたことなど、軍事面で「衰退」が明らかに見えるようになってきた。

さらに２００８年のリーマン・ショックで中産階層（＝ミドルクラス）の崩壊がさらに加速し、アメリカ人の「内向き」志向もまた加速している。外交よりも内政、というわけである。財政悪化状況のもと、経済再建を最優先したオバマ大統領のもとにおいては国際的な軍事介入はめっきり減少してしまった。

そうでありながらも、米国は実力ある人間や才能ある人間には広く「開かれた社会」であり続けている。イノベーションによって、さらなる富を創りだしている国である。「リーマン・ショック」による金融危機を乗り切った後は、格差をさらに拡大させながらも、国全体としては再び成長軌道に戻りつつある。

## 圧倒的な軍事力と経済力

米国は、現在でも全地球規模で10隻もの「空母」を展開する圧倒的な軍事力をもっている。「空母」は、100機近い艦載機と5万人以上の人間を乗せた「移動する軍事都市」といってもよい。艦載の航空機を含めた建造費用が5000億円を超えるだけでなく、ランニングコストは1年で200億円を超えるといわれている。かつて冷戦時代に覇権を争ったロシアも、現在では空母はただ1隻のみであり、中国も空母建設構想をぶち上げたが、果たして経済的負担に耐えられるのかどうか。

このような圧倒的な軍事力を支えているのは、依然としてGDPでは世界最大の経済力をもち、米ドルという「基軸通貨」をもっている国家である。しかも「シェールガス革命」によって、米国はエネルギー自給も可能となった。つまり中東の石油に依存する必要がなくなったのである。

米国は、存在を見えなくする形で実質的なパワー拡大を図っているという見方も可能だ。『未承認国家と覇権なき世界』（廣瀬陽子、NHKブックス、2014年）によれば、2001年以降の米国の新たな海外基地戦略は、日本やドイツ、韓国のような「主要活動基地」以外に、「前線施設」と「協力的安全保障拠点」を幅広く世界中に展開する方向に向かっている。

沖縄の「米軍基地問題」のような、米軍基地を受け入れているホスト国での「基地問題」を回避しつつ、米国の影響力を確保する戦略への転換なのである。米軍のプレゼンスは不可視化されつつ、じつは世界中に「遍在」する方向へシフトを進めているといっていいだろう。

独立前のコソボに１９９９年に設置された米陸軍基地「キャンプ・ボンドスティール」は、約４平方キロメートルの巨大な敷地を確保しているが、その存在が話題になることはほとんどない。「植民地」を否定した「覇権国」の米国は、見えざるネットワークが世界中に張りめぐらされている。

さらに、「スノーデン事件」（２０１３年）で明らかになったように、「エシュロン」による通信傍受が日常的に行われている状況を考えれば、「米国衰退論」がはたしてただしいのかどうか疑ってみる必要があるのではないか。自国に世界最強のＩＴ産業を抱える米国は、技術的にみて「衰退」しているとは言い難い。

## 米国の強みは「ソフトパワー」

「米国衰退論」に欠けているのは「ソフトパワー」という視点である。軍事力や経済力という

「ハードパワー」だけでなく、文化力ともいうべき「ソフトパワー」という視点をもたないと見誤るのである。一国のパワーは「ハードパワー」と「ソフトパワー」に区分して考えるべきだと主張したのは、米国の政治学者ジョセフ・ナイである。

『沈まぬアメリカ　拡散するソフト・パワーとその真価』（渡辺靖、新潮社、2015年）によれば、米国は現在にいたるまで「ソフトパワー」をつうじて影響力を行使しつづけてきた。「アメリカ衰退論」は、著者によれば20年に1回は繰り返されてきたという。やはり、「アメリカ衰退論」というのは「ためにする議論」であり「願望」に過ぎないと言っても言い過ぎではないだろう。

米国一極中心の世界が終わったのは、米国のパワーが衰えたからというよりも、インターネット時代の「非国家アクター」の存在が急速に増大化し、拡散しつつあるからだ。その結果、米国もそのアクターの一つにしか過ぎない存在となってしまったのである。

## 「基軸通貨」をもつ米国の最終兵器が「金融制裁」

ビジネスパーソンにとってとくに重要なのは、「基軸通貨」である米ドルについての理解だろう。「米ドル」が国際貿易の決済制度においてもつ「決済通貨」としての意味を知れば、米ドルが「覇権通貨」であることの意味もわかるはずだ。これがわかれば「覇権国」の意味も理解できるだろう。

「決済通貨」の意味については、輸出を考えてみればいい。売る側にとっていちばん心配なのは、ちゃんとカネを回収できるのかどうか、さらに為替リスクを最小化できるかどうかである。為替リスクにかんしてはヘッジという手段があるが、日本企業にとっては、自国通貨である日本円で決済できればそれに越したことはない。ただ、なかなかそうはいかないのが日本円の実力だ。その点、自国通貨ドルで決済できる米国企業は強い。

このような「決済通貨」としての米ドルを「基軸通貨」としてもつ米国の最終兵器が「金融制裁」である。「軍事力」を行使しなくても「金融制裁」が大きな効果をもつ。それは、アメリカが直接からんでいない第三国間の通貨取引も、必ず米ドルを媒介して行われているからだ。

戦前の日本がアメリカの虎の尾を踏んで「金融制裁」によって経済的に窒息し、米ドルを媒介としない円通貨圏をつくったものの運営に失敗し国民経済が窮乏化したこと、北朝鮮がマカオにもつ中小銀行の口座をアメリカ政府によって凍結され、「金融制裁」によって締め上げられたこと、これらはみな「基軸通貨」としての米ドルという通貨をもつアメリカのパワーの源泉でもある。

日本のケースは1930年代の話であるが、北朝鮮の話は2005年から2007年の話であり、そう遠い昔の話ではない。米国がもつ「金融パワー」は、軍事力に頼らない圧倒的なパワーとして行使されているのだ。「リーマン・ショック」後の「欧州共通通貨ユーロ」の迷走により、いまだに米ドルの「覇権通貨」としてのパワーが脅かされるには至っていない。

米ドルの覇権を脅かしているのはユーロでも人民元でもなく、ビットコインに代表される「仮想通貨」だと考えるべきかもしれない。

# 6 「冷戦構造」の崩壊（1991年）と「ポスト冷戦期」

## それは「ベルリンの壁崩壊」（1989年）から始まった

1989年11月9日、東西の両世界を隔てていた「ベルリンの壁」が崩壊した。そのときの歓喜に満ちた映像は、現在でも繰り返し放送されることがあるので、多くの人の脳裏に焼き付いていることだろう。

「天安門事件」、「ベルリンの壁崩壊」、そして年末には社会主義国ルーマニアの独裁者であったチャウシェスク大統領の逮捕と処刑。1989年はまさに世紀の大転換が起こった年であった。冷戦構造で分断されていた東西世界の壁がついに崩壊したのだ。

そしてその翌年の1990年、分断の象徴であった東ドイツ（＝ドイツ民主共和国）は、西ドイツ（＝ドイツ連邦共和国）に編入されて消滅した。

1989年は日本でいえば平成元年であった。昭和64年が1週間つづいたのち、昭和時代が終わり平成時代が始まった年でもある。天皇の代替わりという「変化の年」だった。「明治維新」によって「一世一元の制」が定められて以降、「近代天皇制」のもとでは、時代区分は天皇陛下の在世と完全に一致することになっている。

翌年の1990年（平成2年）には、史上最高の高値をつけていた日本の株価の下落が始まり、「バブル経済」も崩壊することになる。いわゆる「失われた20年」の始まりである。グローバル政治経済構造の大変化のなか、新たな秩序は形成されずカオス状態がいまだに続いているだけでなく、2017年以降もさらなる混乱状態が予想される状態だ。

「ベルリンの壁」が崩壊した当時、インターネットはまだ一般には普及しておらず、その存在すら一般人は知らなかった。ましてや携帯電話が普及していないどころかスマートフォンなどこの世に存在していなかった。ニュース情報は速報性にかんしてはテレビを見るのがいちばん早かった時代である。現在からは想像も不可能な世界であるかもしれない。

「ベルリンの壁」崩壊は、結果として「パンドラの箱」を開けたことになるが、その後の時代を考えるうえで象徴的な出来事が起こっている。「地球サミット」（1992年）と「ヨーロッパ連合」（EU）発足（1993年）である。

「地球サミット」によって、「南北問題」から「地球環境問題」への転換が行われたことは「グローバリゼーション」を象徴する出来事であり、採択された「アジェンダ21」は、サステイナブル志向の始まりでもある。

「ヨーロッパ共同体」（EC）から「ヨーロッパ連合」（EU）への転換は、その後の共通通貨ユーロ導入（1999年）へとつながる動きの前提となったもので、国家連合により「ネーション・ステート」の主権の縮小という流れが、今後の流れになるのではないかとポジティブに捉えられたのであった。

## 「冷戦構造」崩壊後つぎつぎと開く「パンドラの箱」

「ベルリンの壁」の崩壊は、ソ連の「自壊」の引き金となり、最終的に米ソの冷戦構造の崩壊をもたらすことになった。

1980年代後半のソ連でゴルバチョフ議長による「ペレストロイカ」（=立て直し）という「改革」が始まってからは、ソ連経済の末期状態はもはやどうしようもない状態であることが明るみになっていた。ソ連体制の崩壊は時間の問題だと思われていた。

ソ連崩壊の引き金を引いたのは、ハンガリーやバルト三国といったソ連の周辺に位置した社会主義圏の動きであった。ソ連内部とソ連外部の動きがシンクロすることによって、ソ連体制は崩壊したのである。

そして、社会主義圏に属していた国家がなだれを打ったように資本主義圏に組み込まれていくことになった。1980年前後に始まった「第3次グローバリゼーション」の流れが加速し始めたのである。

当時は、米国が主導していた自由主義と資本主義の勝利だと世界中で受け止められたが、あくまでもソ連は「自壊」したのであり、資本主義の勝利ではないことに気がついた人は少なかった。

ソ連崩壊は米国の一人勝ち状況をもたらした一方、冷戦構造の枠組みのなかで封印されてきた問題がつぎからつぎへと飛び出し始めた。あたかも「パンドラの箱」をあけてしまったかのように。

ソ連崩壊はさらに、ソ連とは一線を画していた社会主義国ユーゴスラビア連邦の崩壊につながっていく。

1991年には、スロヴェニアとクロアチアがユーゴスラビア連邦から「離脱」し、内戦が始まった。スロヴェニアは短期間で独立を実現したが、クロアチア紛争は長期化し1995年までつづいた。1992年には「ボスニア・ヘルツェゴビナ紛争」とよばれた民族間の激しい内戦が勃発し1995年までつづいた。「冷戦構造」の崩壊は、このような形で激しい紛争を引き起こしたのであった。

無限に増え続ける「主権国家」が生み出す混乱は、終わることなくつづいている。

## 旧ソ連から科学者と技術者がイスラエルに大量流出

「冷戦構造」の崩壊後、旧ソ連でユダヤ系がその大半を占めていた科学者と技術者が大量にイスラエルに移住している。ソ連崩壊前の1980年代後半から1990年代半ばまでに、なんとユダヤ系市民が120万人も流出しているのだ。

イスラエルの人口は現在840万人だが、じつに15%は旧ソ連からの移民なのである。これはまさに「エクソダス」あるいは「民族大移動」といっていいほどの動きだ。この背景に、ユダヤ系とアラブ系の人口比率が逆転することを恐れたイスラエル側のアプローチがあったのは当然だろう。

ソ連時代は、ユダヤ系であるためにさまざまな制限を加えられ、さらには出国制限もあってソ連から出ることもできなかったこともある。ソ連崩壊後の疲弊するロシア経済からの脱出が、イスラエルの国を挙げての誘致政策と合致したわけだ。

現在のイスラエルは研究開発立国である。日本でも、セキュリティ分野や自動運転技術などのソフトウェア開発に注目が集まっているが、情報通信・農業灌漑技術・電気自動車などで世界をリードするイスラエルにとって、科学技術の発展がサバイバルのための唯一の手段であり、有能な人材と旺盛な起業家精神がそれを支えているのである。エンジニアや科学者が多い旧ソ連からの移民もまたその一翼を担っている。

一方、ソ連崩壊後にロシアでもユダヤ系市民が大活躍していたことは、エリツィン政権下ではユダヤ系の政治家が多かったことと、いわゆるオルガルヒヤの存在に端的に表れている。オルガルヒヤとは英語のオリガーキー（ｏｌｉｇａｒｃｈｙ）、いわゆる寡占資本家のことである。ソ連崩壊後の「民有化」への移行期に財産を形成した大富豪たちのことだ。かれらの多くは行き過ぎたため反感を買い、弾圧の対象となって、その多くが国外逃亡したり投獄されたりしている。かえってソ連崩壊後に反ユダヤ主義が拡大している。

ユダヤ系市民が移民していった先はイスラエルだけではない。米国にも多く移民している。２００８年の「リーマン・ショック」を引き起こしたのはハイテク金融技術だが、冷戦構造崩壊後の「軍民転換」が軍事技術から民間技術への人材シフトを促したため、ハイテク金融技術の開発に携わったのが「ロケット・サイエンティスト」と呼ばれたエンジニアたちだった。そのなかには旧ソ連から移民してきたユダヤ系も多い。

第二次世界大戦の前後に、ナチス・ドイツの迫害から逃れて米国に移民したユダヤ系の科学者は多いが、ユダヤ人にとって活動の自由が保障された米国は魅力的であるようだ。徴兵制のあるイスラエルを嫌って、米国に移民するユダヤ系イスラエル人も少なくない。

グーグルの共同創業者の一人セルゲイ・ブリンは、ソ連崩壊前であるが数学者の両親とともに少年時代に米国に移住したユダヤ系である。共同創業者のラリー・ペイジは、米国生まれのユダヤ系だ。ＩＴ業界にユダヤ系が多いのは、情報産業の特性に親和性が高いからだろう。

19世紀ロシアで始まったユダヤ人の「変革運動」は、これによってほぼ完了した。現在のユダヤ人の居住地域の中心は、人口規模の順番からいってイスラエルと米国が５３０万人でほぼ並んでいるが、ロシアは23万人と6番目に大幅に後退している（２０１５年現在）。

## 米国の「仮想敵国」となった日本

組織内部のメンバーの「求心力」を高めるためには、組織外部に「敵」を設定して戦いの姿勢を示すことが、たとえ邪道ではあっても、もっとも手っ取り早い。政治もまた同様で、利害関係が一致しないため、とかくバラバラになりがちな国民の意識統一のため、「仮想敵」を設定して国内を引き締める政策手法はひんぱんに行われている。
「仮想敵」であったソ連が１９９１年に崩壊したあと、米国は次の「仮想敵」を探し求めていたのだが、しばらくのあいだ絞り切れていなかった。２００１年の「９・11」でイスラーム過激派にフォーカスが合わされるまで、日本が「仮想敵」として想定されていたのはそのためでもある。

「仮想敵」のソ連が崩壊してしまった以上、英国映画の『００７シリーズ』など「冷戦構造」を前提にしたスパイ小説やサスペンスは、もはやあり得ないのではないかとさえ言われていたが、そんななかトム・クランシーの『日米開戦』（日本語訳１９９５年）や、マイケル・クライトンの『ライジング・サン』（日本語訳１９９３年）という日本を標的にした作品が多数登場していた。日本にかんする記述には事実誤認が散見されており、まことに残念なことではあったが。

日本が「仮想敵」とされた背景には「日米経済戦争」があった。１９６８年にＧＤＰ規模で米国につぐ世界第２の「経済大国」となっていた日本（２０１０年にその地位を中国に抜かれた現在からみると隔世の感である）は、１９８０年代後半には米国とのあいだで「半導体戦争」や「自動車戦争」が勃発しており、あたかも戦争前夜のような感さえあったのだ。米国の議員たちが、ハンマーで日本車をたたきこわすシーンがＴＶでは繰り返し報道されていた。

「グローバリゼーション」が進行するなか、さまざまな分野で相互依存のつよまっていた日米であるからこそ、相互依存は相互干渉を誘発したわけなのだ。

## 冷戦構造崩壊と日本のバブル崩壊（1990年）

冷戦構造崩壊後の四半世紀は、「日米関係」に注目すると、日本と米国の力関係の変化が徐々に変化していった歴史である。この時期は、3つに分類することができる。

第1期は、1980年代後半、「ジャパン・アズ・ナンバーワン」に褒め殺されていることにも気がつかずにユーフォリアに浸りきっていた陶酔の時代。

第2期は、日本にとっては、1990年のバブル崩壊後の「失われた20年」。この期間、米国はクリントン政権のもと、金融とITを中心としたイノベーションで経済力を回復し、日米逆転状況となる。力関係の逆転状況において、「日本的制度」が徹底的に批判され、米国政府による「日本改造計画」が着々と実行されていった時代。この後、米政権は共和党のブッシュ・ジュニアに移るが、日本の小泉政権との蜜月のもと、前政権の政策はさらに露骨に実行されていった。

安全保障面では、ソ連崩壊によって冷戦構造が崩壊したあと、米国は次なる仮想敵を求めて模索していた時代である。2001年「9・11テロ」が発生することによってイスラーム過激派が仮想敵と決定されるまでは、日本が仮想敵とされていた時代もあった。

第3期は、2008年の「リーマン・ショック」に端を発する、米国経済復活を支えていた金融資本主義に大きな欠陥があることが判明して以後の米国経済の弱体化の時代。しかしこの時期は、日米関係だけをみていれば、米国が日本の失敗を徹底分析する時代であるが、中国の政治経済両面における台頭というファクターが無視できないものとして浮上してくる。この文脈においては、日本も米国も、ともに弱体化しつつあることが、それ以前の時期とは大いに異なる状況だ。

このようにタイムラインで並べてみると、「日本的制度」にかんする議論とは、日本国内からでてきた議論というよりも、「日本異質論」に端を発する、日本の外側から指摘が始まった議論であるということがわかる。

「バブル期」に自信満々であった日本は、こういった議論にはまったく耳を貸さなかったが、バブル崩壊後、長引くデフレ状況のなか、外部からの批判に対して自己改革できないもどかしさに、鬱積《うっせき》が重なった時期でもある。

米国が日本をどう見ていたのか、どのような圧力をかけようとしていたのか、時系列で振り返ると歴史的経緯がよく把握できる。

# 7 「人工国家・ソ連」の74年間の「実験」

１９９１年12月25日の「ソ連崩壊」から、すでに四半世紀以上たった現在からみれば、ソ連時代は長いロシア史のなかでの一時期だったということになる。

74年の歴史の全体を見渡すことで、なぜソ連という「人工国家」が誕生し、その「実験」とは何であったのか、そしてなぜ自壊するに至ったのかを考えることができるようになった。それは１９１７年の「ロシア革命」による「ソ連誕生」以前のロシア史を考えることであり、また１９９１年の「ソ連崩壊」後のロシア史を考えることでもある。

歴史は「断絶」していながらも、「じつは「連続」している。このことを考えるうえで、ロシア史におけるソ連史は格好の事例かもしれない。帝政ロシアから社会主義体制のソ連を経て、現在のロシア連邦へ。体制は変化しても、ユーラシア大陸国家としての本質に変化はない。

## ソ連崩壊につながった3つの問題

ソ連崩壊の直接の引き金となった問題は少なくとも3つある。

まず第一に1979年末みずから始めた「アフガン侵攻」の泥沼化、第二に1983年から米国が仕掛けてきた軍拡競争、そして第三に1986年の「チェルノブイリ原発事故」である。「チェルノブイリ原発事故」は、ソ連の原発技術そのものにかかわる問題と、巨大事故発生にかんする情報コントロールの失敗である。「チェルノブイリ原発事故」から5年後に、ソ連は自壊した。

重大事故の情報を、国民の目から隠蔽し続けることは「情報時代」にはもはや不可能なのだった。ソ連崩壊はインターネットが普及する時代以前の出来事であったが、日本製ファックス機がソ連崩壊の原因の一つになったというのは、あながち否定できない。「アフガン侵攻」と「軍拡競争」については、のちほど触れることにしたい。

ソ連が崩壊したのは、国家財政の破綻が直接の原因であった。ソ連を「悪の帝国」と名指しして非難した米国のレーガン大統領が仕掛けたのが「SDI構想」だ。

宇宙レベルまで拡大された米ソの軍拡競争は消耗戦であり、経済力で米国に劣るソ連は疲弊し、さらに長期化する「アフガン侵攻」にともなう軍事費の膨張が国家財政を圧迫した。その結果、ソ連経済はいちじるしく消耗し、最終的に財政破綻したのである。

## ソ連崩壊の原因は「計画経済」の失敗

ソ連が崩壊した根本的な原因は、「計画経済」にあったと考えるべきだろう。「計画経済」とは市場メカニズムを基本とした「市場経済」の対極にあるもので、生産と消費、価格などを市場による決定にゆだねず、経済官僚が作成する計画にもとづいて実行するシステムのことである。物事はすべて事前に合理的に決定することができるという考えにもとづいている。

ソ連で「5カ年計画」が始まったのは1920年代末のことであり、それは国策である「工業化」を推進するためであった。現代ビジネスの世界では、経営計画や目標管理制度が導入されており、計画そのものが悪いわけではない。

企業では長期目標としてビジョンを設定し、ビジョンをブレイクダウンして経営計画を作成し、実行する。これをPDCAサイクルで回しながら目標達成に向けて進めていく。だが、計画が絵に描いた餅に終わってしまうことはよくあることだ。

計画が未達に終わる原因は、計画策定そのものにある場合もあるし、計画実行のプロセスに問題がある場合もある。クリアするのが簡単すぎるのは問題だし、計画目標が高すぎて全体的に疲弊してしまうのでは継続性がない。計画が未達に終わることは、個人レベルだけでなく、部門レベルでも全社レベルでも発生するのだが、多くの場合、計画策定の段階で上意下達で目標が下ろされてくるために、環境変化に十分に対応できないことに原因がある。

これはまさにソ連の「計画経済」の実態そのものであった。基本的に「5カ年計画」という比較的長期のスパンで、到達目標は共産党からの上意下達、いったん計画が策定されると、環境変化に関係なく目標達成が求められる。さらにいえば、予算と実績との差異分析がまったくなかった。このため、同じ誤りが繰り返されることになったのである。

しかも、東西冷戦構造のなか軍備増強競争に追い込まれていたソ連は、市民生活に必要な消費物資よりも重工業にチカラを入れていたため、慢性的なモノ不足状態にあった。

ソ連末期に明らかになってきたのは、非効率な流通構造がさらに拍車をかけていたということだ。製造だけでなく、流通にかかわる組織や個人に目標達成のためのインセンティブがなく、あったのはノルマだけであった。このため、実質的に流通は存在せず、配給制度と化しており、その配給システムすら機能不全状態となっていた。

中国では現在も5カ年計画を策定している。資本主義化しているかのように語られる現在の中国だが、国家としての経済運営が「計画経済」であることに変わりはない。中国の経済システムをさして「社会主義市場経済」と表現することがあるが、この表現には中国の経済システムの矛盾が端的に示されていると考えるべきだろう。

「計画経済」が失敗し「市場経済」の勝利に終わったことは、もはや誰も否定できないことだ。モノ不足や情報統制は、いずれも長期にわたって実行することは不可能ということが、ソ連の経験からわかったことだ。「ソ連崩壊」と前後して「社会主義幻想」が消えていったのは、その意味では当然といえば当然といえよう。

# 8 日本「高度成長期」の奇跡

第二次世界大戦で壊滅的な敗戦を喫した日本だが、戦後復興期を経て１９５５年以降は「高度成長期」に突入する。

ハーバード・ビジネス・スクールで「上級マネジメントプログラム」（ＡＭＰ）という授業を担当しているヴィートー教授は、『ハーバードの「世界を動かす授業」ビジネスエリートが学ぶグローバル経済の読み解き方』（リチャード・ヴィートー、仲條亮子＝共著、徳間書店、２０１０年）で、日本の「高度成長」のことを「ジャパン・ミラクル」と表現している。

１９５５年から１９７３年の「石油ショック」まで17年間も連続で続いた平均年率10％以上の経済成長は、空前絶後の出来事なのである、と。同時期の復興後の欧州も高度成長しているが、これほど国情と国家戦略がフィットして機能した例は他にないという。

「世界でもっとも成功した社会主義」だと揶揄されることもある日本だが、なぜソ連は失敗したのに日本は成功したのか。そのメカニズムを考えることは、おなじく「上からの近代化」を実行した東アジア各国の成功理由を知ることにもつながる。

## 「日本モデル」は産官学のトライアングル

「日本モデル」の本質は、産官学のトライアングルで表現される。つまり産業界と官庁が強力なタッグを組んで経済成長を実現したのであり、大学は産業界への人材供給源と位置づけられた。海外ではこれをさして「ジャパン・インク」(=日本株式会社)とさえ表現する者もいたくらいである。

当時は通商産業省(MITI)とよばれていた現在の経済産業省が書いたシナリオに沿って、利益よりも成長を重視する産業政策が実行され、通産省による強力な行政指導が行われていた。金融は株式市場をつうじた直接金融ではなく、護送船団とよばれていた金融機関が協調しておこなう間接金融が主体で、融資元の金融機関が経営を監視する形でコーポレートガバナンスが行われていた。

1968年、日本のGDPが米国についで世界第2位となり、のちの「日米経済戦争」につながっていく。日米関係が、現在では考えられないような熱い関係となった原因は、じつに「高度成長」にあったわけだ。２０１０年代は米中関係がそれに近いのかもしれない。ただし、日米関係と違って米中関係は同盟関係ではない。

「日本モデル」の応用系が、都市国家シンガポールの経済発展をもたらした「シンガポールモデル」である。台湾や軍事政権のもとにあった韓国もまた、いわゆる「開発独裁」という政治主導の経済発展路線によってキャッチアップを実現した。

その結果、韓国・台湾・香港・シンガポールは「アジア四小龍」と呼ばれ、「ＮＩＣＳ（Newly Industrializing Countries）」から「ＮＩＥＳ（Newly Industrializing Economies）」へ、そして「ＡＳＥＡＮ経済統合」へと向かっていく。

「日本モデル」と「シンガポールモデル」を徹底研究した中国がそのあとにつづくが、ＧＤＰ規模では中国が日本の3倍となり、一人あたりＧＤＰではシンガポールに抜かれることになろうとは、高度成長当時の日本人は想像もしなかったであろう。

国際的なイベントの開催をテコに経済成長を実現したのも「日本モデル」である。日本は、１９６４年の「東京オリンピック」と１９７０年の「大阪万博」（＝万国博覧会）で「高度成長」を駆け上がった。

この経済発展モデルは東アジアの韓国と中国でも踏襲された。1988年の「ソウル・オリンピック」と1993年の「テジョン国際博覧会」、2008年の「北京オリンピック」と2010年の「上海国際博覧会」。

「政治の季節」から「経済の季節」へのシフトは東アジアでは共通している。社会変革の挫折で行き場を失ったエネルギーは、日本でも韓国でも中国でも「高度成長」に向かって驀進した。はたして2020年の東京オリンピックはあらたなモデルをつくりだせるのだろうか?

## 「経済ナショナリズム」と西欧先進国へのキャッチアップという夢

「高度成長」以前の日本は、慢性的に「持たざる国」状態が続いていた。「アフターの世界」にどっぷりつかっていると、「ビフォアの世界」がどうだったか、イマジネーションが働かなくなることに注意する必要がある。

西欧先進国にキャッチアップするという明治維新以来の夢は、大東亜戦争(=第二次世界大戦)の敗戦でいったん大きく「挫折」したが、1968年前後には経済発展をつうじてほぼ完成することになる。まさにこの「軌跡」は「奇跡」であったのだ。

「反米」意識をつよくもっていた左翼、「反共」の立場でつよい危機感を感じていた右翼、その左右両翼の政治的ナショナリズムを最終的に無力化したのが、自己肯定感に満ちた「経済ナショナリズム」だった。

経済成長は、左翼でも右翼でもない中道保守路線への鮮やかな転換をもたらした。「所得倍増」という卓抜なスローガンを国民の多くが支持したからこそ、「戦後日本」の復興が実現したのである。そして日本にとっての「近代化」はほぼ完了した。

「戦前」と「戦後」で時代を区分する発想法は、「戦後70年」（２０１５年）以降の現在でもなお残存しているが、「先の大戦」によって日本近現代史は断絶しているのではなく、明治維新以降の歴史が一貫してつづいていると見るべきだという考えは、スパンを長くとれば当然だと理解されることだろう。

１９６８年（昭和43年）は、ちょうど１８６８年の「明治維新」から１００年にあたる年であり、政府主催で「明治百年記念式典」が開催されている。

敗戦は大規模な破壊をもたらしたが、それでも「明治維新体制」は、立憲君主制も官僚制も、ともに強固に生き延びたのである。占領軍が官僚制の解体には手をつけなかったというより、むしろ積極的に利用して効率的に占領政策を推進したというのが真相だ。またビジネスパーソンの立場から経済史や経営史をみていると、「高度成長」期が大きな分かれ目になったということに気がつくことになる。

では、「高度成長」によってなにが変化したのか考えてみよう。

日本独特の流通制度など、江戸時代中期以降に確立したさまざまな構造や制度は「敗戦」を乗り越えて生き延びたにもかかわらず、「高度成長」期を境に大規模に変化がはじまり、その多くが解体していった。

交通体系でみると、世界初の高速鉄道である「新幹線」が開通したのは「東京オリンピック」開催直前の1964年10月1日であったが、これによって東京〜新大阪間が3時間超で結ばれ、人の移動が大規模になった。

「高度成長」期には、その当時は「三種の神器」といわれていた家電の洗濯機・冷蔵庫・テレビが普及し、栄養状況が好転して平均寿命は10年も伸び、3人に2人がサラリーマンという勤め人になった。

日本初のスーパーマーケットであったダイエーの創業経営者・中内㓛による「流通革命」はまさに「革命」であった。江戸時代中期以来の流通制度は高度成長時代に変容したのである。「高度成長」時代は企業家が主導してさまざまな「革命」が行われた時代でもある。「革命」の担い手は左翼でも右翼でもなく企業家になった。

「前近代」的要素が完全に払拭され、「近代」が完成したのが「高度成長」期であり、1973年の「石油ショック」で「高度成長」が終わったとき、日本の「近代化」もまた終わったのである。

## 「高度経済成長」の代償としての「公害問題」

だが一方では、「高度成長」という「近代化」の最終局面で代償として失ったものは多い。映画『ALWAYS 三丁目の夕日』（2005年）の世界がノスタルジーの対象として回顧されるが、実際はあのようなキレイごとの世界だけだったわけではない。イタイイタイ病や水俣病など、公害病に苦しむ国民が多数に上ったことにも目を向けなくてはならない。経済成長を下支えした科学技術の暴走による負の側面が目立ち始めてきたのである。

当時は「環境問題」ではなく「公害問題」といわれていたが、日常的に光化学スモッグにさらされてきたのが日本人である。殺虫剤、農薬、工場排水、排気ガス、これらが「複合」して「汚染」となっていた。

『複合汚染』（1995年）の著者有吉佐和子氏の表現ではないが、世界中から「人体実験」の場と見られてきたのも、けっして誇張ではない。「3・11」（2011年）の「原発事故」による放射能漏れにかんしても同じように見られていたのも当然かもしれない。

「世界の工場」となった中国で発生しているさまざまな事象に既視感を感じてしまうのはそのためだ。河川も海も工場から排出される汚染水で異臭が漂い、ヘドロがたまっている。遅れて始まった「近代化」を「世界の工場」となることで取り戻そうと全速力で駆け抜けた2000

年代の中国は、１９６０年代の日本を想起させるものがある。

　１９７８年以来の「改革開放」政策のなか、「日本モデル」を採用した「近代化」を加速したのは鄧小平であるが、はたして現在のこの状況まで予見できたのだろうか？

## 9 「1979年」の意味

### 「サッチャー革命」「イラン革命」「アフガン侵攻」の影響が現在まで続いている

「1979年」こそ、その後の激動の起点となった年ではないだろうか。

まずは2月にイランで王政を倒した「イスラーム革命」が勃発、1973年につづいて「第二次石油ショック」となり、5月には英国の総選挙で保守党が勝利しサッチャー政権が誕生、年末のクリスマスイブにはソ連軍が中央アジアのアフガニスタンに侵攻した。日本では、日本学者のエズラ・ヴォーゲルによる『ジャパン・アズ・ナンバーワン』が翻訳出版され、世界第二位の経済大国となった日本が世界的に認識されるようになった。

イランは革命後のナショナリズムの高揚のなか、翌年の1980年に隣国イラクとの戦争に突入、「イラン・イラク戦争」は8年間も継続することになった。このため当時の日本では「イライラ戦争」と呼ばれたほどだ。イスラーム世界のなかでは少数派のシーア派のイランは、「革命」の輸出をつうじてパレスチナや周辺の湾岸諸国への影響力を現在にいたるまで行使しつづけている。

ソ連による「アフガン侵攻」は、1989年にソ連軍が完全撤退するまで10年間にわたってつづき、米国の衰退のキッカケとなった「ベトナム戦争」と同様の存在と化した。大義なき戦争に苦悩するソ連軍兵士たちのあいだに中央アジア産の麻薬が蔓延し心身をむしばんでいくことになっただけでなく、出口の見えない戦争の戦費がソ連の財政状態を悪化させ、最終的にソ連は崩壊することになる。

ソ連と戦ったムジャヒディーンと呼ばれたイスラーム戦士たちをバックアップしたのは米国であったが、そのなかには2001年の「9・11」テロを指揮したイスラーム過激派のテロ組織「アルカーイダ」のウサーマ・ビン・ラーディンも含まれていた。米国が供与した武器とともに、刃は米国に向けられることになったのだ。タリバンが現在でも使用しているロケットランチャーは、米国がムジャヒディーンたちに無償供与したものだ。ソ連によるアフガン侵攻から、すでに35年もこんな状態がアフガニスタンでは続いている。

因果は巡るとしかいいようのない事態の始まりとなったのであった。

## 「サッチャー革命」でよみがえった英国と「第3次グローバリゼーション」の開始

１９７９年の英国にサッチャー首相が誕生したことは、その後の世界史にきわめて大きな影響を及ぼした。なぜなら、「サッチャー革命」によって、金融を中心とする「グローバリゼーション」が開始されることとなったからだ。

「グローバリゼーション」を推進したのは英国と、それにつづいた米国である。１９８１年に就任した米国のレーガン大統領がその路線を全面的に支持することで、英米アングロサクソンが主導する大きな流れとなった。日本では、中曽根康弘首相の時代である。

経済活動を制約する規制撤廃（ディレギュレーション）によって自由競争を極端なまでに推進、成長産業と位置づけた金融産業を強化しようという政策である。背景にあったのは米ソ対立の冷戦構造であり、政治経済面においてサッチャー首相とレーガン大統領のタッグが冷戦終結をもたらしたといえるのはそのためだ。

保守党のサッチャー首相誕生までの英国は「英国病」という表現まであったように、大英帝国解体後の経済が長期にわたって停滞し、閉塞感にあえぐ国民は将来への希望も失いがちであった。

労働党が導入したのが「ゆりかごから墓場まで」といわれるほどの手厚い社会保障だったが、これが財政を圧迫。英国は産業も低迷するほどの状況に陥り、１９７６年にはＩＭＦの支援を受けるまでに転落した。

「サッチャー改革」の目的は英国の国家再建であり、その方法が「金融グローバリゼーション」であった。世界の国際金融の中心である「シティ」の活性化が、英国の国力回復につながるという認識があったためだ。

このため「ビッグバン」とよばれた金融市場改革を断行し、「シティ」は世界の金融市場としての地位を維持している。「ビッグバン」は、「ウィンブルドン化」などとさえ言われた。ウィンブルドンは英国にあるテニスの聖地だが、英国のプレーヤーが消えて外国人プレーヤー活躍の場となっていたためである。

「サッチャー革命」による金融街シティの変貌が、「ジェントルマン資本主義」から「新自由主義」への完全な移行をもたらしたと、川北稔氏は『イギリス近代史講義』（講談社現代新書、２０１０年）で指摘している。

サッチャー首相自身は、エスタブリッシュメント出身ではない。独立心のつよい家族経営の食料品店主の娘として生まれ、奨学金制度の開始によって一般庶民にも進学する道が開かれたため、オックスフォード大学に進学することができた世代の人である。しかも、卒業後のキャリアを考えて大学では化学を専攻している。レーガン大統領は映画俳優出身。ハリウッドの俳優組合で要職を体験、政治経験をつんだ人だ。

「革命」というものは、けっして既得権を握る「中心」からは生まれてこない。既存の勢力に不満をもつ「周辺」から生まれてくるものだ。「サッチャー革命」も「レーガン革命」もまたそうであった。

## イスラームが世界史にふたたび急浮上した１９７９年

「イラン・イスラーム革命」と「アフガン侵攻」の１９７９年はまた、イスラームが世界史の前面に復活したことを印象づけた年でもあった。

パレスチナ半島のイスラエルと中東の大国エジプトの和平が実現したのも１９７９年のことである。米国のカーター大統領が仲介した「キャンプ・デービッド合意」（１９７８年）にもとづき、１９７９年に平和条約が締結され、１９６７年の「第三次中東戦争」でイスラエルが占領していたシナイ半島がエジプトに返還された。これによってイスラエルの生存をめぐる障害が大幅に取り除かれ、１９７３年の「第四次中東戦争」以後、イスラエルを巻き込んだ大規模な中東戦争は現在のところ発生していない。

サウジアラビア王国が保護している、イスラームの聖地メッカにあるカアバ神殿が、巡礼期間中の11月にイスラーム過激派によって占拠されるという事件も発生している。この事件のもつ意味がきわめて大きいことは、イスラーム過激派によるテロが日常茶飯事になっている現在、容易に理解できることだろう。

## イランの「イスラーム革命」のインパクト

1979年2月の「イラン・イスラーム革命」は、その年の4月には「イスラーム共和国」の成立につながったが、「政教一致」の「イスラーム革命」というあらたな革命概念がこのとき生まれたのであった。

革命によって倒された政権を支持していた超大国・米国は、革命以後イランとは決定的な対立関係になる。「勢力均衡」を外交の基本戦略とする米国は、イランと対立するイラクのフセイン政権に肩入れするようになったのだが、その結果、フセイン政権が強大になり過ぎたため、1991年には「湾岸戦争」でイラクの弱体化を図ることになり、さらに2003年には「イラク戦争」でフセイン政権を打倒することになる。

「イスラーム革命」を成功させたイランは、「革命の輸出」をつうじて地域に影響力を行使するようになり、スンニー派の地域大国のサウジアラビアと対立する。イランはイスラーム世界のマイノリティであるシーア派なのだ。影響力を拡大しているシーア派の地域大国イランの存在は、中東地域の不安定要因である。

1979年の「イラン・イスラーム革命」は、経済面では1973年の「石油ショック」に続いて発生した「第二次石油ショック」となった。同じ年には、サウジアラビアのメッカにある「カアバ神殿占拠事件」、そして年末にソ連崩壊の引き金となった「アフガン侵攻」が発生した。

まさにこの1979年から、世界の大激動が始まったのである。

## アフガン侵攻は「無神論」の「共産主義国家・ソ連」にとって命取りになった

ソ連は、親ソ派の共産主義政権へのテコ入れのため軍事侵攻に踏み切ったが、「アフガン侵攻」によって、ソ連側は1979年から撤退までの10年間で1万4000人を超える兵士が戦死し、アフガン側はその数倍の戦死者を出している。アフガニスタンをソ連の意のままにコントロールするどころか、ソ連体制の命取りにもなったのである。

なぜソ連は「アフガン侵攻」に踏み切ったのか。その理由はアフガニスタンのもつ地政学的な特性にある。アフガニスタンで発生した紛争は、地続きで東西南北に隣接するソ連（ロシア）

を含めたアジア地域だけでなく、ユーラシア大陸の西端に位置する西欧にまで影響が及ぶからである。アフガニスタンは中央アジアにおける東洋と西洋の境界線でもあるのだ。だから、2001年の「9・11」後に米国が主導した「アフガン戦争」において、ドイツ軍を含めたNATO軍がアフガニスタンに駐留する意志決定を行ったのである。

ソ連による軍事介入は、1956年の「ハンガリー革命」の鎮圧、1968年の「プラハの春」への介入などがあるが、いずれも欧州域内のものであった。「アフガン侵攻」は中央アジア域内であっただけでなく、想定外の事態となったのは、「イスラーム復興」にかんする認識に甘さがあったためだろうか。

コーカサス地方のチェチェンをはじめ、領土内に多数のムスリム人口を抱えるソ連であったが、すでに60年以上にわたって共産主義化され世俗化していたと認識していたようだ。だが、少子化傾向のスラブ系ロシア人と、ムスリム系とのあいだでは出生率の差が拡大し、急速にイスラーム化が進行していたのである。ソ連崩壊後の現在もこの動きはつづいている。

「アフガン侵攻」に抗議して、米国を筆頭に日本を含めた西側諸国は1980年のモスクワ・オリンピックをボイコットしている。マラソンの瀬古選手をはじめ、涙をのんだ日本人アスリートたちのことはいまでも話題になるが、スポーツの祭典もまた、国際政治と密接な関係を示していることがわかる事例である。

「アフガン侵攻」にもっとも大きな衝撃を受けたのは、「イスラーム復興」の流れのなかで覚醒し始めていたイスラーム主義者たちである。よりによって「唯物論」という「無神論」の国家・ソ連が、イスラームの国を侵略したのである。イスラーム主義者たちが受けた衝撃の大きさは、2001年の「9・11」テロではじめて全面的に米国も理解することになる。

## 米国のレーガン大統領は「グローバリゼーション」を推進してソ連を自壊させた

1981年1月に就任した共和党のレーガン大統領は、現職で民主党のジミー・カーター大統領を破って当選した。国民にわかりやすく語りかける姿勢が「グレート・コミュニケーター」として礼賛されたレーガン大統領は、冷戦終結に多大な功績を残したことで現在でも米国では人気が高い。この点は、毀誉褒貶《きよほうへん》の著しいサッチャー首相とは異なる点だといえようか。

レーガン大統領誕生の背景には、前任者の民主党のカーター大統領時代の弱腰姿勢が国民に批判されていたことがあった。「イラン・イスラーム革命」後に、イランの首都テヘランの米国大使館員が人質となった「イラン米国大使館事件」が発生したが、米国政府による救出作戦が失敗し、人質全員の解放は、最終的になんと444日もかかってしまったのであった。

背景には、「反米主義」を掲げることによって求心力を高めようとしたイランの新体制の思惑もあった。米国民のいらだちはかなりのものとなっていた。

2017年に就任したトランプ大統領は「アメリカをふたたび偉大にする」というスローガンで選挙戦を勝ち抜いたが、じつはこのスローガンはレーガン大統領が1980年の選挙期間中に使用したものである。トランプ大統領がレーガン大統領を念頭においていることが、この一件からも理解できるだろう。

「新自由主義」を推進したレーガン大統領の経済政策は「レーガノミクス」(=レーガン+エコノミクス)と呼ばれていたが、「小さな政府」、「規制撤廃」、「自由貿易重視」、「富裕層の大型減税」、「インフラ投資」、「保護主義政策」、「強い軍隊」などに要約することができる。いずれもトランプ大統領が打ち出す政策とよく似ている。

「レーガノミクス」でもっとも大きな意味をもっていたのが「ディレギュレーション」である。日本では一般に「規制緩和」と訳されているが、文字通りに訳せば「規制はずし」、すなわち「規制撤廃」を意味している。

英国の「サッチャー革命」と同様、国内の反対勢力を押し切っての「レーガン革命」もまた、当初ははげしい反発を招いている。その象徴的な出来事となったのが航空管制官(エア・コントローラー）の労働条件をめぐるストライキであった。

ストライキによって迷惑を被るのは一般消費者であるという考えにもとづき、職場復帰命令を拒否した1万人強の航空管制官をすべて解雇するという強硬手段にでて、レーガン大統領は事態を収拾した。サッチャー首相による炭鉱労働者ストライキとの全面対決と対比されるべきものだ。

このようにレーガン政権時代には、航空産業が「規制撤廃」により激しい競争状況となり、パンナム（＝パン・アメリカン航空）など老舗航空会社が消えていった。だが、そのおかげで航空運賃が大幅に下がったことは消費者にとっては大いにメリットとなった。航空運賃の低下は航空機を利用した移動を活発にさせ、「第3次グローバリゼーション」を推進する要因の一つともなった。

「サッチャー革命」と「レーガン革命」は、ともに「ナショナリズム」を背景にした国益重視の政策だったことに注意しておく必要がある。「グローバリゼーション」は「ナショナリズム」に反するようなイメージがもたれがちだが、けっしてそうではない。英国の立て直しは英国の国益であり、米国の強大化は米国の国益であった。

外交面では「ソ連封じ込め」政策を推進してソ連経済の弱体化を推進したのも英米がタッグを組んだ結果でもある。

米ソの軍拡競争は、経済力に勝る米国にとっては最初から有利な展開となり、軍事費増大に耐えきれなくなったソ連経済は次第に疲労の色を濃くしていった。その結果、立て直しを意味する「ペレストロイカ」を推進していたソ連のゴルバチョフ議長とのあいだで、核軍縮を実現したのである。

Column 1

## 2つのアングロサクソン
# 英国と米国の共通点と相違点

「アングロサクソン」としてひとくくりにされることも多い英国と米国だが、英語や基本的価値観など「共通点」は多いものの、じつは真逆といえるほどの「相違点」も少なくない。「英米は特別な関係」という言説は、米国と地位が逆転した英国にとって都合のよいフィクションだという指摘もされている。

まずは、思いつくままに、英米の「相違点」を列挙してみよう。

**政治形態**

- 英国：立憲君主制。二院制による議会制民主主義。世界に先駆けて民主主義となったが伝統重視。だが、世代間で価値観変化が大きい。

米国：共和制で連邦制。二院制による議会制民主主義。英国から独立を勝ち取った「人工国家」。普遍主義で未来志向がきわめて強い。

……日本は、第二次世界大戦の敗戦後は米国の圧倒的影響を受けてきたが、政治形態としては米国よりも英国に近い。

**憲法**

- 英国には「成文憲法」がない。米国は世界初の「成文憲法」を制定。

……日本は、最初はプロイセン王国の憲法をモデルにアジア初の憲法を制定したが、敗戦後は米国モデルの憲法に切り替えられた。

**日常生活**

- 英国では道路は左側通行（＝右ハンドル）、米国は右側通行（＝左ハンドル）

……オーストラリアやニュージーランド、マレーシアやシンガポールなど「英連邦」諸国は左側通行。ただし、米国と国境を接するカナダは右側通行。アイルランドとタイも左側通行。欧州はフランスを筆頭に右側通行で、北欧諸国は「ＥＵ」基準に合わせられた。中国も右側通行。フランスの植民地だった諸国は右側通行。

……日本は左側通行だが、英国の模倣ではないようだ。

- 英国では、エレベーターの「ファーストフロア」は二階のこと。一階はグラウンド・フロアという。そもそも、英国では「エレベーター」とはいわず「リフト」という。米国では、「ファーストフロア」は文字通り一階をさす。

……日本は米国とおなじ。

## スポーツ

- 英国で「フットボール」といえばサッカーをさす。米国では「アメリカン・フットボール」のこと。日本ではなぜかサッカーとよぶが、世界の大半でフットボールという（例外は、イタリアのカルチョ）。
- 英国はクリケット、米国はベースボール。ともに打者がバットでボールを打つゲームだが、クリケットは「英連邦」を中心に普及、ベースボールは中米カリブ海と日本を中心とした東アジアで普及。

「相違点」は、数え上げればまだまだ無数にあるだろう。「イギリス英語」と「アメリカ英語」の違いもある。アメリカ英語には、移民がもたらしたまま凍結された古い時代の「イギリス英語」が残っているといわれる。英国では、英語そのものに階級の違いが表現される。

「共通点」もあげておかなくてはならない。国際ビジネス社会を動かしているのは「アングロサクソン・ルール」であるし、国際金融でも、国際メディアも、科学研究の分野でも、米英アングロサクソンが仕切っていることは常識としてもっておくべきだろう。

「国際金融」の世界は、依然としてアングロサクソン世界の独壇場である。「覇権通貨」は英ポンドから米ドルにシフトしたが、ニューヨークとロンドンに代表されるアングロサクソンが国際金融の中心にあること自体に変化はない。とくに「投資銀行」という金融モデルは、アングロサクソンで発展したものである。英国では「マーチャント・バンク」、米国では「インベストメント・バンク」とよぶ。

「国際メディア」の世界も、英米系の「英語メディア」が牛耳る世界である。英語メディアによって世論形成がされるというのが世界の現実だ。英国のＢＢＣ、米国のＣＮＮ、ＦＯＸ、地上波のＡＢＣやＮＢＣもまたそうだ。

英語圏すなわちアングロサクソン圏の大学が知の世界をリードしているのは分野を

問わない。自然科学分野では英国の『ネイチャー』、米国の『サイエンス』が二大科学ジャーナルとなっているように、学術の分野でもアングロサクソンがメインストリームなのである。ポピュラーサイエンスものとよばれるノンフィクションのジャンルでも、現在は圧倒的に米英が中心である。

「英米は特別な関係」という言説は、英国にとって都合のよいフィクションだが、米国が行っている「エシュロン」による通信傍受システムは、「UKUSA」(＝UK：英国＋USA：米国) とよばれる「英米同盟」、あるいは「ファイブ・アイズ」とよばれる英米アングロサクソンの5か国 (＝米国と英国、「英連邦」のカナダ、オーストラリア、ニュージーランド) が情報共有しているとされる。米国は「エシュロン」の存在は認めていない。

ちょっと毛色の変わったところでは、「英米スピリチュアリズム」というものもある。英国は『ハリー・ポッター』など現在でも魔法ファンタジー文学の宝庫であり、ポルターガイスト現象など「スピリチュアリズム」(＝心霊主義) 関連のテーマでは、英国と米国は共通するものが多い。また、日本のスピリチュアリズムへの影響も大きい。

このほか、共通点はまだまだあると思うので、みなさんも探してみてほしい。

# 第4章

# 「パックス・アメリカーナ」

## 20世紀は「植民地なき覇権」の米国が主導した

2017

1975 ベトナム戦争終結
1973 石油ショック
1972 浅間山荘事件
1967 ASEAN設立
1965 9月30日事件
1962 キューバ危機
1961 ベルリンの壁建設
1956 スエズ動乱
1955 バンドン会議
1949 中華人民共和国成立
1948 イスラエル建国
1945 第二次世界大戦終結
1929 大恐慌発生
1917 ロシア革命
1916 サイクス・ピコ協定
1914 第一次世界大戦勃発

1776

# 1 米国の覇権体制と「パックス・アメリカーナ」

米国の覇権体制は、「第二次世界大戦」の勝利によって本格的に始まった。この勝利によって全世界における英国の覇権は完全に縮小、米国は日本を完膚無きまで壊滅させたことによって、太平洋の覇権も手に入れることとなる。

米国が「第二次世界大戦」に参戦する機会をうかがっていたのは、米国が英国から覇権を奪い取り、みずからの覇権を確立するために戦争を必要としたためだ。「覇権国」の地位はチカラで奪い取るものなのだ。

大日本帝国は、西欧によるアジア支配の終焉を促進させる働きをし、意図せずして米国による覇権確立の途を開いたことになる。のちほどさかのぼって見ていくことにするが、20世紀の

「米国型覇権」と19世紀の「英国型覇権」との違いは、植民地領有の有無にある。この違いはきわめて大きい。

米国は、植民地をもたず、自由主義と資本主義という「価値観にもとづく同盟関係」を軸にして、ソ連を盟主とした東側と対立した。第二次世界大戦で戦った日本と西ドイツを「同盟国」として勢力下に組み込み、「冷戦構造」時代には「西側世界」に圧倒的な影響力を行使した。

こうして米国は、「パックス・アメリカーナ」（＝アメリカの平和）とよばれる国際秩序を確立した。米ソの「冷戦構造」には「キューバ・ミサイル危機」などもあったが、それなりに安定した世界秩序を形成していたといえる。

## 第二次世界大戦後の米国の「覇権」を支えたのは「合理性信仰」

第二次世界大戦の勝利国となった米国が、１９４０年代から１９５０年代にかけて世界の「覇権国」となっていった絶頂期に、その理論的フレームワークをつくりあげたのが、米国空軍の「シンクタンク」として出発した民間の非営利組織「ランド・コーポレーション」であった。「ランド研究所」ともいう。

ランド（ＲＡＮＤ）とは、Research ANd Development（＝研究開発）の頭字語をとったもの。知識産業としてのシンクタンクの原型である。「ランド・コーポレーション」はアメリカ空軍（正確にいうと、設立当時は分離独立する以前の米陸軍航空隊であった）の肝いりで設立された研究所であり、基本的に組織として独立した空軍に貢献することを期待して予算がついたのであった。米ソの核戦争の対応は主として空軍と海軍が担っていた。

国防研究を主要分野として受託研究を行ってきたこのシンクタンクは、理系の研究者にとっては思う存分に研究のできるパラダイスであった。『ランド　世界を支配した研究所』（アレックス・アベラ、牧野洋訳、文藝春秋、２００８年）には、全米から集まってきた最優秀の頭脳の群像が、これでもか、これでもかと描かれている。

「ゲーム理論」、「合理的選択論」、「システム分析」、いずれも人間行動を数式と方程式で理解しようとした「合理性」の産物だ。彼らは、研究分野における、米国の「ベスト・アンド・ブライティスト」たちであった。20世紀後半の社会科学が、米国発の「合理性」理論の圧倒的影響下にあることは、日本についてもいうまでもない。この流れは現在に至るまでつづいている。「ランド」に集まったのは理系研究者だけではない。１９７２年にノーベル経済学賞を受賞した、米国を代表する経済学者ケネス・アローに代表される「合理的選択論」は、経済学だけでなく、戦後の米国を米国たらしめたエッセンスといってもよい。ランド時代のアローの業績はいまだに機密解除されていない（!）という。「冷戦構造」時代の米国の国防戦略に直接関与していたのである。

# 2
# 「成長の限界」と「持続的成長」の出発点としての1970年代

日本では1970年は「大阪万博」から始まった。「大阪万博」の正式名称は「日本万国博覧会」。「人類の進歩と調和」をテーマに掲げていた。「高度成長」によって米国につぐ世界第二の経済大国となった日本を象徴するイベントとして開催され、冷戦構造下であったが米ソを含む世界77か国が参加した。

1970年には、「右肩上がり」の成長が半永久的につづくと信じられていた。大阪万博のテーマにあるように「進歩」が信じられていた時代であり、経済人ですら「進歩史観」に傾斜する者もいた時代である。

だが、大阪万博が終わってからすぐ、1973年には「石油ショック」に見舞われた日本人から楽観論は一気に消えてしまった。「高度成長」も終わったのである。「ジャパン・ミラクル」とさえいわれるほどの「高度成長」を謳歌した日本であったから、石油価格上昇にともなう物価上昇と賃金高騰によって経済成長が鈍化したことの落差が感じられたのだが、低成長経済に入ったのは日本だけではない。

米国のパワーが衰退に転じたのは1974年である。この年に粗鋼生産はピークを打っている。前年の1973年に米国はベトナムから撤退、膨張主義はストップをかけられた。いわゆる「ニクソン・ショック」によって金と米ドルの交換が停止されたことは、「覇権国」としてのアメリカの衰退化を象徴した出来事であった。

## 「成長の限界」と「持続的成長」論の登場

1970年代は、「地球」や「人類」といった壮大な「文明論」が前面に出始めた時代である。その代表が、『成長の限界　ローマ・クラブ「人類の危機」レポート』（ダイヤモンド社、1972年）であろう。

人口爆発や経済成長を抑制しなければ、地球と人類は環境汚染や食糧不足などで100年以内に破滅してしまうという主張を行っているこの本は世界中に衝撃を与えた。著者のデニス・メドウズは、システム思考の専門家。システム思考とは、すべてはシステムとしてつながっており、関連しあっているというものだ。

「ローマ・クラブ」が1972年に「成長の限界」を発表した当時の世界の人口は約40億人であったが、2013年時点では72億人に達している。世界人口は2050年には国連推計で97億人に達するという。これだけ多くの人間が、かろうじて食えているのであるから、食糧不足は解決されたといえる。

だが、「成長の限界」というテーマじたいが時代遅れになっているわけではない。むしろ「持続的な成長」がテーマとなりはじめ、現在では経済界でも無視できない流れとなっている。

1973年には『スモール・イズ・ビューティフル』というタイトルの本も出版されている。ドイツ出身の英国の経済学者シューマッハーの経済学エッセイ集だ。第二次世界大戦の復興後の欧州をリードした石炭産業に身を置いてきたシューマッハーは、専門の立場からエネルギー危機の到来を予言した。これは「石油ショック」として現実化している。

シューマッハーは同書において「大きいことはいいことだ」という、当時は主流であった「大量消費」を前提とした近代経済学、化石燃料を動力とする近代文明への根源的な批判を行っている。彼は「適性技術」の重要性を指摘して開発途上国の経済開発に影響を与え、経済顧問としてビルマ（＝ミャンマー）に招かれたが、そこでの体験をもとに同書のなかで、「仏教経済学」

を提唱している。「スモール・イズ・ビューティフル」というフレーズは、その後先進国においてスモールビジネスやベンチャーをインスパイアしてきた。

１９７０年代初頭は、経済的な意味でも思想的な意味でも「転換」をもたらすことになった。当時のオルタナティブは、現在では主流になりつつある。

## 「ベトナム戦争」で米国が敗北（１９７５年）……植民地時代の終わり

「ベトナム戦争」において、超大国の米国がはじめて敗北を喫した。米国は１９７５年に小国のベトナムに敗北したのである。

戦争中からすでに大義なき戦争とみなされ反対運動も世界中で激化していたが、敗北によって米国が被った精神的ダメージは「ベトナム・シンドローム」とよばれ、長期間にわたって癒やされることはなかった。だが、ベトナム側からみれば民族の独立を勝ち取った栄光以外の何物でもない。

第二次世界大戦において、日本が東南アジアにおける西欧列強の植民地を「解放」した結果、英国もオランダもフランスも、植民地への支配力を大幅に失い、日本の敗北による撤退後には植民地を放棄することを迫られることとなった。

「ベトナム戦争」は、アジアにおける植民地主義がほぼ完全に終わったことを意味している。

いまだ世界から完全に植民地が消えたわけではないが、ほぼ皆無に近いといっていいだろう。

「ベトナム戦争」について簡単に振り返っておこう。植民地支配を行っていたフランスとのあいだで戦われた「第一次インドシナ戦争」が1954年に終結し、ベトナムはフランスから独立してフランスは撤退する。一般には「ベトナム戦争」として知られている「第二次インドシナ戦争」は、1960年12月に「南ベトナム解放民族戦線」が結成され南ベトナム政府軍に対する武力攻撃を開始してから始まった。

インドシナ半島の共産化を恐れた米国は、「ドミノ理論」をもとにベトナムに軍事介入した。理想主義を掲げて大統領に就任したケネディの時代のことである。

「ドミノ理論」とは、東南アジアにおいてソ連や中国の影響で一か国でも共産化すると、ドミノ倒しのように地域全体が共産化してしまうという説である。そのような恐怖が、「反共」を国是としていた米国政府にあったのだ。

当時のベトナムは北緯17度線を境に分断され、北部はホー・チミンを指導者としたベトナム共産党による政権、南部は米国の傀儡政権が支配していた。この当時の「分断国家」はベトナムのほかに、東西に分断されていたドイツと、南北に分断されている朝鮮であった。統一がなされていないのは朝鮮半島だけとなった。

## 米国のベトナム敗戦は合理主義信仰の敗北でもあった

米国で最初にベトナムに軍事介入したのは民主党のケネディ大統領であった。ケネディ暗殺後は、副大統領から昇格したジョンソン大統領がベトナム戦争をエスカレートさせた。

「ベスト・アンド・ブライティスト」の一人とされ、ハーバード・ビジネス・スクールでMBA(経営学修士)を取得していたロバート・マクナマラは、第二次世界大戦では陸軍航空隊で日本への戦略爆撃の数値解析に従事、戦後はハーバードで統計学の教鞭をとったのち自動車メーカーのフォード社長を経て、国防長官としてベトナム戦争を指導した。

国防長官として数量化理論にもとづく作戦計画を立案したが、実行段階においては土地を知り尽くした神出鬼没のゲリラとの戦いで迷走、第二次世界大戦中の対日戦争では空爆作戦を立案した頭脳も、不確定要素の強いジャングル内の非正規戦争では歯が立たなかった。ベトナム戦争における敗戦は「合理性信仰」崩壊の序曲となった。

「北爆」を実行し、枯れ葉剤散布の責任者である共和党のニクソン大統領は、ベトナム戦争の早期終結のために尽力した人である。ニクソンはベトナム戦争終結のために、国務長官のキッシンジャーとのタッグで中国共産党と電撃的な和解を行った。当時の米国は「反共」の立場から台湾に脱出した中国国民党を正統とみなしており、中国大陸を支配する中国共産党への鞍替えは、日本にも衝撃を与えた。

1975年3月に北ベトナム軍による全面攻撃が開始され、4月30日にサイゴンが陥落することで「ベトナム戦争」は終結した。

## 「ベトナム戦争特需」で経済発展の足がかりをつかんだ韓国

敗戦後の日本は朝鮮戦争をキッカケに発生した「朝鮮特需」で経済復興を実現したが、「朝鮮戦争」で国土を破壊された韓国はパク・チョンヒ（朴正熙）政権のもと、ベトナム戦争を足がかりにして経済発展を実現している。

その当時の韓国は最貧国の一つであった。現在の財閥グループ各社が立ち上がるキッカケをつかんだのは、ベトナム戦争の特需である。

米国の要請を受けて韓国もベトナム戦争に出兵している。兵力は延べ37万名、最盛期には5万の兵力を南ベトナムに展開した。北朝鮮と軍事的に対峙しているだけでなく、アジアの共産主義拡大に危機感を募らせていたため、世界最貧国の一つだったにもかかわらず、韓国は米国による軍事支援と米国への移民受け入れの交換として出兵を決断した。

米軍による「ソンミ村虐殺事件」ばかりがクローズアップされるが、韓国軍の「猛虎師団」がベトナムの民間人に対していかなる残虐行為を行ったのか、きちんと目をむけるべきだろう。

韓国映画『ホワイト・バッジ』（1992年）の主人公は「白馬師団」に所属している設定だが、ベトナム戦争における韓国軍を知るには参考になる作品だ。

ベトナム戦争においては、日本も韓国も「特需」で潤ったが、「北爆」を実行するB－52の発進基地となったタイ王国では、米軍の後方支援基地として道路網が整備された。

また、ASEAN（東南アジア諸国連合）はもともと、「ベトナム戦争」のさなかの1967年8月、「ドミノ理論」による東南アジア諸国の共産化を恐れた米国のバックアップで設立されたものである。

## 「第4次中東戦争」と石油ショック（1973年）

「第4次中東戦争」が「石油ショック」の引き金となり、石油価格高騰が経済成長を鈍化させることになったのが1973年である。中東では、ユダヤ人国家のイスラエルが1948年にパレスチナに建国されてから、4次にわたる「中東戦争」が勃発している。まずは「中東戦争」の経過について簡単に見ておこう。

イスラエルの独立宣言とともに勃発したのが「第1次中東戦争」（1948～1949年）である。パレスチナの内戦が、そのままアラブ諸国との戦いに発展、イスラエルの勝利に終わったことでユダヤ人にとっての生存拠点が確保された。
戦争の結果、大量のパレスチナ難民が発生し、イスラエルとアラブの対立構造はこの時期に形成されて現在に至っている。イスラエルは首都をテルアビブからエルサレムへと移転したが、現在でも世界各国から認められていない。

「第2次中東戦争」（1956年）は、「スエズ動乱」とともに始まった。エジプトがスエズ運河を国有化したため、利権をもつ英仏がイスラエルをけしかけてエジプトとの戦争を起こしたのだ。当時エジプトの背後にいたソ連だけでなく、米国と国際社会もいっせいにこの戦争を非難、最終的に英仏は国際世論に屈し、国連の調停のもとエジプトによるスエズ運河国有化が認められた。

この結果、中東地域における「植民地帝国」の英仏の影響力は大幅に低下し、中東は以後、冷戦構造のもと米ソの代理戦争の場となっていく。

「第3次中東戦争」（1967年）は別名「六日戦争」とよばれている。イスラエル、レバノン、ヨルダン、シリアの国境が接するゴラン高原のユダヤ人入植地建設をめぐって緊張が高まったなか、イスラエルがエジプト、シリア、イラク、ヨルダンの空軍基地に先制奇襲攻撃を行い圧倒、たった6日間で戦争が終了した。「攻撃は最大の防御」を地で行くものであった。

戦争の結果、シナイ半島はイスラエルに軍事占領され、スエズ運河は8年のあいだ閉鎖されたままとなり、欧州からアジアへの航路はアフリカ南端の喜望峰回りを余儀なくされた。

「第4次中東戦争」（1973年）は、前回の戦争で完敗を喫したエジプトが捲土重来を期して大攻勢に打って出たものである。初戦でこそ大敗北を喫したイスラエルだが、ただちに反転攻勢に転じ、最終的に引き分けとなった。

その結果、エジプトとイスラエルは米国の仲介で交渉テーブルにつき、「キャンプデービッド合意」（1978年）へとつながることになる。その後、現在に至るまで、アラブの盟主であるエジプトとイスラエルの同盟関係は、不安定になりがちな中東の「安定装置」として一定の役割を果たしてきた。「中東戦争」は現在まで40年間発生していない。

徹底した情報収集体制を築き上げていたイスラエルであったが、第4次中東戦争では虚をつかれた形となった。攻撃が始まったのはユダヤ教徒にとって重要な「ヨム・キプール」という贖罪日でイスラエルの休日であったこともあるが、絶対確実な将来予測など存在しないことが、この戦争の教訓となった。

「第4次中東戦争」は「石油ショック」の引き金となった。イスラエルが反転攻勢にでた際にOPEC（石油輸出国機構）の中東6か国が合意のうえ「石油戦略」を発動した。

カルテルによる原油価格70％（！）引き上げ、イスラエルを援助する米国とオランダへの石油禁輸、アラブ側に友好的ではない西側諸国への石油供給の段階的削減を決定した結果、世界の石油の安定供給が脅かされ、原油価格の高騰が経済混乱を引き起こしたのである。

日本は、「石油ショック」を機会に「省エネ技術」の開発に注力し、競争力をもつことに成功した。このおかげもあって「石油ショック」を乗り切り、西欧諸国が「英国病」や「オランダ病」に苦しむなか、いちはやく経済成長路線に復帰することができた。「超安定社会」と「一億総中流幻想」の形成とはその結果であるが、１９７０年代に「石油ショック」を乗り切った日本に、「格差社会」が欧米に30年近く周回遅れで到来したことは歴史の皮肉というべきであろうか。

「石油戦略」によって産油国は米英のオイルメジャーから価格決定権を完全に奪取し、価格カルテルとなったＯＰＥＣが原油価格に決定的な影響を与えることになる。その結果、多額の資金が産油国に流入するようになり、いわゆる「アラブの大富豪」を生んだだけでなく、国際金融市場をつうじて「オイルマネー」が世界の資金フローに大きな影響を与えることになった。ただし、ＯＰＥＣの全盛期は「石油ショック」がピークであり、現在ではその影響力は限定されたものとなっている。

# 3 「米ソ冷戦構造」の時代と「アジア太平洋」の時代の始まり

第二次世界大戦後の世界は米国が「覇権国」となった世界である。米ソの冷戦構造時代でも、1940年代後半から1950年代にかけては米国の「黄金時代」であった。

## 米国の「黄金時代」から「9・11」まで

この時代の米国は、米ソの対立構造を利用して、自由主義（資本主義）対社会主義における自陣営の優越性を示そうとした。軍事力というハードパワーだけでなく、ハリウッドに代表されるエンターテインメントやライフスタイルといったソフトパワーで世界を魅了していた。

「キューバ危機」（1962年）などの危機的状況を乗り切った米国は、ソ連とのあいだで「デタント」（緊張緩和）状態を維持したまま、一種のなれ合いに近い状態がつづく。

1960年代の米国は「激動の時代」だった。ベトナム戦争と反戦運動、公民権運動などを経てリベラル化の方向へ向かう。だが、行き過ぎたリベラル化への反動がサイレントマジョリティから起こってくる。そして米国は、「保守の時代」（1970年代～1980年代）へとシフトしていく。

1981年に就任したレーガン大統領が仕掛けた軍拡競争という消耗戦は、財政的に耐えられなくなったソ連が10年後の1991年に自壊したことで終わり、さらに世界第二位の経済大国となっていた日本を「ジャパン・バッシング」をつうじて叩き、米国一国主義を確立した。

だが、2001年の「9・11」テロに虚をつかれ、イスラーム過激派を敵として定めることになる。アルカーイダに代表されるイスラーム過激派は、じつは米国が冷戦構造時代に生み出した鬼子であった。

アルカーイダがチカラを失ったあとは、イスラーム国（ISIS）が浮上、17世紀以来支配的となった西欧中心の「ウェストファリア体制」に揺さぶりを掛けている。

## 英国から米国への「覇権」の移動……「覇権」は暴力的に奪取される

第二次世界大戦後、世界の「覇権国」は英国から米国に移った。だが、「覇権国」の交代は平和裏に行われたわけではない。米国と英国はともに「連合国」として戦ったので交戦相手であったわけではないが、米国は「覇権」を実力で奪い取ったのである。

英国は米国の参戦によって、かろうじて戦勝国となったが、軍事費負担によって財政的には破綻状態にあった。おなじアングロサクソンの米国を頼みの綱と思い込んでいたにもかかわらず、戦争終結後は米国からきわめてビジネスライクな対応をされることになる。

米国は、そもそも英国など西欧列強による植民地主義を否定し、「民族自決」にもとづく植民地独立を支持していた。「植民地なき世界」をあらたな世界秩序として構想していたのである。

これは英国の覇権の真逆をいく路線である。米国はすでに1935年の時点で、1898年にスペインから獲得した植民地フィリピンを独立させることに合意していた。

「第二次世界大戦」は、米国が覇権を英国から奪い取るために、米国にとっては絶対に必要な戦争だったというのは、『第二次大戦とは何だったのか』（福田和也、ちくま文庫、2007年）の見解だ。英国の現代史家クリストファー・ソーン教授の見解をベースにしている。「覇権」というものは、衰退過程にあるからといって、台頭してくる新勢力に平和裏に譲渡されるものではない。

だからこそ、米国は参戦する機会をうかがっていたのであり、「ＡＢＣＤ包囲網」によって石油資源をもたない日本を追い込み、日本が戦争を仕掛けてくるように仕向けたと考えるのが自然だろう。

## 米国の「覇権」確立……対抗軸としてのソ連

第二次世界大戦では「連合国」として「枢軸国」との戦いで手を組んだ米ソであったが、戦争終了が近づくにつれて、国益の観点から相違が目立つようになってくる。ある意味では、連合国の米ソは「同床異夢」の関係であった。

ドイツの首都ベルリン攻略作戦においては「大陸国」ソ連に花をもたせた米国であったが、ドイツを敗北させたあとは対日戦争をどう決着させるかが争点になった。原爆開発競争をめぐって米ソの違いが明らかになってくる。

「冷戦構造」が開始される前は、ニューディール政策を推進した「反資本主義」的傾向をもつルーズヴェルト大統領がそうであったように、米国にも社会主義へのシンパシーは存在した。だが、「ローゼンバーグ事件」や「赤狩り」の発生を経て、イデオロギー闘争としての「反共」

が前面にでるようになっていく。

「ローゼンバーグ事件」とは、原爆技術をソ連に漏洩したスパイ容疑でユダヤ系米国人夫妻が死刑になった事件であり、「赤狩り」とは自由主義イデオロギーにもとづく思想統制である。赤狩りの「赤」とは、共産主義者を意味している。

上院議員マッカーシーによる「赤狩り」が猛威を振るったのは1940年代後半であり、ローゼンバーグ夫妻が処刑されたのは1953年であった。共産主義の脅威が、核戦争の恐怖として声高に語られていたのである。

## 「米ソ冷戦構造」の開始……米国陣営に位置づけられた西ドイツと日本

敗戦国となったドイツと日本は、それぞれ欧州とアジアのかなめとなるパートナーとして、米国の世界戦略のなかに組み込まれることになった。

占領政策の違いは、「枢軸国」であったドイツと日本の「戦後」に少なからぬ影響を与えた。日本は、ほぼ米国単独に近い占領となり、既存の官僚制度には手をつけない「間接統治」が行われた。これに対して、ドイツは米ソ英仏4か国による「直接統治」による分割占領政策が行われた。ドイツの戦後は、日本の戦後と比較して複雑な経緯をたどることになる。

ドイツは1945年5月に敗北し、「ポツダム会談」(1945年7月)の決定によって米ソ英仏の4か国による分割統治とされ、非武装化と非ナチ化政策を受けることになった。だが、「冷戦構造」が開始されるとともに、米英仏の3か国の占領地区とソ連の占領地区の対立が深まる。

首都ベルリンは、地理的にはソ連の占領地区となった東部にあるが、別の行政州とされ、4か国によって分割統治が行われていた。占領地ベルリンにおける通貨政策をめぐって米英仏の3か国とソ連が対立し、ソ連は西ベルリンを経済封鎖した。これに対して、西側は空輸作戦を実施、1949年5月までの11か月間にわたって西ベルリンを支えた。これを「ベルリン封鎖」という。

「ベルリン封鎖」後に、米英仏の3か国は西側の占領地域にボンを首府とするドイツ連邦共和国臨時政府を発足させたが、これに対してソ連はドイツ民主共和国を成立させた。これによってドイツは「分断国家」となった。

ベルリンも東西に分断され、1961年には東ドイツによって「ベルリンの壁」が建設され、東西分断の象徴となった。

西ドイツは、過去の経緯もあってさまざまな制約条件を課せられていたが、1950年代後半以降は世界でも有数の経済成長を誇り、1968年に日本に抜かれるまで米国についで世界第二の経済大国であった。「再統一」後の2016年現在、米国、中国、日本についで世界第

4位の経済大国である。

ドイツが「再統一」されたのは、「冷戦構造」崩壊後のことである。1989年に「ベルリンの壁」が崩壊し、1990年に東ドイツが西ドイツに吸収される形で併合された。その結果、東ドイツという国家は消滅した。

日本は、北海道がソ連領となって本土から分断される可能性があったが、幸いなことにドイツと違って「分断国家」とならなかった。なお、「連合国」が中心となって結成された「国際連合」には「敵国条項」がある。「枢軸国」であったドイツと日本だけでなく、イタリアもまた、いまだにこの条項が削除されることなく適用されたままとなっている。

## 米国の「覇権」のもと「反共」の日本は「戦後復興」した

経済と安全保障の両面で、日本は米国の「覇権」のもとで復興し、経済成長をなしとげ米国を脅かす存在にまでなる。

日本の「高度経済成長」は、「冷戦構造」のもと、安全保障については「日米安保条約」にもとづいて米国に日本の負担を肩代わりしてもらい、経済面にかんしては米国が日本製品を購入してくれたから実現したといえる。いわゆる「安保ただ乗り論」である。だから、日本の輸出ドライブが高まると日米間で「貿易戦争」が激化したわけである。1970年代の繊維、1980年代の自動車や半導体がその代表例だ。

これは日本だけの話ではなく、「冷戦構造」のもとでは「反共」を国是とした東アジアの韓国や台湾、「反共」の旗印の下に結成されたASEANの諸国（インドネシア、マレーシア、シンガポール、タイ）もまた、米国への輸出に依存して成長してきた。「日本モデル」の応用といえる。

敗戦によって満洲を含めた海外植民地のすべてを失った日本は、戦後「海洋国家」として活路を見いだし復活に成功した。

「市場としての中国」を失った敗戦国日本は、冷戦構造のなか、米国の反共戦略の一環として「市場としての東南アジア」での経済活動を許され、「戦後賠償」というひも付き援助によって、日本企業の東南アジア進出を後押ししてゆく。

こうして戦前の「大陸国家」路線の痛い失敗から立ち直った日本は、米国の世界戦略の枠組みのなかで「海洋国家」として復活をとげたのである。

日本の戦後復興と高度経済成長は、とくに資源大国インドネシアとのかかわり抜きにはありえなかった。日本政府は、スカルノ大統領が盟主となった非同盟の「第三世界」ではなく、日米安保条約による同盟国米国の枠組みのなか、実利を求める道を選択した。

「戦後アジアの転換点」になった1965年の「9・30事件」で、「第三世界」のリーダーの一人であったスカルノ大統領が失脚、軍人出身のスハルト大統領が以後「開発独裁」体制を進めていくが、スハルト軍事政権誕生の背後には米国の資源権益確保があり、スハルト政権を全面的に支えたのが米国と日本であった。

## 「反共」のスローガンのもとに行われた虐殺

1930年代ソ連の独裁者スターリンによる「大粛清」など共産圏における虐殺は有名だが、この時代には「反共」を旗印にしていた資本主義圏でも、大規模な虐殺が行われている。独立後のインドネシアにおいても、またそうであった。それが、先に触れた「9・30事件」(1965年)である。

政権を奪取し、スカルノ派を一掃したインドネシア陸軍のスハルト(のちに大統領)が、「事件の黒幕は共産党だ」として大弾圧を行ったのである。スカルノの第3夫人となっていた日本出身のデヴィ夫人は、『デヴィ・スカルノ回想録 栄光、無念、悔恨』(草思社、2010年)で「大統領と私の運命をすっかり変えてしまうことになった、あの9月30日深夜の事件」として回想している。

「9・30事件」を利用して政治の実権を握った権力者たちは、民兵組織やプレマン(日本のヤクザのような存在）たちを使うことによって、自分たちの手を直接汚さずに政治的反対派を文字通り抹殺したのである。「共産主義者」というレッテルを貼られて100万人以上といわれる人々が虐殺された。そのなかには、経済の実権を握っていた華僑・華人も多数含まれる。

マイノリティだが経済を握ってきた華僑・華人は、1997年の「アジア金融危機」でも再び虐殺の対象となっている。いわゆるミドルマンとして、小売業をつうじて一般民衆と直接の接点があるためスケープゴートになりやすい。

「9・30事件」では100万人以上が虐殺されたとされているが、真相は不明のままである。100万人以上という虐殺の規模からいえば、ベトナム戦争後のカンボジア内戦時代の「キリング・フィールド」に匹敵するかもしれない。カンボジアではポル・ポト派（＝クメール・ルージュ）の支配下で120～170万人が虐殺されたと推計されている。

「9・30事件」の背後には、左傾化する傾向にあったスカルノに懸念を抱いていた米国と日本もあったとされる。

米国は民主党のケネディ大統領の時代であった。「ドミノ理論」が語られていた時代だ。東南アジアの一国が共産化すると、周辺諸国もドミノ倒しのように次から次へと共産化されていくという理論である。東南アジア共産化の恐怖にかられていた米国は、ベトナムへの軍事介入だけではなく、インドネシアでもタイでもフィリピンでも、「反共」という共通姿勢で軍事援助と経済援助をつうじて積極関与していたのである。

ベトナム戦争で米国が敗退したのち、1975年には北ベトナムが「ベトナム統一」を実現したが、王政が倒れ社会主義化したラオスを除き、米国が懸念していたような「ドミノ理論」にもとづく共産化の連鎖は東南アジアでは起こらなかった。だが、共産化を恐れたタイ王国では、王室が陸軍に依存する体質ができあがり、それが現在までつづいている。

アジアの「独立の時代」が終わり、アジア太平洋の時代が始まっていくことになる。「反共」のために結成されたASEANは、地域経済発展の枠組みへと変化していくことになる。

## 米国の「反共」政策とテレビ放送の開始

第二次世界大戦後に普及したのがテレビ放送である。ここで簡単にテレビ放送の歴史について振り返っておこう。

テレビの技術そのものにかんしては、日本の高柳健次郎氏が伝送技術を世界にさきがけて1926年に実現している。1940年に開催されるはずだった幻の「東京オリンピック」でのテレビ放送をめざした研究が行われたが、日中戦争激化のため研究は中止になってしまった。

テレビ放送が世界で最初に開始されたのは米国である。アナログの白黒テレビは「戦中」の

1941年3月にNTSC方式で開始された。

カラーテレビは「戦後」の1954年1月に米国NBCがNTSC方式で開始している。テレビ放送にかんする米国規格はNTSC方式だが、欧州ではPAL方式である。米国では、乱立していた規格がカラー放送に先立ってNTSC規格として1953年に統一された。NTSC規格は開発国の米国を中心に、日本・韓国・台湾・フィリピン、カンボジアとミャンマー、ブラジルを除く中南米などで採用されている。

PAL方式の開発は西ドイツ（当時）で行われ、1967年にPAL方式の放送が開始され、欧州規格となった。欧州以外では中国とフィリピンを除くASEAN諸国、中東の大部分、アフリカの一部、ブラジル、オーストラリアなどで採用されている。

日本のテレビ放送は1953年に始まったが、それは「冷戦構造」の真っ最中の出来事であった。「反共」の立場に立つ読売新聞社の正力松太郎が、テレビ放送と原発推進の両面で米国の協力者であったことが示唆的だ。

『日本テレビとCIA　発掘された「正力ファイル」』（有馬哲夫、新潮社、2006年）によれば、読売新聞社の系列の日本テレビの正式社名は「日本テレビ放送網株式会社」だが、ネットワークとしてのテレビ放送網は「反共の防波堤」であり軍事通信網として構想されていたのである。つまり、日本へのテレビの導入は、米国の政治・外交・軍事・情報における世界戦略の一環として位置づけられていたのである。

米国議会では戦後すぐの段階で、共産主義を押さえるために日本と西ドイツにテレビ放送網の整備が必要だと上院議員が演説している。当時の日本でも西ドイツでも、民主化された状態ではソ連の影響力が増大していたからである。

日本では米国の軍事戦略の一環として開始されたので、米国の圧力でＮＴＳＣ方式が採用された。これは韓国・台湾・フィリピンも同様である。テレビ放送は公共放送として、いわゆる電波行政と通信行政がかかわるものであり、国家統制の対象となる。

## 原子力とコンピュータ

「冷戦構造」時代は、国家主導で技術開発が行われた時代である。この時代を象徴するのが原子力技術とコンピュータ技術の開発だ。軍事用の「核」と不可分な民生用の「原子力」。原爆と原発、そしてコンピュータ。

日本における原子力発電の導入にも、テレビ放送と同様に読売新聞社の正力松太郎が深くかかわっている。「唯一の被爆国」でありながら、政治家たちが原子力に着目したのは、エネルギー問題の観点だけでなく、真の国家独立を獲得するための核武装へのつよい憧れが原発推進の「隠れた動機」としてあったようだ。1950年代における日本における原子力産業の誕生が、財閥企業復活の原動力ともなった。

コンピュータ技術も、核戦争から国家を守るための技術として開発が推進されたという側面がある。核戦争を想定したインターネットの原型も米軍によって開発されている。

インターネット技術以外にも、衛星をつかって位置を特定する「GPS」(=グローバル・ポジショニング・システム)もまた、米軍の軍事技術として誕生し、その後に民間に開放されてきたものだ。

21世紀になってから登場した無人機ドローンもまたそうであり、しかも先にあげた2つの軍事技術なくしては誕生しなかったものである。無人機そのものはハードウェアだが、無人機の運用はインターネットとGPSを統合したシステムなのである。まさに「戦争は発明の母」である。

### 「キューバ・ミサイル危機」(1962年)

超大国アメリカの裏庭にありながら、小さな島国キューバでは、1959年にフィデル・カストロがチェ・ゲバラとともに「キューバ革命」を成功させた。

農地改革を断行し米国の資産を没収するキューバの革命政権に危機感をもった米国は、アイゼンハワー政権時代に副大統領ニクソンとCIA長官を中心にカストロ政権転覆を計画する。大統領選でニクソンを破って1961年に就任したケネディは、キューバに対する秘密作戦の実行にゴーサインを出す。これを「ピッグス湾事件」という。情報機関CIAの支援のもとにグアテマラで軍事訓練を行った在米亡命キューバ人部隊が、キューバに侵攻してカストロ革命政権を打倒するという作戦だったが、失敗に終わった。この失敗が「キューバ危機」を招くことになったのである。

米ソの核戦争は現実に差し迫った脅威であった。革命後のキューバに配備される予定の核ミサイルをめぐり、米国とソ連のあいだで緊迫したやりとりが行われたのは、1962年10月16日から28日までの13日間である。

この事件は、ケビン・コスナー主演で『13デイズ（サーティーン・デイズ）』（2000年）としてハリウッドで映画化されている。

最終的に核戦争の危機はかろうじて回避されたが、最悪の事態まであと一歩のところまで迫っていたのである。1961年の大統領就任、そして46歳という若さでの悲劇的な最期（1963年）まで、約1000日強のケネディ大統領の在任期間中は、「冷戦」（コールド・ウォー）が「熱戦」（ホット・ウォー）になりかねない危機的な時代であった。

その後のキューバは、ソ連の忠実な同盟国として「冷戦構造」崩壊まで東ドイツとともに大きな意味合いを持ち続けたのであった。しかしソ連の崩壊後、キューバは劇的に転換する。反共の牙城であったバチカンと和解し、2015年には宿敵のアメリカと国交回復するに至った。この変わり身の早さは島国ならではのものかもしれない。

## 中華人民共和国の成立（1949年）

「冷戦構造」時代に米国にとって最大の誤算となったのが、中国共産党が中国大陸を制圧し、1949年に中華人民共和国を建国したことだ。中国国民党は台湾に脱出する。

中国共産党の正史では、1949年の中華人民共和国成立をもって「中国革命」は完結したとする。毛沢東は、国民党が日本軍との戦いで消耗しているあいだに、農民の圧倒的支持を背景に遊撃戦（＝ゲリラ戦）を展開、国民党との最終戦争を勝ち抜き、1949年に建国宣言を行った。

中華人民共和国の建国にともない、共産化を嫌った資本家たちは、戦前「東洋一の大都市」であった上海から英国統治下の香港に大量に脱出した。英国系の香港上海銀行（ＨＳＢＣ）も本拠地を香港に移転。上海に代わって香港が経済の中心となる。

中国国民党を支持してきた米国は、共産党とは国交を開かず敵視する政策をニクソン政権時代までつづけることになる。建国翌年の1950年から始まった「朝鮮戦争」では、韓国のバックについた米国と、北朝鮮のバックについた中国が朝鮮半島で激突した。

「アメリカ帝国主義は張り子の虎（＝ペーパー・タイガー）である」とうそぶいた毛沢東であるが、朝鮮戦争に参戦した中国の義勇軍からは多大な犠牲を出したため、中国社会建設のスケジュールは大幅に遅れることになった。

一方、中国に対して核攻撃を主張したマッカーサーは、シビリアンコントロールの原則にもとづきトルーマン大統領によって解任され、「老兵は死なず、ただ消え去るのみ」という名言を残して、米軍占領下の日本からも去ることになった。

「農村が都市を包囲する」というスローガンに象徴される「毛沢東戦略」は、大都市を敵視する政策として、1960年代のカンボジアの「ポル・ポト派」（＝クメール・ルージュ）、1980年代に活発化したペルーのゲリラ組織「センデロ・ルミノソ」、1990年代の「ネパール共産党統一毛沢東主義派」にも多大な影響を与えている。それぞれ、1973年から翌年にかけてのカンボジアの「キリング・フィールド」、1996年の「在ペルー日本大使公邸占拠事件」、2008年のネパール王制打倒に関与した。

毛沢東思想（マオイズム）は、開発途上国だけでなく、「1968年世代」を中心にフランスや日本などの先進国でも流行した。

# 4

# 「第二次世界大戦」（1939〜1945年）

## 覇権国は英国から米国へと移動した

米国は北米大陸に位置する「大陸国家」であるが、大西洋と太平洋の両岸に面した「海洋国家」としての性格をきわめて強くもっている。この地政学的状態を踏まえたうえで、国家戦略が構築され、覇権獲得に向けて戦略を実行してきたのが米国の歴史である。

ここでは第二次世界大戦の意味を、一般的に説明される「連合国」対「枢軸国」という観点ではなく、米国の「覇権」確立へのステップとして位置づけてみる。あくまでも米国の観点から整理しておこう。

第二次世界大戦において、大西洋側にかんしては、欧州における覇権を確立しようとしていたドイツを、ソ連のチカラを借りて東西からの二正面作戦で挟み撃ちにし、帝都ベルリン陥落の栄誉はソ連にもたせたうえで、ドイツ第三帝国の息の根を止めた。無神論の共産主義国家・ソ連と組んだのは、「敵の敵は味方」という非情な論理による。

南アジアのインドと東南アジアにおいては、植民地支配をつうじた大英帝国の覇権を徹底的に弱体化させたが、この点にかんしては米国の意図と関係なく大日本帝国がやってくれたので、結果として大幅に手間が省けた。そのうえで、太平洋における米国の覇権に挑戦してきた日本を完膚なきまでにたたきのめし「無条件降伏」を受諾させる。

対日戦においては、戦略的観点からソ連の介入をミニマムに抑えるために、非人道的兵器であることを承知のうえで、あえて原爆の使用に踏み切った。原爆によって多大な犠牲者がでたが、そのおかげで日本はドイツのような分断国家にならなかったことは歴史的事実である。

以後20世紀後半は米ソの二大国が「冷戦」状態のまま対立しつづけることになるが、実質的には米国が優勢であった。最終的に、冷戦構造において宿敵であったソ連の息を止めて一極体制を確立したことは、すでに見たとおりだ。

## 西欧諸国の「植民地」体制の終焉

大英帝国は第二次世界大戦の勝利者となったにもかかわらず国力を急速に失い、植民地が次々に独立して解体していった。1947年の「インド独立」で大英帝国は名誉ある撤退を実行したが、そのときにはすでに大英帝国は実質的に終わっていたといえる。戦争によって疲弊していた英国には、もはや植民地インドを支配しつづける財政的余裕はなかったのである。

「インド独立」に際して、ヒンドゥー教徒が中心のインドと、ムスリム中心のパキスタンが分離され、大量の難民が発生している。パキスタンはインドの東西に隣接する地帯として独立したが、ベンガル地方の東パキスタンは、その後激しい独立戦争によってバングラデシュとして分離独立した（1971年）。

英国の国際的な地位にとどめを刺したのは「スエズ動乱」（1956年）での手痛い失敗であった。アラブ民族主義の盟主を自認していたエジプトがスエズ運河の国有化を宣言、これに対抗して利権をもつ英仏両国が介入したのだが、米国だけでなく、すでに「冷戦構造」に入っていたソ連も加わって事態が収拾されたことによって、英国の面目は丸つぶれとなった。米国のアイゼンハワー大統領が強硬に反対しただけでなく、ニューヨーク市場では英ポンドが投げ売りされ、大暴落した。スエズ動乱を機に大英帝国が終わり、もとの小さな島国に戻ったのである。

サッチャー政権時代の「フォークランド紛争」（1982年）では、英国は経済的に見たら価値のあまりない不毛の島をめぐってアルゼンチンと戦った。この時点では「帝国意識」が残存していたようだが、1997年の「香港返還」で、大英帝国はほぼ完全に終わったといえよう。ただし、現在でもスペインのジブラルタルなど世界各地に植民地が断片的に残存している。

かつて日本人が「南方」とよんでいた地域は、現在では戦時中に大英帝国が命名した「東南アジア」とよばれている。その東南アジアでは、英国の植民地であったビルマ（現在のミャンマー）が1948年に独立、マレーシアが1957年に独立（のちシンガポールが1965年にマレーシアから分離独立）している。

そのいずれも、大戦中に日本軍が占領していたあいだに独立意識が高まっており、敗戦によって日本軍が撤退したあとに植民地政府が戻ってきたときには、すでに後戻りできない状態となっていたのである。

東南アジアには大英帝国以外にも植民地をもっていた国としてオランダとフランス、そしてポルトガルがあった。スペインは19世紀末にフィリピンを米国に割譲していた。

オランダは、日本軍の撤退後、植民地であった蘭領インドネシアにふたたび戻ってきて軍事侵攻を行ったが、最終的にインドネシアは1949年に独立を勝ち取る。

フランスの植民地であった仏領インドシナでは、1953年にカンボジアとラオスが独立、1954年、フランスはベトナムから撤退した。

「最後の植民地帝国」とよばれていたポルトガルが領有していた東ティモールは、1975年に独立を宣言したがインドネシア軍によって占領され、最終的に２００２年に独立した。ポルトガルは１９９９年にマカオを中国に返還している。香港返還の２年後のことであった。

こうして西欧諸国の植民地が消えていった結果、東南アジアの覇権は、海軍力で世界を圧倒する米国のものとなった。

アフリカは、欧州のバックヤードとして、英仏を中心とした西欧列強によって植民地として分割された後遺症が現在まで残っている。人為的に引かれた国境線が、民族や部族の自然な分布と対応していないために、内戦が後を絶たない国々が存在する。旧ポルトガルの植民地では内戦が米ソの代理戦争となった国々がある。

大英帝国に代わって世界の覇権を握ったのは米国であるが、現在この米国の覇権に挑戦するかのように見られているのが中国であることはいうまでもない。

日本に対して挑戦者として急速に勃興してきた中国は、英国に対する挑戦者としてヨーロッパ大陸から急速に勃興し英国を脅かす存在となったドイツを想起させるものがある。

歴史の教訓として、英国はドイツを意識しすぎるあまり衰退を早めたということを国際政治学者の中西輝政教授は『大英帝国衰亡史』（ＰＨＰ研究所、１９９７年）で指摘している。当時の英国と現在の日本とでは置かれている環境に違いがあるものの、地政学的には似たようなポジションにある英国のパターンが、もしかすると日本にもあてはまるかもしれない。

## アジア・アフリカの「脱植民地化」と「第三世界」

「戦後日本」の「高度成長」は、「経済ナショナリズム」によって実現した。日本は１９５２年に独立を回復したのち、１９６０年の安保反対騒動という「反米ナショナリズム」の季節を経て、その後は一気に「経済ナショナリズム」の道を突っ走った。

日本以外のアジアとアフリカでは、「政治ナショナリズム」によって西欧列強による植民地支配からの独立を実現させたが、多くの国々が経済運営でつまずいている。「経済ナショナリズム」では失敗したのである。

第二次世界大戦後の「脱植民地化」のなか、「ＡＡ諸国」としてひとくくりにされたアジアとアフリカだが、「アジアの時代」が先行し、「アフリカの時代」は大幅に遅れた。

米国を盟主とする西側でも、ソ連を盟主とする東側でもない「第三世界」。冷戦構造崩壊でソ連が消滅する以前からすでに有名無実化していたが、かつて敗戦後の日本にもまた「第三世界」のメンバーとして生きるという選択肢があった。この枠組みをフル活用したのが、１９４９年に建国された中華人民共和国であった。

毛沢東は「第三世界」のフレームワークのなかで、周恩来首相にアジア・アフリカ会議開催に向けて積極的に働きかけさせた結果、１９５５年４月にインドネシアのバンドンで初めての

「アジア・アフリカ会議」が開催された。

第二次世界大戦後に独立したインドのネルー首相、インドネシア大統領のスカルノ、中華人民共和国の周恩来首相、エジプト首相（のち大統領）のナセルが中心となり、植民地から独立したアジア・アフリカの29か国が参加している。

「バンドン会議」は、中印国境紛争やナセルのアラブ連邦形成の失敗など指導者間の統一の乱れから意思統一ができず、2回目以降は開催されなかった。だが、毛沢東は「第1回非同盟諸国首脳会議」（1961年）に引き継がれた精神をフル活用して、「第三世界」の国々と密接な関係を構築することを国家戦略とした。「中国はアフリカと兄弟である」と何度も強調している。21世紀になってから活発化している中国の経済進出は、この時代の蓄積がものをいっているという側面もある。


日本ではほとんど話題にならないが、「G77」という枠組みがある。1964年の第1回国際連合貿易開発会議（UNCTAD）総会時に、アジア、アフリカ、ラテンアメリカの開発途上国77か国によって形成されたグループである。

発足当時の参加国数が77か国であったため、「G77」と名付けられたが、現在では参加国は約130か国に増加している。国連やその関連機関において、開発途上国の発言力強化のために形成されたグループで、中華人民共和国は当初から積極的にコミットしてきた。世界第2位の経済大国となった現在でも、みずからを「途上国」に位置づける根拠がここにある。

これらの活動によって、中国は1971年に国連加盟を認められ「常任理事国」となった。アフリカをめぐる「第三世界」での活動が実ったのである。この結果、台湾を拠点として大陸反攻を掲げていた国民党の中華民国（＝台湾）は国連脱退を余儀なくされた。

# 5 「大恐慌」（1929年）は米国から始まり欧州と日本に飛び火した

米国のニューヨーク株式市場の大暴落から始まった「大恐慌」（1929年）は、敗戦国ドイツを中心に欧州全体にも飛び火しただけでなく、日本も大影響を受けることになる。

「大恐慌」後、各国は競って「ブロック経済化」に走った。経済的なサバイバルを賭けた「自国中心主義」のあらわれであるが、それは「第2次グローバリゼーション」に終止符を打つことにもなった。「ブロック経済圏」は「生存圏」となったのである。

だが、広大な植民地という「ブロック経済圏」をもっていた英国やフランス、広大な領土をもつ米国とは異なり、「後発資本主義国」であったドイツ・イタリア・日本は「ブロック経済圏」をもっていなかった。

「生存圏」としての経済圏を拡大しようとした「後発資本主義国」の軍事的チャレンジが第二次世界大戦を招いたというのが一般的理解である。2010年代の状況は1930年代の状況に似ているという指摘がさかんにされるようになっている。

## 米国の大恐慌

まずは「大恐慌」が発生した米国について見ておこう。

「大恐慌」の直前まで、米国では「ローリング・トゥエンティーズ」(=狂騒の20年代)とよばれる時代がつづいていた。第一次世界大戦が1919年に終了してからの10年間、米国は熱病に冒されたようなバブル状態にあったのだ。

米国は第一次世界大戦には最終段階で参入したが、本土が戦場となることはなく、むしろ大戦の果実を味わう立場にあった。大量生産システムが大量消費社会を生み出し、技術開発がさらなるビジネスを生み出した。

フォード社に代表される自動車産業、ハリウッドの映画産業がその中心であり、化学産業にかんしては米国が大戦中に差し押さえたドイツの特許をもとにデュポン社が火薬メーカーから総合メーカーに脱皮している。

ライフスタイルの変化に合わせて大規模発電所や高速道路などのインフラが整備されはじめた。「都市化」が急速に進展したのもこの時代である。米国を象徴する高層建築が競って建設されはじめ、米国の金融の中心である東海岸のニューヨークと物流の中心である中西部のシカゴは、摩天楼（スカイスクレーパー）建設で競いあった。ニューヨークの「エンパイア・ステートビル」は「大恐慌」前の１９２９年に着工し、１９３１年に完成している。

「都市型ライフスタイル」が定着し、ラジオや電話などの技術革新が普及して、大都市や中規模都市では標準的なものとなった。現代米国文学を代表する古典と位置づけられている、作家フィッツジェラルドの『グレート・ギャツビー』（１９２５年）の時代でもある。「ジャズ・エイジ」ともいう。


こんな熱狂的なバブル状況が、一気に崩壊したのである。それが「暗黒の木曜日」とよばれる１９２９年10月24日のことであった。ニューヨークの株式市場が大暴落したのだ。

株価は7分の1となり、名目ＧＤＰはその後の4年間で半分になり、銀行倒産は６０００件、失業者は１０００万人にもなった。１９２０年代に実現した「都市型ライフスタイル」を享受していた中産階層が一気に転落、失業して路頭に迷った人だけでなく、かろうじて失業しなかった人も大幅な減給で生活に困窮することになった。

5　「大恐慌」（1929年）は米国から始まり欧州と日本に飛び火した

生活に困窮したのは都市部のサラリーマンや工場労働者だけではなく、農民もまたそうであった。労働者を解雇すれば生産調整できる大企業とは異なり、買い手がつかないので価格が暴落した農産物はそのまま捨てられ、農民は農地を離れ、食うために大規模な人口移動が米国国内で起こった。農民の大移動は米国を代表する作家のひとりスタインベックの『怒りのぶどう』(1939年)に描かれている。

「大恐慌」がもたらしたものに人心の荒廃がある。「大恐慌」は英語では The Great Depression と表現するが、「抑うつ」もまたおなじ「ディプレッション」(depression)である。職を失い人間としての尊厳も失う状態がどのようなものか、「ディプレッション」という表現から感じとることができるのではないだろうか。「大恐慌時代」は「抑うつの時代」でもあった。

「大恐慌」の時代は、米国では「アスピリン・エイジ」ともいわれる。19世紀末にドイツの化学・製薬企業バイエル社で研究開発されて誕生した鎮痛剤のアスピリンは、米国では爆発的に普及して世界最大の市場となった。米国では1920年から「大恐慌」中の1933年まで「禁酒法」がつづいており、ストレスに悩まされた人々はアスピリンに助けを求めたのである。現在でも米国は世界最大の市場であり、1世紀以上も売れ続けているクスリはほかにない。

## 日本では「昭和恐慌」（１９３０年）へ

日本の状況も見ておこう。日本もまた米国と同様、第一次世界大戦には「連合国」として参戦したが、陸軍による中国の山東省の青島（チンタオ）攻略と、海軍による地中海でのドイツの潜水艦Uボートの掃討作戦がその中心で、日本本土が直接の戦場となることはなかった。むしろ、欧州が主戦場となっていたために、特需で潤っていたくらいである。

だが、「大戦景気」の反動で不景気に陥っていたさなかに、帝都東京を襲った１９２３年（大正12年）の「関東大震災」で経済は大きなダメージを受けて疲弊する。さらに経済を世界標準に戻すために「金解禁」を１９３０年に断行したが、たちまち米国発の「大恐慌」の波に飲み込まれ、日本では「昭和恐慌」として脆弱な経済に襲いかかった。

とくに東北地方の農村は疲弊し、都市の労働者も貧困層に転落。富裕層と貧困層の格差がさらに拡大し、持てる者はさらに富み、持たざる者はさらに収奪されて疲弊していく。

高橋是清蔵相の「積極財政」で日本経済は立ち直るが、こういった「時代閉塞」状況を暴力的に打破しようという行動主義が出てくるのは当然といえば当然であった。「昭和維新」なるスローガンが叫ばれた、テロとクーデターの時代の幕開けである。ついには国民全体の熱狂的な歓呼のもとに大東亜戦争に突入していった日本は最終的にクラッシュすることになる。



5　「大恐慌」（1929年）は米国から始まり欧州と日本に飛び火した

## 米国発の「大恐慌」がことさらドイツに破壊的影響をもたらした理由

米国発の「大恐慌」が、ドイツではことさら壊滅的打撃となったのは、ドイツが第一次世界大戦の講和条約「ヴェルサイユ条約」において、過酷な賠償金の支払い義務を課せられたことに原因がある。欧州を混乱に陥れた責任をドイツに押しつけ、ドイツが二度と戦争を起こせないようにするという懲罰的な意味合いがつよかったとされる。

だが、英国財務省の一員としてドイツ賠償問題にもかかわった経済学者のケインズが、『平和の経済的帰結』(1919年)で指摘しているように、ドイツに課せられた賠償金はあまりにも無茶なものがあった。1923年にドイツでハイパーインフレが発生した際には、ドイツ経済が崩壊したら賠償金が取れなくなるので元も子もないと戦勝国の側も気がつくことになる。

このため米国の金融家ドーズを委員長とする委員会で、ドイツの賠償問題が検討され、1924年には「ドーズ案」が発表された。その趣旨は、賠償金を減額したうえでドーズ公債を発行し、米国がドイツに融資したカネでドイツが連合国に賠償金を支払い、連合国はそのカネで米国にドーズ公債の元利支払いを行うという資金循環のスキームである。

敗戦国のドイツであったが、戦勝国のフランスとは違って、国内の生産設備にはほとんど被害がなかった。第一次世界大戦前のドイツは、米国と英国についで世界第三の工業国だったのである。だから、米国の財界はドイツ復興を投資チャンスとみて、それに賭けたわけだ。

ところが、この資金循環スキームの一部に不具合が発生すると資金が循環しなくなる。「ドーズ案」では現地通貨のマルクでの支払いが可能であったが、再度の賠償金支払いにかんする「ヤング案」（1929年）では、賠償金が大幅に減額されたものの支払い条件が相手国の外貨での支払いとなったため、いまだ脆弱なドイツ経済にとっては厳しい状況となったのである。「ドイツ経済が危ない」というウワサが株式市場の大暴落につながり、ドイツ経済に貸し込んだ米国の金融機関は、ドイツから一気に資金を引き揚げた。そして、米国から始まった「大恐慌」はドイツを直撃することになる。

## 「反資本主義」の発生

資本主義に「恐慌」はつきものである。恐慌をきっかけに弱い企業は退出を余儀なくされ、資本主義の体質が強化されるというのが経済学の常識だ。恐慌発生によって経済的な自浄作用が行われるべきだというのは正論だが、それを望む人はかならずしも多くはないだろう。

好況時のマネーは、経済成長によって金持ちをさらに金持ちにするだけでなく、多くの人たちが幅広く恩恵を受けることになる。だが、不況になるとマネーは一転して破産者を多数つくりだすだけでなく、それを機会に焼け太りする金持ちもでてくる。投げ売りされた資産を買い



5 「大恐慌」（1929年）は米国から始まり欧州と日本に飛び火した

取り、不況から好況に転換する時期を待つのである。経済不況においては、「持てる者」と「持たざる者」の格差は拡大する。

「持たざる者」は、すべての原因は資本主義にあると感じるようになる。「反資本主義」の立場に立つ知識人たちの主張に賛同する者が増えてくる。これは「反資本主義」そのものである「共産主義」の立場だけでなく、「ナショナリズム」の立場からも強力に主張されるようになる。「反資本主義」は「大恐慌時代」では主流の主張となり、議会制民主主義の国では民主的なプロセスで支持を集めていく。

## 「反資本主義」じたいに魅力があった？

『三つの新体制　ファシズム、ナチズム、ニューディール』（ウォルフガング・シヴェルブシュ、名古屋大学出版会、２０１５年）によれば、むしろファシズムやナチズムはそれじたいが魅力的だと、すくなくとも当時の人たちは捉えていたようだ。限りなく社会主義な政策ではないか、と。

「ファシズム、ナチズム、ニューディール」と列記されているのは、これらがいずれも財政出動による公共事業によって雇用をつくりだす政策を実行したことにある。そしてまた、「反資本主義」という共通性をもつからでもある。この「三つの新体制」にはでてこないが、いずれもが意識していたのは、第一次世界大戦中の革命で誕生したソ連であり、ソ連の「計画経済」

であった。

「大恐慌」で疲弊する先進国には、躍進する社会主義国ソ連とその「計画経済」が輝いて見えていた。1929年は「大恐慌」が発生した年であり、ソ連では「第1次5か年計画」が着手された年でもあった

「新興国」米国の「ニューディール政策」だけでなく、「後発資本主義国」イタリアとドイツもまた、大規模な財政出動によるアウトバーンなどの公共工事で需要創出する経済政策は、「ケインズなきケインズ政策」、あるいは「ケインズ政策の先取り」といわれる。

日本もまた「革新官僚」はソ連の「計画経済」に刺激を受ける。とくにソ連と直接的に対峙する満洲国で実験が開始された。挫折した満洲国が敗戦後の日本復興と高度成長につながったことは、沢木耕太郎の傑作ノンフィクション『危機の宰相』（2006年）に活写されている。

一般的には、米国の「ニューディール政策」が知られているだろう。とりわけ日本では、米軍による占領政策をつうじて、「ニューディーラー」たちが『日本国憲法』を中心に「戦後日本」の骨格をつくったことがあるからだ。

「ニューディール政策」の象徴ともいえるのが「TVA」（テネシー川流域開発公社）である。じっさいの効果は限定的であったようだが、「失業対策」であり、「南北戦争」後に疲弊していた

5　「大恐慌」(1929年)は米国から始まり欧州と日本に飛び火した

南部経済の活性策であり、32個の多目的ダム建設などを中心とした総合開発であり、世界初の地域開発でもあった。

## 「電化の時代」と「コンビナート」(工場結合体)

この時代は「電化の時代」でもあった。「ロシア革命」を指導したレーニンは、「社会主義は、ソビエト権力プラス電化」だと説明しているように、この路線はレーニンからスターリンに受け継がれている。その象徴が「ドニエプル水力発電ダム」であった。米国のTVAはソ連を意識していたのである。

「コンビナート」は、社会主義のソ連で生まれた概念でロシア語である。技術合理性と経済合理性を追求するために、原材料と燃料と生産施設を計画的かつ有機的に結び付けた企業集団として建設された。

「コンビナート」は、1929年から実施されたスターリンの「第1次5か年計画」で取り上げられ、ウラルの鉄鋼石とクズネックの石炭とを専用貨車で結合した「ウラル・クズネック・コンビナート」が1932年に完成し、シベリア最大の重工業地帯となった。

ウクライナの「ドニエプル・コンビナート」では水力発電を中心に重化学工業や製粉工業が発達。ハバロフスクを中心とする「極東コンビナート」、タシケントを中心とする「中央アジア・コンビナート」などが建設された。「ソ連崩壊」後はソ連を構成していた共和国がそれぞれ独立したため、コンビナートの連携が絶たれてしまった。

ソ連以外では、社会主義圏の東ドイツやモンゴルでコンビナートが建設された。東ドイツには、電子機器製造コンビナートのロボトロン、自動車製造コンビナートのIFAが存在した。1987年にソ連との合弁で建設されたモンゴルのエルデネト鉱業は、現在でもモンゴル最大の企業である。

## ルーズヴェルト政権による「反資本主義」政策

このほか米国ではルーズヴェルト政権が、「レッセ・フェール」(=自由放任)を謳歌していた米国資本主義には画期的となる大幅な規制を導入している。「反資本主義」であり「修正資本主義」とでもいうべき政策といえよう。『超・格差社会アメリカの真実』(小林由美、文春文庫、2009年、日経BP社、2006年)にしたがって列挙しておこう。

株価操作を排除するための「証券取引法」の制定、TVA以外にも無数の政府機関を創設して公共事業を増やし、軍隊を増強、価格統制を含む産業規制を強化、労働組合の団体交渉権を認め「労働基準法」や「最低賃金制度」を導入、汚職の巣窟となっていた「禁酒法」を廃止、低所得者向けの住宅補助制度や老後の社会保障制度を導入、所得税率の大幅な引き上げで富裕層に課税した。

米国が「ニューディール政策」で実行したことは、「公共投資が有効需要をつくりだす」という経済学者ケインズの主張の先取りであったが、じつはアウトバーンやフォルクスワーゲンなどの公共事業投資をつうじて雇用をつくりだしたヒトラーの経済政策ともよく似ているのである。

「共産主義」を拒否した点はドイツと同じだったが、「軍事独裁政権」によらずに「大恐慌」を乗り切ることができたのは、米国の政治制度のおかげといえるだろう。大統領権限は、議会により大幅に制限されていたからである。

米国が最終的に「大恐慌」によるダメージから脱却できたのは、「第二次世界大戦」に参戦して以降のことである。軍事関連物資の増産体制が開始されたことによって、完全雇用が実現した。「公共事業」として有効需要をつくりだすことになったおかげである。

## ヒトラーの経済政策

現在では独裁者の代名詞として否定的にのみ語られがちなヒトラーであるが、先にも触れたように、「大恐慌」からの「奇跡の復興」を実現したことまで否定されるべきではないだろう。

ヒトラーが推進した経済政策のうち現代にもつながるものをひとつ取り上げておこう。それは国民車（フォルクスワーゲン）構想と高速道路アウトバーンの建設である。

２０１５年９月にディーゼル排ガス規制に関して消費者を欺いていたことがアメリカのＮＧＯの調査によって明らかになり、世界中で大問題となっているドイツを代表する世界的自動車メーカーのフォルクスワーゲン社だが、そもそもの創業の出発点が「戦前ドイツ」のナチス時代の国策にあったことは、「常識」としてもっておいたほうがいい。

失業対策として実行された公共事業の一つが、現在でもドイツが誇る高速道路アウトバーンの建設。そしてヒトラーによる「大衆車」構想がフォルクスワーゲン。低価格で高性能の乗用車の提供によって国民による支持を確実なものとし、かつ需要創出を狙った政策だ。

さらにナチスドイツについて重要なことは、ナチス党が政権を取った１９３３年から第二次世界大戦が始まった１９３９年までのわずか６年間で「高度成長」を実現し、急速な軍備増強を可能としたことだ。これは、軍事生産にたずさわる労働者の生産性向上が実現したからであり、そのカギはドイツが全面的に採用した「テイラー・システム」（「科学的管理法」）にある。

この点については、ドラッカーが主著の『マネジメント』で「科学的管理法」の全世界への普及を歴史的推移を踏まえて解説している。「科学的管理法」については、米国から始まった大量生産システムとの関連で取り上げることにする。

ドイツだけでなくソ連においても、米国発の「科学的管理法」が熱心に研究され導入されたのである。



5　「大恐慌」（1929年）は米国から始まり欧州と日本に飛び火した

# 6

# 「第一次世界大戦」で激変した世界

（1914～1918年）

## ここから実質的に新しい世界が始まった

一般の日本人の認識においては、「第一次」世界大戦は、あくまでも「第二次」世界大戦の前哨戦として位置づけられているのではないだろうか。

日本から見たら、遠い欧州が主戦場となった「第一次世界大戦」は、帝国陸軍によるドイツ領青島（チンタオ）攻略作戦、帝国海軍による艦隊の地中海派遣などで軍人が戦死した以外は、日本本土が戦場にはならず、一般国民が巻き込まれて犠牲になることもなかった。

それに対して、「先の大戦」は死者310万人（うち民間人90万人！）という、日本と日本人にとっては、あまりにも悲惨で壊滅的な戦いであったから、戦後70年を経た現在でもその存在は巨大なものとして意識されている。

## 世界史における「第一次世界大戦」の意味

だが、「戦争と革命の世紀」とも呼ばれる20世紀を規定したのが「第一次世界大戦」であったことは、戦場となった欧州では常識である。「世界史の常識」とさえいっても言い過ぎではないだろう。

戦争が始まったとき、それは「第一次世界大戦」ではなかった。「世界大戦」ですらなかったのである。「第一次」という接頭語がついたのは、次の「世界大戦」が20年後に勃発したからだ。それ以前は、名称は定まっていなかったらしい。「第一次世界大戦」の前には「世界大戦」は存在しなかったのである。

「第一次世界大戦」は、4年間で未曾有の大被害をもたらした。全世界で戦闘員の戦死者が900万人、非戦闘員の死者が1000万人。負傷者は2200万人と推定されているという。

はじめての「世界大戦」が勃発してから一世紀がたち、しかも「第二次」世界大戦後の世界の「冷戦構造」が崩壊してからもすでに四半世紀がたったいま、「第一次」世界大戦までさかのぼって考えないと、世界情勢をただしく理解できないという気運が高まりつつある。

戦争による破壊で資産格差の解消が一気に進んだ欧州では、政治上の「革命」だけでなく、「都市型ライフスタイル」を含めて、さまざまな「革命的変化」がもたらされた。

## 「第2次グローバリゼーション時代」の「システミック・リスク」が顕在化

「第一次世界大戦」の勃発（1914年7月28日）からすでに100年以上がたつが、まさか「世界大戦」になるとは誰も予想すらしていなかった。ある事件が「世界大戦」にまで発展してしまった経緯を簡単に振り返っておこう。

1914年6月28日、「オーストリア−ハンガリー二重帝国」（＝ハプスブルク帝国）の皇太子夫妻が、あらたに帝国の版図に編入されたバルカン半島のセルビアの首都サラエボで銃撃を受け暗殺された。いわゆる「サラエボ事件」である。

それから1か月後の7月28日、ついにハプスブルク帝国はセルビアに対して宣戦布告する。懲罰的な対セルビア10箇条要求を7月23日につきつけ、48時間以内の回答を求めたが、セルビア側は条件付き承諾を回答、ハプスブルク帝国が7月25日に国交断絶に踏み切ってから3日後のことであった。

「サラエボ事件」が引き金となって、ハプスブルク帝国と同盟関係あるいは敵対関係にあった欧州各国が連鎖的に戦争に巻き込まれ、さらには遠く日本まで巻き込んで、文字通り「世界大戦」と化していったのである。大戦の後半には米国も参戦することになる。

1914年7月28日にハプスブルク帝国はセルビアに対して宣戦布告したが、セルビアの後見人となっていたのが、おなじスラブ民族のロシア帝国であった。この構造は、「冷戦構造」崩壊後の20世紀末に勃発した「ユーゴ紛争」とおなじである。

ロシア帝国の軍部は戦争準備を主張、皇帝ニコライ2世を突き上げる。その結果、ロシア帝国は7月31日に総動員令を発令、ドイツ帝国による動員解除要請には応じなかった。

ハプスブルク帝国と秘密軍事同盟である「三国同盟」（1882年締結）を結んでいたドイツは（もう一か国はイタリア）、その翌日の8月1日に総動員令を発令、8月2日にはロシアに対して宣戦布告、さらに8月3日にはフランスに対して宣戦布告する。

フランスはロシア帝国と大英帝国それぞれとのあいだの二国間関係をベースにした「三国協商」にあり、8月1日に総動員令を発令する。大英帝国は、ドイツ軍のベルギー侵入を確認すると、8月4日にドイツに宣戦布告する。

7月28日から8月4日までのわずか8日間で、欧州の主要大国が戦争に突入したのである。アライアンス関係を結んでいた国々が連鎖的に戦争に巻き込まれていった。ネットワークによる「つながり」があるゆえに引き起こされた惨事、これはまさに「システミック・リスク」が顕在化したというべきだろう。

「システミック・リスク」とは、一部の不具合や機能不全がシステム全体に連鎖的に波及するリスクのことをいう。おもに金融の世界でつかわれるが、金融ネットワークに限らず、電力ネットワークやグローバル・サプライチェーンなど、ネットワークでつながったシステムで発生する可能性がある。２０１１年の「３・11」という東日本大震災後のサプライチェーンの機能麻痺が部品調達が困難なため製造ラインがストップするという形で顕在化したことは記憶にあたらしい。おなじ年に発生したタイの大洪水においても同様であった。

「世界大戦」は全世界がネットワークによってつながっているがゆえに発生したのである。さらなる「世界大戦」の発生は抑止しなくてはならないというコンセンサスが世界的にできあがっているとはいえ、「第3次グローバリゼーション」を経た現在、その危険がゼロになったとは言い難い。

## 大量殺戮はテクノロジーが前面にでた戦争の惨禍

「第一次世界大戦」で全面的に使用されたのが、毒ガス・機関銃・手榴弾・航空機・潜水艦といった大量殺戮のテクノロジーである。

1914年に始まった第一次世界大戦は、じつに過酷で悲惨な戦争であった。その大半が塹壕での膠着戦であり、対峙する双方がさまざまな新兵器を導入して突破口を開こうと試みた。新兵器とは戦車や航空機、それに毒ガスである。その結果、人類史上で未曾有の戦死者がでたのである。

じつに多くの若者たちが徴兵あるいは志願によって入隊し、世界史上もっとも過酷とされる戦争を体験した。『ドイツ戦歿学生の手紙』（ヴィットコップ編、岩波新書、1938年）は、「第一次世界大戦」の戦没学生50人の手紙を編集したものだが、第二次世界大戦の日本の戦没学生の手紙を集めた『きけわだつみのこえ』のモデルとなったものだ。

戦争のリアルを知るには戦争映画を見るのが一番だが、残念ながら「第二次世界大戦」ものと比べて、「第一次世界大戦」ものはきわめて少ない。スタンリー・キューブリック監督のハリウッド映画『突撃』（1957年）が、塹壕戦が中心だった第一次世界大戦をよく描いている。もっとも有名なものは映画『西部戦線異状なし』（1930年製作）であろう。

第一次世界大戦で新規に導入された兵器について簡単にふれておこう。

戦車（タンク）は、「第一次世界大戦」ではじめて出現した新兵器である。自走式の戦車は、塹壕戦の膠着状態を打破することを目的に、英国の海軍大臣であったチャーチルが海軍の秘密資金を提供して開発が推進された。

機関銃（マシンガン）は、すでに19世紀半ばの米国の「南北戦争」の時代から使用されていたが、全面的な使用は第一次世界大戦で本格化し、大量殺戮への道が開かれることになる。

航空機による「制空権」の確保と「空爆」は、第二次世界大戦において一般市民まで含んだ「無差別爆撃」に発展した。陸海から空の時代へシフトし、戦略が点と線から二次元の面へ、さらに三次元の立体へと変化した。制空権の支配が戦略上のカギになった。

潜水艦もまた、水中での三次元の行動を可能とした。ドイツ海軍の潜水艦「Uボート」は、英国の商船隊を攻撃して悩ませたが、ドイツが「無制限潜水艦戦」に乗り出したことがキッカケとなって米国の参戦を招き、ドイツは敗北することになる。

## 「第一次世界大戦」で登場した毒ガス

ドイツが全面的に導入したのが「毒ガス」である。最初に戦場で使用したのはフランスだといわれているが、全面的に導入したのはドイツである。ドイツは当時すでに科学、とくに化学（ケミカル）の分野では世界最先端の技術と量産能力を有し、化学工業の分野では世界をリードしていた。その毒ガス開発の指揮を軍内でとったのが、「毒ガス博士」のフリッツ・ハーバーという化学者であった。

ユダヤ系ドイツ人のハーバーは、ノーベル化学賞を受賞（！）している。それも、大戦後の

1918年のことである。大戦中の毒ガス使用の件もあり、ドイツが世界の科学界から締め出されていたなかでの受賞だ。敗戦国となって混乱していたドイツへの間接的支援の意図がノーベル財団にはあったらしい。

もちろん、受賞理由は毒ガスではなかった。大戦前に発見し技術として確立した「空中窒素固定法」がその対象である。ハーバー=ボッシュ法ともいわれるが、この画期的な技術の確立によって化学肥料の量産が可能となり、ドイツのみならず、世界の食糧問題が根本的に解決されたといっても過言ではない。

ハーバーが実現した「空中窒素固定法」と「毒ガス」開発。まったく相反するかに見えるこの二つの開発は、化学という共通項だけではなく、「人道的」という共通項もある。すくなくとも開発当事者のハーバー自身にはその認識があった。毒ガスは、戦争を早期終結させるための「人道的な兵器」として開発されたからである。原爆開発を主導した米国と同じロジックである。だが、実際には毒ガスは戦争の早期終結にはつながらなかった。

## 米国の参戦が「連合国」勝利に果たした決定的役割

ドイツ海軍の潜水艦「Uボート」による「通商破壊戦」は英国海軍を大いに悩ませていたが、ドイツの「無制限潜水艦戦」で客船のルシタニア号が撃沈され米国人乗客が死亡、米国を参戦の方向に向かわせることになった。

「Uボート」はドイツ語で「水面下を航行するボート」のことだ。現在の日本ではあまり知られていないが、英国がドイツ海軍の潜水艦による攻撃に苦しんだ結果、「日英同盟」を結んでいた英国の要請で日本海軍は、戦争開始から3年目の1917年に第二特務艦隊の8隻の軍艦を地中海に派遣、戦死者も出している。英国領であったマルタ島の基地を拠点に、海上輸送路での英国商船隊の護衛に当たったことは日本人としては記憶にとどめておきたい。

ちなみに「第二次世界大戦」後の「日本占領」のマッカーサー元帥は、「第一次世界大戦」当時は38歳の若さで陸軍准将であったが、米陸軍第42師団を率いて「西部戦線」に参戦し、最前線で指揮を執っている。偵察作戦にも参加しドイツ軍の機銃掃射で九死に一生を得たり、夜間偵察行動ではドイツ軍の毒ガス攻撃で部下の全員が戦死するという事態にも遭遇している。

米軍兵士の悲惨な体験については、ハリウッド映画『ジョニーは戦場へ行った』（1971年公開）に描かれている。米国の参戦決定によって欧州戦線に投入された、ひとりの米軍兵士の過酷な運命を描いた反戦映画である。

## 戦場となった欧州は「世界大戦」による破壊で富の平準化が実現

2014年に放送されたNHKの連続テレビ小説（朝ドラ）の『マッサン』で有名になった

ニッカウヰスキーの創業者・竹鶴政孝の回想録である『私の履歴書』には、第一次世界大戦で廃墟となったフランスについての回想がある。竹鶴は、ウイスキーづくりの修行のために英国のスコットランド留学を終え、日本に帰国する前に欧州大陸を視察している。

「第一次大戦後のフランス、イタリア、ドイツなど欧州大陸の各国は、勝者敗者ともども疲れ果てている表情しか感じ取れなかった。フランスは4年にわたり戦いを続けて勝利を得たにもかかわらず、ノーベル平和賞をもらったノーマン・エンジェルがいったようにその勝利さえも「大いなる幻影」であったようだ。労働力は減り、生産力は破壊されて、フランスの北の方は、ちょうど戦後の東京の焼け野原のような状態で放置されていた。」（出典：竹鶴政孝『私の履歴書』、日経Ｂｉｚアカデミー）

「第一次世界大戦」で国土が荒廃し、人口減少に直面したフランスは、ドイツとの国境沿いに「マジノ線」という要塞を構築する。国境に壁をつくったわけだが、「第二次世界大戦」に際しては、ドイツ軍は迂回作戦によってフランス国境を突破、フランスはドイツの占領下に入った。

２０１３年にフランスで出版された『21世紀の資本』で世界的に有名になったフランスの経済学者トマ・ピケティは、日本で放送されたＮＨＫの『パリ白熱教室』に出演しているが、第

### ヨーロッパでの資本／所得比率　1870-2010年

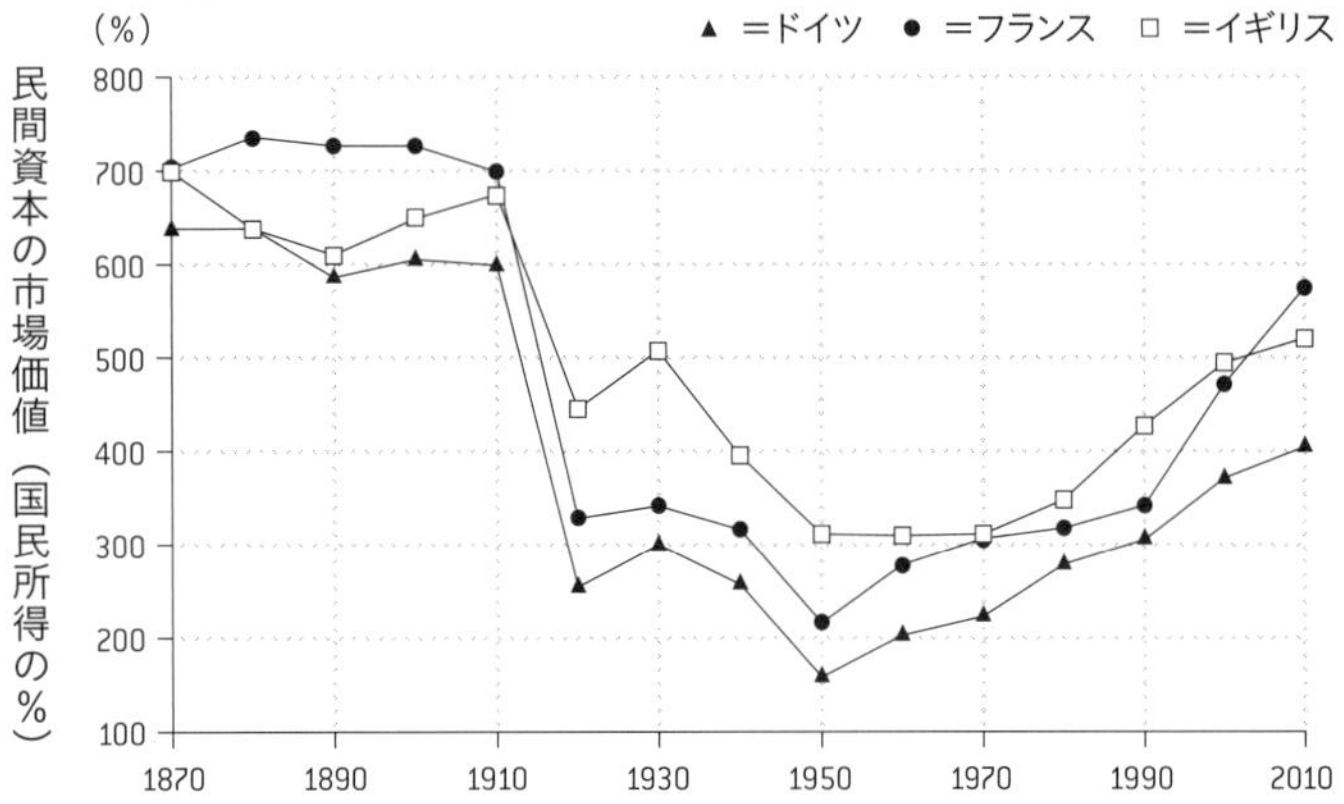


（出所：トマ・ピケティ『21世紀の資本』（みすず書房、2014）28ページ）

4回のレクチャー「強まる資産集中　所得データが語る格差の実態」（2015年1月30日放送）で図表を示しながら興味深い指摘を行っている。

敗戦国となったドイツだけでなく、戦勝国となったフランスも、戦争によって国土は荒廃し、多くの資産が破壊されたのである。フランスとドイツの「資本／所得比率」の低下がいちじるしい。「第一次世界大戦」勃発までの100年間つづいていた「ベルエポック」（＝良き時代）の時代に拡大した経済格差が大幅に解消したのだ。

ピケティ教授自身もレクチャーのなかで語っていたが、「富の再分配」の方法にかんしては、税制改革以外にも方法がある。戦争などで大規模に資産が破壊されることもそうである。

「第一次世界大戦」では西欧諸国の資産集中度が低下したわけだが、「第二次世界大戦」では欧州だけでなく日本でも資産集中度が低下した。「バトル・オブ・ブリテン」というドイツによる空爆以外は大きな被害のなかった英国と、ハワイ以外は本土が戦場となることがなかった米国においては、格差是正のために累進税率を極度に上げた時期があるのはそのためなのだ、と。


米国は、19世紀半ばの「南北戦争」以後、本土が戦場となって荒廃したことは一度もない。「9・11」において、はじめて本土が攻撃の対象となったが、戦場とはならなかった。都市全体が焼け野原になるといった壊滅的打撃は被っていない。

「最上位1％の総所得のシェア」が、「アメリカ型」と「フランス型」に区分できるのはそのためである。前者はアメリカを含んだ「アングロサクソン型」といっていいだろう。後者の「フランス型」には、日本も含まれる。第二次世界大戦で徹底的に破壊されるまで、日本の格差社会ぶりがいかに酷いものであったか、不思議なことに忘れられがちである。

## 「ベルエポック」という旧来の秩序が崩壊して生まれたもの

「世界大戦」勃発の直前まで「ベルエポック」（＝良き時代）が続いていた欧州。ナポレオン戦争後の混乱を収拾した1814年のウィーン会議からちょうど100年後の1914年に「世界大戦」が勃発したのである。

この100年のあいだには、「フランス革命」にインスパイアされ、「1848年革命」などドイツやオーストリアほか欧州各地で自由を求めた民衆による「革命」が起こったが、いずれも最終的に失敗に終わっている。そのような失敗に終わった「革命」はあったが、戦争がまったくない一世紀を人々は享受していたのである。

そしてこの時代に既得権層の富は蓄積し、格差は拡大していた。すべての歴史は階級闘争の歴史であると主張した、マルクスとエンゲルスによる『共産党宣言』が1848年にロンドンで出版され、以後の世界で大きな影響を与えることになる。

こうした旧秩序が「世界大戦」によって徹底的に破壊されたのであった。

世界大戦によって旧秩序が崩壊し、貴族階級もまた消えゆく運命となる。世の中は「大衆化」に向けて突き進んでゆくのである。欧州の歴史は一般大衆がパワーを増大させていった歴史であり、「第一次世界大戦」もまたそのきっかけのひとつとなった。

旧秩序の崩壊は新秩序を生み出すきっかけとなる。あらたに出現した変革者の代表例として、ココ・シャネルをあげておこう。「ファッション革命」を主導するイノベーターとして登場したフランス人ファッション・デザイナーだ。

米国人女優のマリリン・モンローが使用していたことで有名になった香水「シャネルの五番」は1921年に発表されているが、シャネルの本領はファッション・ビジネスの変革にあった。

シャネルの「ファッション革命」は、戦争の長期化でフランスの女性たちが軍需工場や官庁などに社会進出するようになり、シンプルで着やすい服を求めはじめたことに着目し、それに応えたことで生まれた。その要点は、ニット編みのジャージの使用と服のラインの単純化である。

シャネル以前の女性服は、コルセットで締め上げるなど機能性を著しく欠いていたのだ。

背広（＝メンズスーツ）は19世紀英国で生まれたが、シャネルの発想は英国のメンズファッションの女性服への応用にあった。レディーススーツやレインコート、毛皮つきのコートなどは、第一次世界大戦がなければ生まれなかった。

戦争は多くの惨禍をもたらすが、あたらしいイノベーションが生まれるきっかけにもなる。シャネルがいなければ、21世紀現在のビジネスシーンはまったく違ったものであったことだろう。

# 7

# 「第一次世界大戦」……の始まりと「西欧の没落」米ソの台頭①

## 「ビジネス立国」米国は急成長した

「機会均等」(＝イコール・オポチュニティー)は、米国にとってのプリンシプルともいうべきキーワードだ。誰にでも「機会」は開かれているべきで、「結果」がどうなるかは本人の努力次第。成功のしるしは、ビジネスであれスポーツであれ学術であれ、金銭でもって報われるべきであり、本人が一代で築き上げた成果でその人の評価も決まる。

日本では根強い「結果平等」とは真逆の考え方だといっていいだろう。また、相続した財産で社会的地位も決まってくる、英国のような「階級社会」とも根本的に異なる考えである。米国は、なによりも「セルフ・ヘルプ」の国であり、「セルフ・メイド」であることがリスペクトされる。

ビジネスこそ米国そのもの、米国はビジネス立国といってもよい。いわゆる「アメリカン・ドリーム」が礼賛される国である。米国ではビジネス界における成功者の社会的存在と発言力はきわめて大きい。

## 「ビジネス立国」としての米国……ビジネス界の発言力の大きさ

米国の主要産業は、時代とともにシフトしてきたが、IT業界と金融業界、製造業が世界をリードしていた頃であれば、裾野の広さからいって自動車産業、エレクトロニクス産業、石油産業、鉄鋼産業などをあげることができるだろう。こうした産業を代表するビッグビジネスの発言力はきわめて大きい。

米国を代表する自動車メーカーのGM(=ゼネラル・モーターズ)のエグゼクティブは、かつて、「GMにとってよいことは、アメリカにとってもよいことだ」と述べている。正確にいうと、1952年に当時の会長兼CEOのチャールズ・ウィルソンが国防長官に任命される際に上院議会で述べた「アメリカにとって望ましいことはGMにとっても望ましく、また逆も真であるからだ」となる。

そのときどきの米国の主要産業は世界企業でもあり、米国政府の意向とも合致するわけだ。

ビジネス界としては、実質的な影響力を行使できればそれでよいのである。

日本やドイツの自動車メーカーが世界一をめぐってデッドヒートを行っている現在では、ビッグスリーとよばれた米国の自動車産業には、かつてのような勢いはないものの、新時代を切り開くテクノロジーである電気自動車の分野では、テスラ・モーターズの創業経営者イーロン・マスクのように存在感の大きな経営者もいる。ピーター・ティールのようなＩＴ業界出身のベンチャー投資家もまた、間接的に政治に大きな影響力を与える存在である。この二人はともに移民である。前者は南アフリカ、後者はドイツ出身だ。

このように時代とともに主要産業の交代は生じているが、そのときどきのリーディング・インダストリーは、米国ではビジネス界に限定されず社会的に存在感が大きく、発言力もある。そのような米国のビジネス界は、どのように推移してきたのか、20世紀から19世紀にさかのぼる形で見ておきたいと思う。

重要なことは、米国自身が「独立宣言」を発して英国からの独立戦争に踏み切ったのは１７７６年であり、たかだか２４０年前に過ぎないこと、19世紀の段階では「新興国」であったという事実だ。日本のビジネスパーソンであれば、つねに意識しているのが米国ビジネスの動向であろうが、米国を急速に浮上させたものがなにかを押さえておくことは重要である。それは米国で発明された「大量生産」システムであった。

## 「大量生産」と「大量消費」の時代が米国から始まる

「大量生産」と「大量消費」の時代は、米国の自動車メーカーのフォード社から1908年に発売された「モデルT」から始まった。ブラック一色の単一モデルの「単品商売」に絞ったことが生産コストの引き下げを可能とし、市場をつくりだしたのである。

1914年に導入された「ベルトコンベアー」を使用した大量生産方式による「アセンブリー・ライン」（＝組み立てライン）による「流れ作業」の導入は、まさに革命的な出来事であった。奇しくもこの年は、欧州社会を激変させることになる「第一次世界大戦」が勃発した年であった。

ガソリンを燃焼させてモーターを回転させる動力をつくりだす「内燃機関」による自動車は、じつは19世紀後半にドイツのカール・ベンツが発明したのだが、一般大衆にまで普及させたのは米国の起業家ヘンリー・フォードの功績である。西欧社会では自動車はあくまでも高級品であり、希少価値が重視されプレスティージを誇示するためのものであった。米国のフォードによって、はじめて自動車は大衆化し、「アメリカン・ウェイ・オブ・ライフ」として世界中に拡散することとなったのである。

「大量生産」（＝マス・プロダクション）と「大量消費」（＝マス・コンサンプション）は対語である。

この両者の関係は、「ニワトリが先か、タマゴが先か」という議論とよく似たものがある。いいかえれば「需要が先か、供給が先か」という議論であるが、この両者は相互に影響を与え合って相乗効果を発揮したと考えるべきだろう。これは、いわゆる「量産効果」という議論で説明できることだ。「量産」とは「大量生産」の略語である。

「量産効果」は、1960年代の後半、米国のコンサルティング会社ボストン・コンサルティング・グループ（BCG）によって「経験曲線」（＝エクスペリエンス・カーブ）として体系化され、ビジネス界で広く知られるようになった。

「量産効果」とは、ごく簡単に要約すれば、生産量の増加にともなって、製品1単位あたりの製造原価が低下するので、結果として価格引き下げが可能になるという理論である。

低価格で販売できれば、より多くの消費者の手に届くようになる。いくら需要があっても、価格が高ければ欲しくても買えない人もいる。どんな製品でも、導入当初は価格が高いので市場規模は小さいが、低価格が実現すると製品は普及段階に入り、市場規模は拡大していく。

1980年代の日本が「ものづくり大国」になった理由はこの理論によって説明されたのだが、当時は日本企業自身も経験則で行っているだけで、なぜそういう行動をしているのか、指摘されるまでよくわかっていなかったのである。

「貿易摩擦」が激化していた当時、「生産コストが下がったなら、価格を下げなければ利益がでるのに、なぜ価格を下げるのか？」という海外からの批判に対する答えとして、「経験曲線」による説明が広く理解されるようになったのであった。

１９２０年代にフォードが成功した理由は「経験曲線」の理論で説明できるが、当時はそこまでの理解はなかった。おそらく、もともと機械いじりが大好きで、自分でガソリンエンジンの試作を行っていたフォードだから思いついたのだろうが、「流れ作業」のヒントを得たのは、ある日シカゴの「食肉解体工場」を見学したことにあるのだという。つるした牛を手際よく解体していく様子を観察して、逆の流れである部品からの組み立ても単純作業で可能だと思いついたのである。

「モデルＴ」で成功したフォードだが、後発組のＧＭ（＝ゼネラル・モーターズ）には勝てなかった。ＧＭは、消費者の嗜好の変化に対応する製品を投入する戦略で、消費者の欲望を喚起し、市場の拡大と自社の成長を両立させていった。フォード社は、量産効果を極限まで活用した「単品商売」戦略では、もはや勝てなくなっていたのだ。みずからつくりだした自動車マーケットが成長するにつれて、消費者の嗜好も多様化していったからである。欲望がさらなる欲望をつくりだしていく「大衆消費時代」は、米国ではじまったのである。

## 電気自動車は技術的制約でガソリン自動車に敗れた

21世紀の現在、「内燃機関」の時代は終わって、「電気自動車」の時代になるといわれている。だが、電気自動車の技術は、21世紀になってから誕生したものではない。じつは19世紀末にはすでに開発されていたのである。

「電気自動車」は１８８１年にフランスの発明家によって実現している。「電気機関車」がドイツのジーメンス社によって発明されてから数年後のことだ。電気自動車は、１８９９年には時速１０５キロの世界記録を出している。

騒音がなく運転も簡単で、しかも出力が大きいという特性をもつ電気自動車は、当時誕生したばかりのガソリン自動車を圧倒しており、そのまま電気自動車の時代になると将来予測がされていたほどである。

しかし、電気自動車は予測に反して普及しなかった。電気自動車のボトルネックは、バッテリー問題にあったのだ。さすがに1トンもあるバッテリーでは重すぎる。ひんぱんに充電しなければならないので効率が悪い。当時は技術的なブレークスルーがなかったので、ガソリンを燃料とする内燃機関に勝てなかったのだ。

西欧社会でガソリン自動車が普及するキッカケになったのは、「第一次世界大戦」である。

人員の輸送手段として使用されていた馬が大量に殺戮されてしまい、圧倒的に足りなくなってしまったためだ。そのため、自動車が代替品として求められることになったのである。自動車は、発明された当時から馬の代用品とみなされていたのである。これは、馬車が交通手段として利用された歴史がきわめて短い日本との大きな違いである。

米国の自動車メーカーのフォード社が英国に進出した際には、英国は70年間つづけてきた「自由貿易主義」を捨て、国内産業保護のため「保護貿易主義」に切り替えざるを得なくなった。欧州企業でいちはやく「フォード・システム」を導入したのはイタリアのフィアット社であった。

## 「テイラー主義」(=科学的管理法)

米国のエンジニアであったフレデリック・テイラーが提唱した「科学的管理法」は、米国から始まった「大量生産」システムを支える重要な基礎となった。現在では「インダストリアル・エンジニアリング」(=生産工学)と呼ばれている。より一般的には「生産管理」という。「テイラー・システム」こそ、米国が生み出したイノベーションだといえよう。欧州からは、けっして生まれてこなかった発想である。みずから現場労働に従事し、20年間かけた研究から生まれた発見が、画期的な意味をもつことになったのだ。

ドラッカーは、その主著『マネジメント』のなかで、テイラーがはじめて単純労働の「生産性」について言及したことを指摘している。「資本」と「労働」の関係を論じたマルクスも、その先行者であった19世紀英国のリカードも、「労働生産性」については考えていなかった。「勤勉に働くか」より「長時間労働を行うか」しか想定されていなかったのである。つまり、「生産性」という発想が存在しなかったのだ。

１９２０年代には発祥の地である米国からドイツを中心とする西欧諸国に広がり、ソ連でも日本でも導入が開始された。第二次世界大戦の勝敗を決した要因のひとつは物量だといわれるが、その基礎にあったのは「科学的管理法」にもとづく軍事物資の「大量生産」であり、それを支えたのが「規格化」であった。

第二次世界大戦後の日本の産業界は、まず占領軍の米国の指導で「科学的管理法」を本格的に導入し、その後、「ＴＱＣ」（＝全社的品質管理）で有名なデミング博士から「統計的品質管理」を貪欲に学んだ結果、「ものづくり大国」になったのである。１９８０年代には「トヨタ生産方式」に代表される「改善活動」は、「Ｋａｉｚｅｎ」や「ＪＩＴ」（＝ジャスト・イン・タイム）として英語化し、製造業の立て直しが急務となっていた米国に逆輸入されている。

## 「新興国」米国の起爆剤となった「南北戦争」と北軍の勝利

「南北戦争」（1861〜1865年）は、米国史においてはきわめて大きな意味をもつ「内戦」である。その時点でただちに世界的な影響を与えたわけではないが、「南北戦争」における北軍の勝利によって、北部が主張してきた工業化路線に完全にシフトしていったことが、米国を世界の超大国にのし上げる原動力になったことは強調しておかなくてはならない。

工業志向の「北部」の政策に反発する「南部」の11州が「離脱」を宣言し「南部連合」を結成したことで、「南北戦争」という米国史上最大規模の「内戦」が勃発した。この「内戦」は、1861年から4年間もつづき、なんと南北両軍をあわせて50万人も戦死している。戦死者の数では、第二次世界大戦の40万人を上回っており、米国史上最悪の戦争である。

最終的に「北部」が勝利した結果、「連邦」の分裂は回避できたが、米国の政治経済の中心は完全に北部にシフトし、「南部」は従属的地位におかれることになった。もともと「独立」の時点において、南部はプランテーション中心の農業であったが、戦争終了後、南部から北部への富の大移動が起こったのである。その後、資本主義志向の強い北部が主導する経済体制として、米国は急速に発展していくことになる。

日本人が無意識のうちに「北部中心史観」にとらわれているのは、明治維新と同様、米国でも北部側に「勝てば官軍」意識が根強く残っているからだろうか。ちなみに、「ヤンキー」とは北部人をさすことばで、間違っても南部人をヤンキーと呼んではいけない。

# 8

# 「第一次世界大戦」……「西欧の没落」の始まりと米ソの台頭②

## ロシア革命でソ連が誕生する

「旧秩序」が崩壊し、あらたな「新秩序」がカオス状態のなかから誕生する。「第一次世界大戦」の最中に起こった「ロシア革命」で誕生したソビエト連邦（＝ソ連）もまたそのひとつであった。ソ連という「人工国家」の実験は、この時代には日本を含めた世界中できわめて大きなインパクトを与えただけでなく、長く大きな影響力をもちつづけることになった。

ソ連が最終的に自壊したのは74年後のことである。

## マルクスの予言を裏切って成功した「暴力革命」

1917年、世界初の社会主義政権がロシアで実現した。ドイツの革命思想家マルクスやエンゲルスが予言しながらも、西欧ではけっして成功しなかった社会主義革命が非西欧のロシアで成功したのである。

マルクスの理論どおりに「先進資本主義国」では成功しなかった革命が、遅れてきた「後発資本主義国」のロシアでは成功したのである。

ソ連が誕生した当時は、「ソビエト労農政府」という表現も日本ではされていた。プロレタリアートである労働者と農民の政府でもあるという意味だ。これが当時のロシアの状況をよく示している。ロシア革命が起こった時点では、ロシアは圧倒的に農民の国だった。「農奴解放」から半世紀しかたっていなかった。

ソ連国旗は、赤い旗に「槌と鎌」を組み合わせたデザインであった。労働者のシンボルである槌（＝ハンマー）と、農民のシンボルである鎌を組み合わせたデザインだ。このデザインは、ソ連崩壊後の現在でも、中国共産党や朝鮮労働党（北朝鮮）の党大会の画像や映像で目にするものだ。中国も北朝鮮も成立当時は「後発国」で、農民が圧倒的に占める国であった。

つまるところ、「ロシア革命」は、マルクスが予言したような、資本主義が高度に発展した結果もたらされた「ブルジョワ革命」ではない。むしろ、「資本主義」の発展をすっ飛ばして「社会主義化」を実現することにより、「後発資本主義国」を一気に経済発展させるモデルとみなされるようになった。だから、第二次世界大戦後に独立を獲得したアジア・アフリカ諸国には、ソ連型の発展モデルが魅力的に映ったのである。だが、その結果どうなったかは、すでに見てきたとおりである。

「ロシア革命」のドラマ的要素については、米国の左派ジャーナリストで社会主義活動家であったジョン・リードによるノンフィクション『世界をゆるがした十日間』(1919年)を読むといい。さすが「十月革命」を現場で体験した人によるものだけに臨場感たっぷりだ。ジョン・リードの後半生を題材にしたハリウッド映画『レッズ』(1981年)がある。この映画は面白い。「革命」というものが、いかに人を熱狂させ高揚感を生み出すものであるか、よく描かれている。

## テロといえばロシアが中心地だった

「ロシア革命」は成功したからこそ世界史に大きなインパクトを与えたが、「革命」が成就するまでの歴史はきわめて長い。レーニンによる最後の皇帝ニコライ二世の一家の皆殺しや、スターリンによる「大粛清」が有名だが、「ロシア革命」の成功までロシア帝国の専制政治打倒をめざした「テロの時代」が続いていたのである。

現在では、テロといえばイスラーム過激派によるものを指すことが多いが、かつてはテロといえばロシアがその中心地であった。

「農奴解放」（1861年）後に、「人民の中へ」（ヴ・ナロード）を叫んで農民の啓発活動をはじめた「ナロードニキ」（=人民派）がなまぬるいとして「フランス革命」の影響を受けた急進派が分離した「人民の意思」は、組織的なテロ活動の草分け的存在とされている。皇帝アレクサンドル二世は、彼らの手で爆殺されている。作家ドストエフスキーは、べつの空想的社会主義サークルに参加したために逮捕され銃殺刑寸前までいったが、皇帝の恩赦で一命を取り留めている。

「ロシア革命」を指導したボルシェヴィキ党のレーニンや、スターリン、トロツキーもそうだが、じつはみな変名である。レーニンとはレナ川の人という意味のペンネーム、スターリンとは鋼鉄の人という意味、トロツキーはシベリアの監獄でとなりの独房にいた人の名前だったという。レーニンは多民族の混血、スターリンはジョージア（=グルジア）人、トロツキーはウクライナのユダヤ人であった。ロシア帝国を引き継いだソ連もまた多民族国家となったのである。

革命家が地下活動を行うためには、本名ではあまりにも危険だからだということもある。革命が成功した暁には、偽名がそのまま通称となってしまったわけだ。日本の「明治維新」も「革命」であったが、テロが横行した幕末には志士（＝革命家）たちが多数の変名を用いていることを想起すべきだろう。

## 「働かざる者　食うべからず」（レーニン）と「スターリン憲法」

「ロシア革命」の成功後も、内戦、「新経済政策」（ネップ）、「農業集団化」、「大粛清」、第二次世界大戦における「大祖国戦争」、そして米ソ冷戦と激動の時代がつづいたソ連であるが、ここでは初期のソ連が重視した「近代化＝工業化」にむけての政策について触れておこう。

「働かざる者　食うべからず」という有名なフレーズがある。これは反体制派を収容した「強制収容所」（ラーゲリ）や「シベリア抑留」での強制労働とあいまって、独裁者スターリンのイメージの連想があるのだが、じつは最初に主張したのはレーニンである。「ロシア革命」の前に出版された『国家と革命』（１９１７年）のなかで主張している。

この原則は、「１９３６年ソビエト憲法」（いわゆるスターリン憲法）の第12条として条文化された。「ソ連邦においては、労働は、『働かざる者は食うべからず』の原則によって、労働能力のあるすべての市民の義務であり、名誉である」

社会思想家の今村仁司氏は『近代の労働観』（岩波新書、１９９８年）で、「人間の本質としての

「労働」が社会主義の労働観にあるとし、その発想はすでに資本主義で事実として実現していた労働観をさらに純粋化したものだ、という。

この発想の対極にあるのが、21世紀になってから主張されるようになった「ベーシック・インカム」の発想である。政府が、すべての国民に対して最低限の生活を送るのに必要な額を無条件で現金給付する構想だが、この発想のほうがむしろ社会主義的な響きがあるのは不思議な印象だ。

ソ連においては「労働の義務化」だけではなく、「労働生産性の向上」もまた急務であった。ソ連が存続し影響力を行使していくためには、社会主義が資本主義にまさることを数字で示す必要があったからだ。このためソ連では、米国発の「テイラー主義」(＝科学的管理法)が導入され重視された。

レーニンは革命前、テイラー主義を「汗を搾り出す科学的方法」、「テイラー・システムは機械による人物の奴隷化である」と論じて批判的であったが、革命後のソ連では一転して科学的管理法とテイラー主義を絶賛している。

1935年以降には、「スタハノフ運動」として推進されることになる。生産ノルマを超過達成した炭鉱労働者スタハノフに「労働英雄」というタイトルを与え、彼をモデルにした大衆運動をソビエト共産党がバックアップしたものだが、その後のソ連では労働強化策としての「ノルマ主義」に陥ってしまった。

「スタハノフ運動」は日本にも影響を与えている。日本では、さらに強制労働を強いられた「シベリア抑留」の体験もあって、「ノルマ」というロシア語が定着して現在にいたっている。

21世紀の現在においても、日本の労働環境を劣悪にしている原因のひとつがノルマ主義だ。ソ連の悪しき影響だといわねばならない。

## 「独裁者」スターリンは「官僚制」によって支えられていた

スターリンによって追放された革命家トロツキーは、『裏切られた革命』(1937年)のなかで、スターリン体制について分析を行っているが、独裁者スターリンを支えていたのは強固な官僚制であった、と指摘している。

独裁者は一人ですべてをコントロールしているわけではない。独裁者を支える忠実な官僚組織が必要であり、官僚の側からみても自分たちの意志を実現するためにはトップダウンの独裁者は都合がいいから担いでいたのである。つまり独裁者と官僚制は持ちつ持たれつの関係にあったわけだ。

そう考えれば、「平等」を全面に打ち出したユートピア的な理想主義を前面に掲げていたソ連は、人民すべてが「平等」であるとの理念とはほど遠い、エリート主義的な官僚制であった。

スターリンによる「大粛清」（1936〜1938年）については多く語られているので、くわしくは取り上げないが、「東洋的専制主義」のあらわれとみる研究者もいる。この体質は中国やロシアに共通するものだが、ロシア帝国が倒されてソ連体制になっても継承されただけでなく、ソ連崩壊後の一時期を除いて、ふたたびプーチン政権の時代には専制政治が基調になっている。

国民性というべきだろうか。歴史を長期で観察すると、国民性はあまり変化しないものであることがわかる。

# 9 「第一次世界大戦」が引き起こした「帝国」の崩壊と「民族自決」

「第一次世界大戦」の結果、ロシア帝国のみならずドイツ帝国、ハプスブルク帝国、オスマン帝国も崩壊した。欧州の状況は激変したのである。

「帝国」においては、「民族」と「国家」は一致していなかったが、「フランス革命」で生まれ、ドイツで育った「ナショナリズム」（＝民族主義）によって覚醒した民族意識に、米国のウィルソン大統領の「民族自決」原則が火をつけたことによって、「ネーション・ステート」（＝民族国家、国民国家）が大量に生み出されることになったのだ。その際、少数民族が難民となり、また虐殺されている。

「第一次世界大戦」の引き金となったのは、ハプスブルク帝国の皇太子が暗殺された「サラエボ事件」であったが、事件のあったサラエボは、「冷戦構造」崩壊後のユーゴスラビア解体にともなう「民族浄化」の舞台として、１９９０年代前半にふたたび全世界の脚光を浴びることになる。

いわゆる「ボスニア紛争」とよばれた民族間の激しい内戦は、１９９2年から１９９5年まででつづいた。「冷戦構造」の崩壊は、このような形で激しい紛争を引き起こしたが、二つの世界大戦においても未解決のままであった問題が噴出したものだといえよう。

21世紀の現在においても、「民族国家」の無限増殖がつづいている。その意味では、「第一次世界大戦」はパンドラの箱を開いてしまったといえる。

## オスマン帝国とハプスブルク帝国は「バルカン半島」で接していた

「ハプスブルク帝国」と「オスマン帝国」が接する地域が「バルカン半島」である。「ヨーロッパの火薬庫」といわれるほど、民族と宗教がモザイク状態で入り組んだ危険な地域となっていたのは、15世紀半ばにビザンツ帝国（＝東ローマ帝国）がオスマン帝国によって滅ぼされ、バルカン半島全域がオスマン帝国領となったことも原因のひとつである。

末期には圧政の傾向がつよまったオスマン帝国であるが、初期から絶頂期に至るまでのあいだは、むしろ同時代の欧州よりも寛容で、15世紀末にスペインから追放されたユダヤ人を受け入れただけでなく、その後も欧州からの亡命者を多数受け入れてきた。一定の人頭税さえ払えば、ユダヤ教徒であれキリスト教徒であれ、イスラーム教徒とおなじ一神教の民として寛大に扱われていたのである。


その結果、オスマン帝国はトルコ人を支配者とする多民族国家となり、支配下に入ったバルカン半島ではキリスト教からイスラームに改宗した者も少なくない。ムスリム人というカテゴリーはその結果うまれたものであり、アルバニアのようなムスリム国もある。

オスマン帝国と国境を接するハプスブルク帝国もまた多民族国家であった。長期にわたってハプスブルク帝国は、圧倒的な軍事力をもつオスマン帝国に対する防衛の最前線として存在していた。オスマン帝国との争奪戦のなか、バルカン半島の大部分はオスマン帝国領となったが、中欧地域がハプスブルク帝国領として維持できたおかげで、西欧諸国は食料と原材料の供給基地を確保でき、その結果、「近代システム」における西欧の経済的発展が可能になったとされている。

ハプスブルク帝国は、支配階層とマジョリティはドイツ語を母語とする人たちだが、その支

**19世紀末バルカン半島におけるオスマン帝国とオーストリア−ハンガリー帝国**

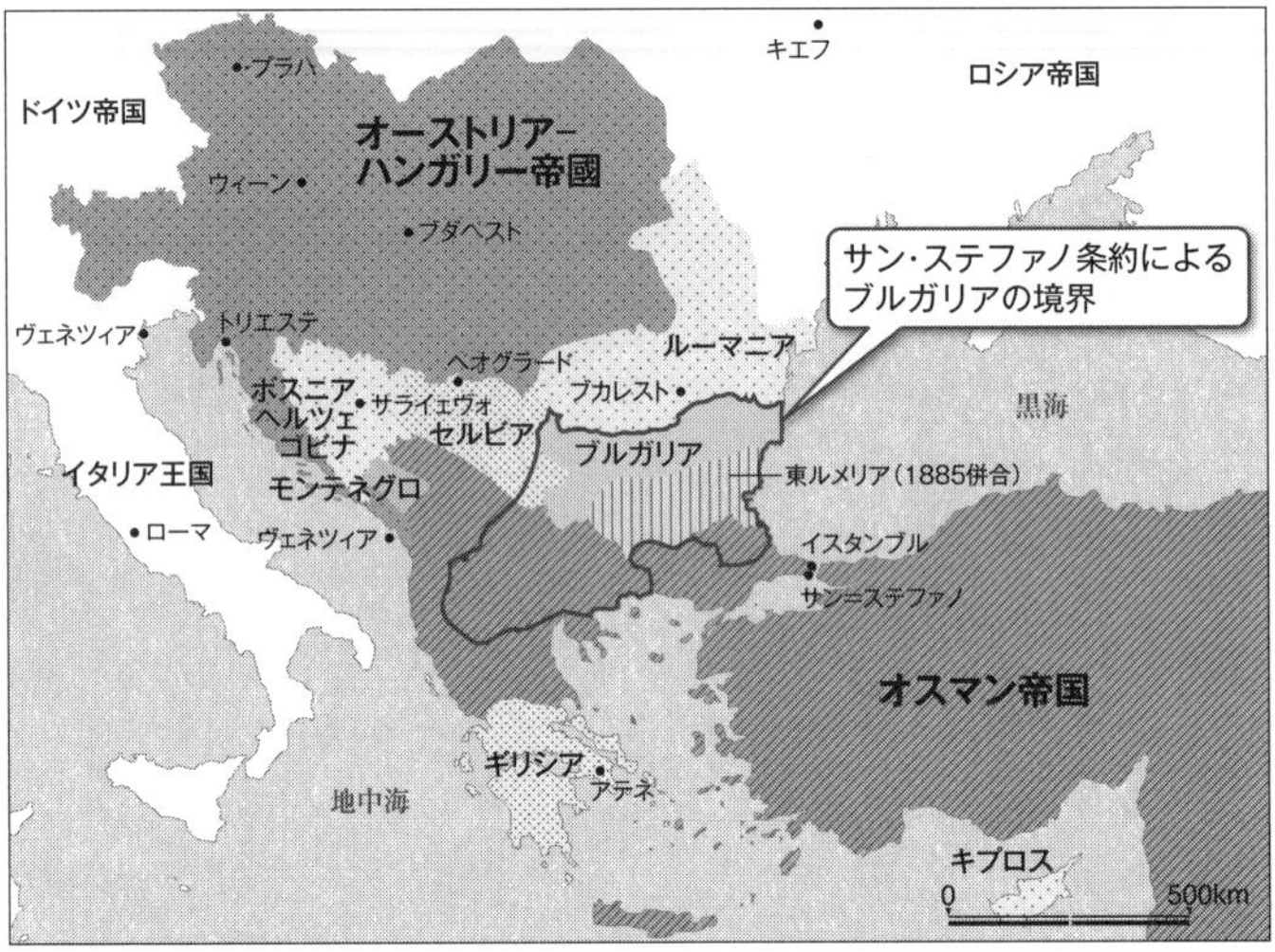


配下にはチェコ人やポーランド人など多数のスラブ系民族、ハンガリー人、ユダヤ人など多民族で構成されていた。

1867年には、台頭してきたハンガリーとの同君連合という形で「オーストリアーハンガリー二重帝国」となっていた。

「第一次世界大戦」の引き金となった「サラエボ事件」は、あらたに領土に組み込んだバルカン半島のセルビアが舞台となったが、この地はもともとオスマン帝国の支配下にあり、その後はきわめて複雑な経緯を経ている。

## 「サイクス・ピコ協定」(1916年)によるオスマン帝国分割

第一次世界大戦中の1916年に、戦

争後のオスマン帝国領分割を密約した英国とフランス、そしてロシアによって結ばれたのが「サイクス・ピコ協定」（1916年）である。この密約が諸悪の根源だと主張するのが「イスラーム国」（ISIS）である。

だが、問題はそれほど簡単ではないとイスラーム世界の政治を研究する池内恵氏は指摘している。『【中東大混迷を解く】サイクス＝ピコ協定　百年の呪縛』（池内恵、新潮選書、2016年）によれば、第一次世界大戦後の中東秩序を考えるには、「サイクス・ピコ協定」とその後に締結された、トルコにとって屈辱的な内容の「セーヴル条約」（1920年）とトルコが屈辱的地位を脱却することに成功した「ローザンヌ条約」（1923年）の3つをセットにして捉えるべきだという。

なぜなら、オスマン帝国の解体だけでなく、解体後に建国されたトルコ共和国まで視野に含めなければ、その後の中東情勢の変化が見えてこないからだ。

ここでは、オスマン帝国末期に発生した「アルメニア人虐殺」（1915年）、オスマン帝国解体後の「トルコ共和国の誕生」（1923年）、民族の居住地域が三分割された「クルド人問題」、アラブ人地域で誕生した「人工国家イラク」について取り上げて見ていくことにする。なお、ユダヤ人国家としての「イスラエル建国」については次章で取り上げる。

## サイクス・ピコ協定によるオスマン帝国領の分割案

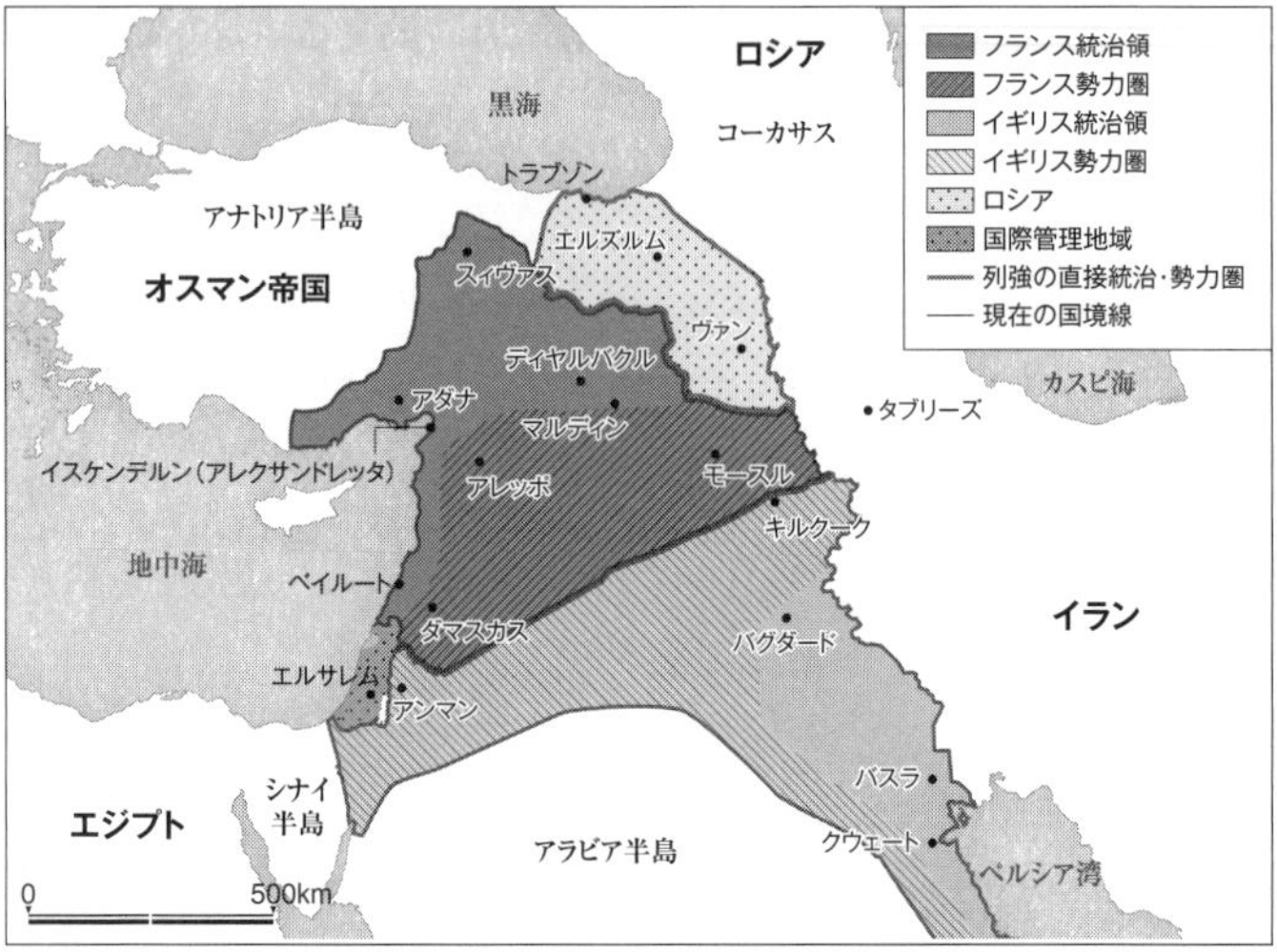


## 「アルメニア人虐殺」（1915年）は「アウシュヴィッツ」のわずか25年前に発生

「アルメニア人虐殺」（1915年）は、オスマン帝国末期に発生したジェノサイドである。「ユダヤ人虐殺」のホロコーストよりも四半世紀早い出来事である。

「第一次世界大戦」でトルコはドイツ側に立って、長年の宿敵でもあるロシアと戦った。キリスト教徒のアルメニア人はロシアに内通していると疑われ、強制移住の対象となり、その途上で多くの者が殺害され、あるいは暴行の対象となった。

アルメニアは「文明の十字路」と呼ばれるコーカサスのまさに中心にある。コーカサスのアルメニアとジョージア（＝

グルジア）の二か国は、イスラームの大海に浮かぶキリスト教の小島のような存在だ。アルメニアがオスマン帝国の版図に入れられたのは17世紀のことで、サファヴィー朝ペルシアとの間で分割された。ペルシア領アルメニアは、その後ロシア領になる。

アルメニア人は、アルメニア正教会という独自の教会をもつキリスト教徒であるが、寛容の精神に貫かれたオスマン帝国においては、マジョリティのムスリムのトルコ人と長年にわたって平和共存してきた。

ロシアのみならず英国をはじめとする西欧列強に圧迫されていた帝国末期の混乱状況のなか、トルコ民族主義と排外主義が高まり、オスマン帝国の特色であった「寛容の精神」は失われ、オスマン帝国全土で不寛容の嵐が吹き荒れた。とくに迫害の対象となったのが、キリスト教徒のアルメニア人である。おなじくキリスト教徒のギリシア人もトルコ共和国誕生後には「住民交換」という形での強制移住を強いられた。

「虐殺」された側のアルメニア人は、１５０万人が殺されたと主張している。「虐殺」した側とされるトルコ政府は虐殺を認めておらず、殺害されたのは6万人弱だと主張している。１９３６年にソ連を構成する共和国となったアルメニア共和国や、難民となって西欧や米国に多く在住するアルメニア系市民は虐殺を非難し、居住地の現地政府に活発なロビー活動を行ってきた。２０１６年にはドイツ議会もアルメニア人虐殺を認定した結果、もともと密接な関係にあるドイツとトルコの関係が悪化している。

事件が発生した1915年という年に注目する必要がある。先にも述べたが、ナチスドイツによる「ユダヤ人虐殺」(ホロコースト)は、「アルメニア人虐殺」のわずか25年後のことなのである。「アルメニア人虐殺」が「ユダヤ人虐殺」ほど知られていないのは、国際的な広報活動の違いに過ぎないと考えるべきであろう。

紀元4世紀以降、世界各地に分散するアルメニア人商人は、ユダヤ商人顔負けでしたたかだとされているが、20世紀以降の歴史には「アルメニア人虐殺」があったことも記憶のなかに入れておきたい。

## オスマン帝国と「英独対立」

大英帝国の覇権に対するチャレンジャーとして登場したのが、ヴィルヘルム二世の親政によるドイツ帝国であった。英独の対立は、欧州における「建艦競争」だけでなく、中近東での経済覇権をめぐって発生した。

ドイツの中近東政策は「3B政策」によって代表される。19世紀末から第一次世界大戦にかけての長期戦略構想で、ドイツの首都ベルリン(Berlin)、オスマン帝国の首都ビザンティウム

(Byzantium：イスタンブールの旧名)、イラクのバグダッド(Baghdad)を鉄道で結ぶというもので、この地域に経済覇権を及ぼそうとする構造であった。

だが、「3B政策」は英国の「3C政策」と抵触することから、英独の対立を深めることとなった。「3C政策」とは、英国植民地インドのカルカッタ(Calcutta：現在のコルカタ)、おなじく植民地エジプトのカイロ(Cairo)、そして植民地南アフリカのケープタウン(Cape Town)を結ぶ三角地帯に覇権を及ぼそうとする政策で、「スエズ運河」への経営参加(1875年)から始まった。

第一次世界大戦では、オスマン帝国はドイツ側に立ってロシアや英国と戦った。トルコにとってロシアは長年の宿敵だったからだ。

英国の海軍大臣チャーチルが主張した「ガリポリ上陸作戦」は、イスタンブール攻撃をめざしたものだが、ドイツと組んだトルコは英国を中心とする連合国を破り、英国にとっては18世紀後半の米国独立戦争以来最大の敗北となった。国際政治学者の中西輝政は、「大英帝国のガダルカナル」と表現している。

この戦いは世界初の陸海空三軍の合同作戦であり、大英帝国にとっては総力戦となった戦いである。「自動的交戦原則」にもとづき、本国である英国の宣戦布告にともなって「英連邦の自治領」オーストラリアとニュージーランドから初の出兵が行われたが、ドイツ軍の潜水艦攻撃に悩まされたうえに、上陸作戦に参加した連合軍の50万人以上の将兵の約半数が死傷するという大きな犠牲を出している。この戦いで戦死した将兵を悼んで、4月25日は「アンザック・デー」（ANZAC Day）として豪州諸国では追悼日となっている。

英国は、1917年にはオスマン帝国からパレスチナを奪い取り、「聖都エルサレム」入城を果たしている。キリスト教の軍隊がエルサレム入城を果たしたのは、中世の「十字軍」以来700年ぶりとなった。以後パレスチナの地は大英帝国が統治することになった。そして、英国は「バルフォア宣言」（1917年）によって、英国ロスチャイルド家の当主ライオネルに「ユダヤ人国家」の建設を承認した。

## 「トルコ民族主義」と「トルコ共和国」の誕生（1923年）

オスマン帝国は、膨張するロシア帝国との12回以上におよぶ戦争で領土を奪われ、西欧列強が干渉する民族問題、西欧の指導で導入した立憲君主制など「近代化」の失敗によって混乱し疲弊していた。「瀕死の病人」と呼ばれていたのはそのためだ。

このような状況のなか、中核となる支配層のトルコ人のあいだに「トルコ民族主義」が生まれ、西欧列強に対抗して独立した国家として再建をめざす動きがでてきた。その代表的な存在が「青年トルコ党」という改革派である。英語では「ヤング・タークス」という。だが、「第一次世界大戦」の末期にドイツ側で戦ったトルコの劣勢が明確になると、青年トルコ党の勢いは消えてしまった。

危機的状況のなか登場した救国の英雄が、「灰色の狼」というニックネームをもつ天才的軍人のムスタファ・ケマルである。のちに「トルコ建国の父」として「アタチュルク」の名を贈られており、ケマル・アタチュルクということも多い。この人がいなければトルコの独立は維持できなかったかもしれないし、「地域大国」として浮上してきた現在のトルコの存在もなかったであろう。ケマルは、連合軍による「ガリポリ上陸作戦」を阻止したオスマン帝国の英雄であった。

ケマルが国家建設と運営を行った「建国の理念」は、以下の6原則にまとめられる。それは、「共和主義」「民族主義」「人民主義」「国家資本主義」「世俗主義」「革命主義」である。

ケマルが断行した改革は、とくに「カリフ制のイスラーム帝国」を、「政教分離の近代国家」として再生させたことにある。宗教としてのイスラームは尊重しながらも、宗教が政治を左右する状態をなくすことをめざしたのである。首都を「カリフ」としての「スルタン」がいたイスタンブールから中部のアンカラに移したのもその一環である。現在でもトルコ国軍はケマルによる「建国の理念」を遵守し、徹底している。

「トルコ民族主義」にもとづく「ネーション・ステート」化によって「国民」を作り出すこと

を目標にしたケマルは、「国語」としてのトルコ語の確立を目指した。アラビア文字の廃止とローマ字採用を断行して識字率の向上を図り、アラビア語やペルシア語からの借用語をトルコ語に置き換えるなど純化をおこなった。

ケマルの改革は日本をモデルにしたといわれている。つねづね「明治維新を見習え!」と部下には命令し、尊敬する明治天皇の写真を机上に飾っていたという。ケマルが陸軍大学を卒業した1905年は、「日露戦争」でトルコの宿敵ロシアに勝利した日本にトルコ人が狂喜した年であった。

## 「国家」をもたないクルド人問題

オスマン帝国崩壊は、あらたな民族問題を生み出している。それはクルド人問題である。12世紀にエジプトのアイユーブ朝を創設した英雄サラディーンも現在のイラク北部出身のクルド人である。

「サイクス・ピコ協定」による恣意的な分割の結果、クルド人の居住区のクルディスタンは、3つの国家にまたがることになってしまい、自分たちの「国家」をもつことなく現在に至っている。3つの国家とは、トルコとイラク、イランのことである。スペインとフランスに分断され、国家をもっていないバスク人と同様だ。

「イラク戦争」後には、イラクのクルド人は大幅に自治権を拡大した。しかし問題はトルコ国内のクルド人である。トルコ国内のクルド人の人口は約１０００万人で、トルコの総人口７５００万人の13％以上を占めている。

トルコ民族とクルド民族は別系統の言語を話す異なる民族であるが、おなじトルコ国民であることには変わらない。だが、トルコ国内での地位向上をめざすクルド人の分離独立の動きは、欧州のバスク人と同様、テロ活動に訴えるケースも少なくない。

## 「人工国家」として大英帝国が設計したイラク（１９２１年）

現在のイラクは、大英帝国によるオスマン帝国分割の結果うまれた「人工国家」である。英国の委任統治領メソポタミアとして１９２１年に成立、その後も英国の支援のもと１９３２年に王政に移行している。

イラクは、文明発祥の地であるメソポタミアにある。ティグリス川とユーフラテス川にはさまれた「肥沃な三日月地帯」は、古代から多くの征服者によって支配されてきた。

インド植民地の存在が最も重要なものであった「大英帝国」にとっては、インド植民地に隣接するアフガニスタンとイラン（ペルシャ）、そして中東のメソポタミアが地政学的に重要な意味をもっていた。メソポタミアに大きな変化が起これば、連鎖的にインド植民地に影響を与える可能性があるからだ。しかも英国海軍にとっての死活的な燃料である石油供給基地として、絶対に押さえておかねばならない地域であった。

イラク経済の柱となる石油が発見されたのは1909年で、27年にキルクークで最初の商業生産が行われた。その利権は1925年以降イギリス系企業（1925年イラク石油会社、32年モースル石油会社、38年バスラ石油会社）に与えられ、1930年代に地中海沿岸に至るシリア経由パイプラインによる原油輸出が開始された。第二次世界大戦以降は、50年代以降の原油生産の増大、52年からの利権料支払での折半方式採用により、石油収入は着実に増加していった。

「イラク建国」には「アラビアのロレンス」もかかわっているのだが、アラブ民族のオスマン帝国への反乱を援助していた英国陸軍のロレンスにとっては、大英帝国の国家意思の反映である「イラク建国」は夢破れた結果でしかなかった。大英帝国は、アラブ人に独立を確約しながら「サイクス・ピコ協定」（1916年）をむすび、パレスチナでは「バルフォア宣言」（1917年）でユダヤ人国家の独立を約束していた。ロレンスのような下級将校には、英国の三枚舌の秘密外交など知るよしもなかったのである。

イラクは、大英帝国によって独立国として「設計」された「負の遺産」である。アラブ人のあいだでもスンニー派とシーア派が対立し、さらには分断民族であるクルド人の領土をくっつけたうえに、外から連れてきた国王を乗せて王国としたものである。

「近代国家」という概念にはまったくなじまない部族支配、錯綜するイスラームの宗派争いに悩まされてきたイラクでは国民意識がなかなか生まれてこなかった。この点は、西欧の「人工国家」ベルギー王国もよく似ている。欧州の中心に位置するベルギーは、オランダ系とフランス系の二重民族国家であり、安定性を欠いている。

「第二次世界大戦」後には王政が倒れ、その後にサッダーム・フセインの独裁へと推移していくことになるが、「イラク戦争」（2003年）で米国によって独裁政権が倒されて以後、政治の不安定さが解消する見込みは小さい。アラブ世界では、強力な指導者を欠いては統治が難しいことは、いわゆる「アラブの春」（2010～2012年）によって引き起こされた「エジプト革命」後のエジプトでも、カダフィー体制崩壊後のリビアでも同様である。

# 10
# 「帝国の解体」とイスラエル誕生への道

現在では「中東のシリコンバレー」や「中東のハイテク立国」といわれるイスラエルだが、この傾向が顕著になったのは１９９０年代以降のことである。イスラエルは、70年前に建国された１９４８年時点から、文字通り生き残りをかけた戦いをつづけてきた。セキュリティに最大の力点が置かれてきたのはそのためだ。

ここでは、「イスラエル建国」にいたる歴史を振り返っておきたい。世界史におけるユダヤ人の存在は、イスラエルを含めても人口比では想像できないほど大きい。

２０００年以上にわたって国をもたない民族として生きてきたユダヤ人だが、最終的に「ネーション・ステート」（＝民族国家、国民国家）をもつにいたったのは、それが「反ユダヤ主義」という敵意に満ちた世界のなかでサバイバルするための手段の一つであったからだ。「アウェイ」に暮らしていても、帰るべき「ホーム」があるという安心感の存在は大きい。

「ユダヤ人国家」を建国するという夢は、「シオニズム」という思想にもとづいたものだ。「シオニズム」とは、ユダヤ人の父祖の地であるパレスチナの「シオン」に帰還するという思想のことで、これが「イスラエル建国」を支えた中心思想となった。現在もなおつづく「パレスチナ問題」は、このシオニズムと密接な関係がある。パレスチナは長年にわたってアラブ人の土地だったからだ。

「シオニズム」は、19世紀末にハプスブルク帝国の首都ウィーンで生まれた。そして植民が行われた当時のパレスチナは、オスマン帝国に属する領土であった。「シオニズム」と「イスラエル建国」に至る歴史は、ハプスブルク帝国とオスマン帝国の「帝国解体」と軌を一にするのである。そしてそれを主導したのが大英帝国であったが、最終的にユダヤ人は「反英闘争」を経て「イスラエル建国」（1948年）にいたる。

## 「シオニズム」は「世紀末ウィーン」で生まれた

オーストリアの首都ウィーンといえば「音楽の都」という理解が一般的かもしれない。だが永世中立国のオーストリアが誕生する前は、ウィーンは「ハプスブルク帝国」の首都であり、第一次世界大戦で崩壊する前は、「オーストリア－ハンガリー二重帝国」という形態をとっていた。

ウィーンじたい、中欧の主要都市として西欧と東欧の交差する位置にあるだけでなく、長く「オスマン帝国」の支配が及んでいたバルカン半島との接点でもある。ゲルマン民族とスラブ民族の交差する位置であり、ハプスブルク帝国はドイツ語を母語とするゲルマン民族を中核としながらも、スラブ民族やハンガリー民族、さらにユダヤ民族などさまざまな民族で構成された「多民族国家」であった。とくに首都ウィーンは多民族のふきだまりであった。

19世紀末から20世紀初頭にかけての「世紀末ウィーン」は、科学技術や経済学、芸術・文学などさまざまな分野でユダヤ系の天才を生み出した時代でもある。ウィーンのユダヤ人人口が1割を越え、音楽家のマーラーや、歴史ノンフィクション作家のツヴァイクなど著名人を輩出している。だが一方、「反ユダヤ主義」が勃興し、多民族共存状態に限界が見え始めていた時代でもあった。

精神分析学を生み出したフロイトもまた、この時代のウィーンで活躍したユダヤ人である。精神分析学は、ユダヤ人が西欧という異文化への「同化」に際して発生する、精神的トラウマを克服するメソッドとして生まれてきたものである。

成功しているがゆえに妬みを買い、それがさらに反感や敵意に変じていく心理的メカニズム。これが西欧社会に「同化」し、成功したユダヤ人たちに向けられていく。ストレスの大きさと不安はユダヤ人の側でも生じていた。

「反ユダヤ主義」が生まれてきたのは、そんな状況のなかであった。西欧近代の「反ユダヤ主義」は、いわゆる「人種論」にもとづくものであって、「人種論」というのは、現代風にいえば一種の疑似科学であり、かつて西欧中世で主流であった宗教にもとづく差別ではない。ウィーンで悲惨な暮らしをしていた若き日のヒトラーは、自分がうまくいかない原因を「反ユダヤ主義」に見いだすことになる。

ヒトラーが滞在していた時期よりすこし前のことになるが、ウィーンにはハンガリーの首都ブダペストで生まれたテオドール・ヘルツルというユダヤ系のジャーナリストがいた。

ヘルツルは、同時代のフランスで起きた「ドレフュス事件」に衝撃を受け、問題解決のためにはユダヤ人が「国家」をもつ必要があると痛感、1896年に首都ウィーンで『ユダヤ人国家』を出版した。翌年の1897年にはスイスのバーゼルで世界最初の「シオニスト会議」を開催、「シオニズム」が組織化されることになる。これが、イスラエル建国への第一歩となった。

ヘルツルの関心は、中東欧やロシアから大量に流入してきていた異質で貧しいユダヤ人難民にかかわる問題の解決であった。おなじユダヤ人であるとはいえ、すでに西欧社会に「同化」

して定着していた改革派のユダヤ人にとっては、正統派のユダヤ教信仰を遵守し、風俗習慣の異なる貧しいユダヤ人たちの存在はやっかいなものとなっていた。おなじユダヤ人と同一視されることを恐れていたのである。エゴイズムといってしまえばそれまでだが、否定できない人間感情である。こうした側面も「ユダヤ人国家」構想にあったのである。

## ユダヤ人虐殺が組織的に行われたロシア帝国と「反ユダヤ主義」

西欧のユダヤ人は、「フランス革命」後のナポレオンによって「解放」が進んだ結果、市民社会に参入し「同化」する道を選択した。だが、ポーランドを中心とする中東欧からロシア帝国内にかけて居住していたユダヤ人は、西欧のユダヤ人とは大きく異なる状況のもとに生きていた。

もともと「アシュケナージム」とよばれる東欧系ユダヤ人の多くはポーランドに居住しており、ユダヤ教の正統派の信仰を守り、伝統的で保守的な暮らしを営んでいた。だが、1795年の「第三次ポーランド分割」によって、東半分がロシア帝国に併合された結果、イディッシュ語（中東欧のユダヤ人に使用されるドイツ語の方言）をしゃべるユダヤ人たち約100万人が、ロシア領内に取り込まれることとなった。

ポーランド時代は国王によって保護されていたユダヤ人たちは、東方正教会の盟主であるロシア皇帝の治世のもとで過酷な運命を迎えることになった。

　ロシア帝国では、ユダヤ人は英語で「ペール」とよばれる地域に居住を制限された。もともとポーランド領であった地域である。「ペール」内部では移動の自由を制限され、最下層の「異族人」として差別扱いを受けていた。理由は定かではないが、「ペール」内に居住するユダヤ人の人口は、19世紀の70年間で3倍の500万人超に激増している。

　かれらにとっての大きな不幸の始まりは、「ポグロム」とよばれる迫害が始まったことにある。ポグロムとは、19世紀後半以降に活発化した、一般民衆やコサックなどによるユダヤ人虐殺のことである。

「反ユダヤ主義」政策をとるロシアでは、計画的、組織的に徹底して迫害が行われた。それはナチス・ドイツによる「ホロコースト」の先駆ともいえるもので、「ポグロム」を避けるために多くのユダヤ人が米国やパレスチナに移民した。人口圧力が強まったことも移民増加につながったとみられている。日本でもミュージカルで有名な『屋根の上のバイオリン弾き』にもその状況が描かれている。

## 英米のユダヤ人投資銀行家は「日露戦争」で日本を支援した

「ポグロム」によって迫害され虐殺が行われているロシアの状況に心を痛めていたユダヤ人投資銀行家が、ロシアと日本が戦争になることを知って、自らのビジネスをつうじてロシアに圧力をかける道を選択している。

米国のドイツ系ユダヤ人の投資銀行家ジェイコブ・シフが、「日露戦争」（１９０４年）を遂行する軍資金調達のため発行された日本の戦時公債を引き受けたのは、ビジネス上の計算だけでなく、ロシア皇帝に圧力をかけるのが目的の一つであった。

ジェイコブ・シフは、欧州のロスチャイルド家とは密接な関係にあり、シフの紹介のおかげで高橋是清はニューヨークだけでなく、ロンドンでも起債に成功した。「日露戦争」における日本の勝利は、軍資金の調達に成功したことも大きい。

ジェイコブ・シフは政治家をめざしはしなかったものの、自らのビジネスをつうじて「社会変革」を行おうとした人であったということもできよう。社会主義者であれ、ビジネスパーソンであれ、「変革」を志向する傾向がユダヤ人には強い。

なお、「日露戦争」でロシア軍の捕虜として日本で抑留されたユダヤ人の兵士が、解放後は「シオニスト」の闘士としてパレスチナに渡り、その地で壮烈な最期をとげている。「建国の英雄」

ヨセフ・トルンペルドールがその人だ。

## ロシアから米国に移住したユダヤ人

知識階層は「社会主義」か「シオニズム」かの選択に揺れていたが、一般のユダヤ人の多くは、北米の米国や南米のアルゼンチンなどへの移民として生きる道を選択している。

米国への移民の大半はロシアと中東欧からのイディッシュ語を話す「アシュケナージム」であったが、すでにロシア時代から繊維産業で働くワーカーとなっていた者が多く、移民先の米国でも、まずは繊維産業で働き始めた者が多い。

プロレタリアート化していたユダヤ人のあいだでは、ロシア時代からすでに社会主義的な労働運動が活発になっており、それがそのまま米国にも持ち込まれている。米国の労働運動の指導者にユダヤ人が多いのはそのためで、民主党の「ニューディール政策」を支えたのもユダヤ人が多かった。現在でもユダヤ系米国人は基本的に民主党の支持者が多いのはそのためである。

ロシアや中東欧からのユダヤ系の移民がもちこんだのは労働運動だけではない。イディッシュ語もまたそうであって、現在のアメリカ英語にはイディッシュ語由来の単語が多く入り込んでいる。もっとも有名なイディッシュ語は「フッパ」で、日本語の「ど根性」に該当する。日系移民と同様、彼らはねばり強く社会の上昇階段を登っていった。

また、ハリウッドの映画産業とユダヤ人の関係も深いものがある。エスタブリッシュメント社会とは違って、エンターテインメント産業には、ユダヤ系やイタリア系などのマイノリティにも参入余地があったからだ。現在でも映画会社だけでなく、映画俳優にも映画監督にもプロデューサーにも圧倒的にユダヤ系が多い。

ユダヤ人は繊維産業のワーカーから始めて、第二世代、第三世代にはビジネスの世界や、大学教員や弁護士や医者などの知的専門職に移行し、米国社会では大きな成功を収めるに至っている。米国の人口の1％のユダヤ人抜きに米国はありえない。だが、その米国ですら「反ユダヤ主義」が消えたわけではない。「アウェイ」の地でユダヤ人として生きることには、無意識レベルでもつねに不安がつきまとっている。

## 「ユダヤ人絶滅政策」……ドイツとオーストリアの関与

「第一次世界大戦」の敗戦による「ハプスブルク帝国」崩壊後、「二重帝国」を構成していたハンガリーをはじめ、スラブ系のチェコスロバキアなどがつぎつぎと分離独立し、残ったのはドイツ民族中心の小国オーストリアとなっていた。

1938年にナチス・ドイツに併合された際は、オーストリア国民の多くが歓迎している。

当時のドキュメントフィルムには、オープンカーで軍事パレードを行うヒトラー総統をウィーン市民が熱狂的に歓迎する姿が映像として残されている。ヒトラーはオーストリア生まれであり、先にもみたように、ウィーンは「反ユダヤ主義」の中心地となっていた。

オーストリアは1942年の時点で、国民のおよそ1割にあたる69万人がナチス党員となっており、人口比ではドイツを大きく上回っていた。その一部は親衛隊（SS）に志願し、ユダヤ人の摘発、移送や東方のドイツ占領地域にあった強制収容所管理業務等において重要な役割を果たしていた。

「ユダヤ人迫害」の責任者として数百万人のユダヤ人を絶滅収容所に送ったアイヒマン親衛隊中佐はドイツ生まれだがオーストリアで育ち、オーストリア・ナチ党に入党している。ワルトハイム国連事務総長が突撃隊（SA）の将校であった過去が暴露されたスキャンダルが1987年に発生しているように、戦後の西ドイツとは違って、戦後オーストリアではナチスは完全に払拭されておらず、「極右」を許容する風土が存在する。

ナチス・ドイツによる迫害を逃れて「難民」となったユダヤ人を積極的に受け入れようとする国はなかった。英国や米国ですら消極的であった。21世紀の「シリア難民」は、20世紀の「ユダヤ難民」に匹敵する規模だといわれているが、難民に対する冷ややかな対応には大きな違いはない。

## 「大英帝国」への愛憎と「イスラエル建国」（１９４８年）への道

ユダヤ民族自身が「ネーション・ステート」をもつという問題解決が「シオニズム」である。西欧社会に「同化」したユダヤ人はさておき、中東欧やロシアから迫害を逃れて続々と流入してくる「ユダヤ難民」を厄介払いしたかったのが西欧諸国のホンネだ。このホンネと、パレスチナへの入植者を増やしたかったシオニストの利害が一致したのである。

最初は入植地としてアフリカのウガンダなどが候補にあがっていたが、紆余曲折を経て最終的にユダヤ人の父祖の地であるパレスチナに落ち着くことになる。

大英帝国は「イスラエル建国」におおいに関与している。第一次世界大戦後にはシオニストに甘い顔を見せていたが、第二次世界大戦が開始されてからは政策転換しシオニストには冷淡になった。シオニストの対応もそれに応じて変化する。

第一次世界大戦後に、英国は共同統治の対象であったパレスチナを単独支配したいという思惑から、「バルフォア宣言」（１９１７年）によって、パレスチナの一部に「ユダヤ人国家」の設立を容認したが、パレスチナ在住のアラブ人の既得権を事実上承認していた。

第一次世界大戦の戦後処理において、「サイクス・ピコ協定」にもとづいた英仏の密約のなか、パレスチナをめぐる情勢は二転三転し、１９３０年代後半には英国を牽制するためにアラブ世界への接近を図ってきたナチス・ドイツへの対抗上、英国は「親アラブ路線」に政策転換した。

運命を甘受せず、武器をもって戦うことを決意した若い世代のユダヤ人たちは、英軍内の「ユダヤ人部隊」への参加をつうじて、大英帝国との協力により「ユダヤ人国家」建設への道を選択した。

だが、この親アラブ路線に転じた英国の動きに落胆したシオニストのなかには、過激なテロ容認路線を主張する者も現れ、「反英闘争」が激化していく。のちにイスラエル首相となったメナヘム・ベギンがその代表者である。つまり、イスラエル建国の英雄たちはテロリストであったわけだ。成功したテロリストは事後的に賞賛される。「勝てば官軍」というフレーズを生み出した「明治維新」も同様である。

イスラエル建国のドラマ的側面は、ユダヤ系米国人ポール・ニューマン主演のハリウッド映画『栄光への脱出』(1960年)を見るとよいだろう。原題は『エクソダス』。ギリシア語の「エクソダス」は脱出という意味であり、旧約聖書の『出エジプト記』も指している。

Column 2

# カネ儲けと慈善活動

## 内村鑑三が体験した「金ぴか時代」の米国

「無教会主義キリスト教」の創始者・内村鑑三（1861〜1930年）がはじめて渡米したのは、希望に燃えていた理想家肌の23歳の青年時代だった。

英文で出版した手記『How I Became a Christian』（＝日本語訳『余は如何にして基督信徒となりし乎』）は前半生を記した半自叙伝だが、カネの亡者が支配する「拝金主義」の米国社会に幻滅したことが、きわめて強い口調で語られている。

その翌年に、箱根の芦ノ湖の湖畔で行ったキリスト教の夏期学校における「講演」の記録が、『後世への最大遺物』である。1894年、内村鑑三が33歳のときである。講演のタイトルである「後世への最大遺物」とは、「自分の死後、この世に何を遺していくことができるか」を問うたものだ。「遺物」とは有形無形の「遺産」と言い換えてもいいかもしれない。

この講演のなかで10年前の米国滞在時代を回想して面白い発言をしている。カネ儲けだけでなく、「慈善」（＝フィランソロピー）のためにカネをつかう金持ちのことを賞賛しているくだりである（引用は岩波文庫版による）。

> 私は金《かね》のためにはアメリカ人はたいへん弱い、アメリカ人は金《かね》のためにはだいぶ侵害されたる民《たみ》であるということも知っております。けれどもアメリカ人のなかには金持ちがありまして、彼らが清き目的をもって金《かね》を溜めそれを清きことのために用うるということは、アメリカの今日の盛大をいたした大原因であるということだけは私もわかって帰ってきました。（26ページ）

19世紀後半の米国に、米国では「泥棒男爵」（＝ロバー・バロン）とよばれている「成金」たちがいた。同時代の日本で、「鉄道王」とよばれていたコーネリアス・ヴァンダービルド、「石油王」のジョン・D・ロックフェラー、「鉄鋼王」のアンドリュー・カーネギー、「金融王」のJ・P・モルガンなどである。

「泥棒男爵」とよばれて軽蔑されていながらも、とくに「鉄鋼王」のアンドリュー・

カーネギーは、「フィランソロピー」（＝慈善）の実践者としてきわめて有名であった。1887年には「金持ちとして死ぬのは恥辱だ」という名言を残している。

さまざまな寄付を通じてその名を米国に残しているが、世界的に有名なカーネギー・メロン大学もそのひとつである。ただし、『人を動かす』などの自己啓発書で有名なデール・カーネギーとは別人なので混同しないよう！

現在でも、マイクロソフトの創業者ビル・ゲイツ夫妻は、リタイア後には「ビル＆メリンダ・ゲイツ財団」をつうじて「フィランソロピー」を実践している。カネの使い方こそ、経営者が後世に評価される最大のポイントであるのは、米国では19世紀以来の「伝統」といえよう。

---

**参考**

内村鑑三『後世への最大遺物・デンマルク国の話』（岩波文庫、2011年）
アンドリュー・カーネギー『カーネギー自伝』（中公文庫、2002年）　ほか

第5章

# 「第2次グローバリゼーション」時代と「パックス・ブリタニカ」

## 19世紀は「植民地帝国」イギリスが主導した

2017

1902 日英同盟
1899 ボーア戦争
1868 明治維新
1866 海底ケーブル敷設
1861 南北戦争
1857 インド大反乱
1853 黒船来航
1840 アヘン戦争
1819 シンガポール建設
1815 ワーテルローの戦い
1789 フランス革命
1782 ワットの蒸気機関発明
1776 米国独立

1776

# 1 大英帝国が世界を一体化した

20世紀は、「パックス・アメリカーナ」（＝アメリカの平和）という世界の超大国・米国が主導した「植民地なき覇権」の時代であったが、19世紀は「パックス・ブリタニカ」と「第2次グローバリゼーション」の時代である。「植民地帝国」であった「大英帝国」が世界を一体化し、文字通りの「グローバル化」が史上はじめて実現した。

## 「スマートパワー」としての「大英帝国」

米国の政治学者ジョセフ・ナイが「国力」を説明するために提唱した概念に、「ソフトパワー」

というものがある。「ソフトパワー」とは、軍事力の行使や経済援助など他国に強制可能な「ハードパワー」の対語である。つまり、文化や政治的な理想、対外政策の魅力など、その国の魅力によって望む結果を得るパワーのことだ。

自国以外の人びとが魅力を感じて、自発的に受け入れるものが「ソフトパワー」の源泉となる。米国のケースでいえば、IT関連の技術、ベースボール、バスケットボールなどのプロスポーツ、ジャズやロック、ヒップホップなどのアメリカ音楽、ハリウッド映画やテレビドラマのシリーズなどがそれに該当する。日本のケースでいえば、アニメやマンガなどのサブカルチャーがそれに該当するだろう。

重要なことは、そういった文化が、そのまま「ソフトパワー」になるわけではないということだ。自国の文化が「ソフトパワー」となるかどうかは、あくまでも他国の国民が判断することであって、自国の政府が前面に出過ぎると失敗することが多い。「クール・ジャパン」など、その最たる事例であろう。要は見せ方が肝心なのである。

ジョセフ・ナイは、さらに「スマートパワー」という議論も展開している。「ハードパワー」と「ソフトパワー」は、クルマの両輪だという議論である。「ハードパワー」も「ソフトパワー」も一長一短の側面があり、両者を補完的につかうことで、より効果的にパワーを行使できるというのである。

19世紀の英国もまた20世紀の米国と同様、「スマートパワー」を行使して「覇権」を握ったということができるだろう。「パックス・ブリタニカ」(=英国による平和)の時代は、「7つの海を支配」する圧倒的な海軍力と、「産業革命」を背景に生まれた工業力と金融力が「ハードパワー」であり、英国流の「都市型ライフスタイル」や英国生まれの「近代スポーツ」、英国風ファッションやマナーなど「文化」を超えた「文明」そのものとして、後発国や植民地エリートにも魅力的に受け取られたのが「ソフトパワー」であった。

「日の沈まぬ帝国」とよばれた「大英帝国」は「ハードパワー」と「ソフトパワー」がクルマの両輪となって、世界全体に圧倒的な影響力を行使したのである。

19世紀は大英帝国がグローバリゼーションを主導した時代である。この時代に、「地球」(=グローブ)は文字どおり「グローバル」なものとして認識されるようになった。技術の飛躍的進歩によって、まさに劇的としかいいようがない変化がもたらされた。現在は19世紀の大変化の延長線上にある。

## 「大英帝国」は世界史上、空前絶後の「帝国」

「大英帝国」(=ブリティッシュ・エンパイア)は、空前絶後の「帝国」である。そういっても過言ではない。

古代のローマ帝国にも、16世紀のスペイン帝国にも、17世紀に「覇権」を握ったオランダにもできなかったことをやってのけたのが19世紀の大英帝国である。なによりも「第2次グローバリゼーション」を主導して、「世界の一体化」を実現したのは大英帝国である。そしてその遺産は、20世紀の米国に引き継がれて現在にいたっている。

ある意味では、20世紀の「超大国・米国」は、19世紀の「大英帝国」という先行事例のアンチテーゼである。原点としての「アメリカ独立革命」だけでなく、「植民地」にかんする考え方自体、米国は英国を完全に否定したからである。とはいえ、「覇権国」としての大英帝国の存在がなければ、「覇権国」としての超大国・米国も存在しなかったと考えることも可能だ。それほど、世界史における大英帝国の存在はきわめて大きいのである。

大英帝国は18世紀後半には「アメリカ独立革命」で北米植民地の米国を失い、20世紀半ばには「インド独立」で植民地インドを失った。大英帝国は、21世紀の現在の二つの「大国」の誕生にかかわっていると考えることもできる。だからこそ、きちんと振り返っておく必要がある。

これまで「大英帝国」という表現をつかってきたが、「イギリス帝国」とよぶべきだという見解もある。歴史学の立場からすれば、妥当な態度であろう。だが本書では、「大英帝国」という表現にこだわりたい。

なぜなら、同時代の日本人が「大英帝国」という表現をつくりだしたのは、明治時代の日本人にとっての英国の存在感は、現在の日本人が米国に感じている存在感以上に巨大で圧迫感があり、同時に先進文明国として憧れの対象でもあったと考えられるからだ。明治時代の日本人の実感が、「大英」という表現に示されているのである。

「7つの海を支配する帝国」はまさに「超大国」であり、これほど広い範囲を支配し、その後の世界史に影響を与えつづけている「帝国」は、「大英帝国」をおいてほかにはない。「超大国」の米国は、植民地主義を否定したため、領土の大きさでいえば「大英帝国」を超える「帝国」は、その後は登場していないのである。だから、本書では一貫して「大英帝国」と表現することにする。

「大英帝国」は、19世紀末に絶頂期を迎えた。インドを中心に、北米のカナダ、西太平洋のオーストラリア、ニュージーランドといった「英連邦」の主要メンバーだけでなく、南アフリカ、ナイジェリア、ケニア、エジプトまで支配した。7つの海を支配し、全陸地と全人口の4分の1を傘下に収めた「史上最大の帝国」は、1897年6月の「ヴィクトリア女王即位60周年祭」を絶頂期にしてゆるやかな衰退過程に入っていく。

大英帝国は、人類史上はじめて「世界の一体化」を完成させた。世界の一体化は、時間距離の縮小によってもたらされた。

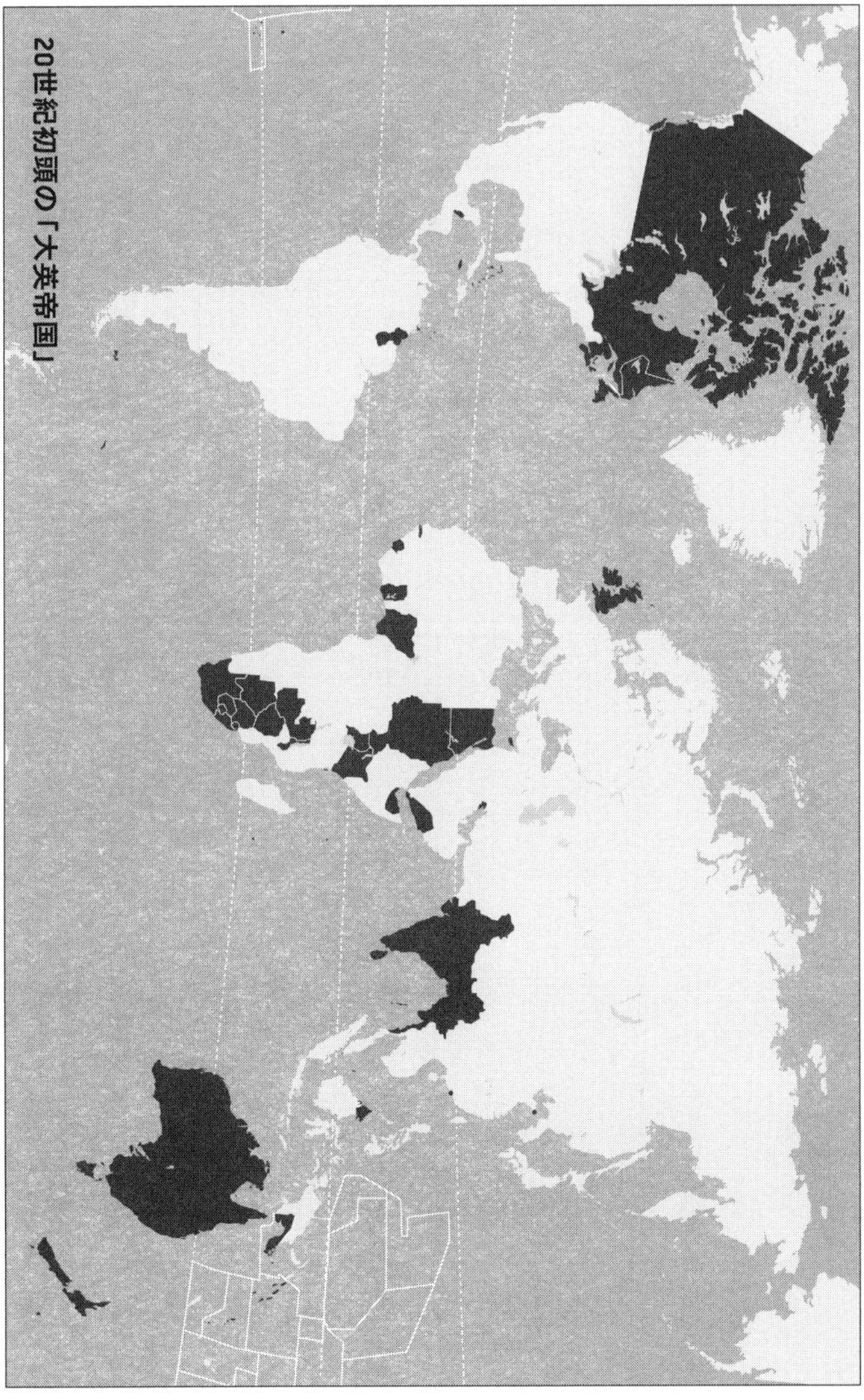
20世紀初頭の「大英帝国」

19世紀の「第2次グローバリゼーション時代」に、東回り航路の英国と、西回り航路の米国が、地球の反対側にある「極東」の中国と日本でつながった。これを推進したのは「産業革命」によって実現した蒸気船という新技術である。これによってヒトの移動と、モノの移動のスピードはかつてないほど高速化することになった。「80日間世界一周」の時代である。20世紀後半に航空機による移動が一般化するまでは、この状態がつづいていたことに注意する必要がある。

そして情報通信にかんしても「世界の一体化」が実現したのは、19世紀の大英帝国の存在があったからである。「産業革命」の成果として英国で海底ケーブルが登場し、海底ケーブルによって世界中がつながったのである。19世紀の「情報通信革命」を支えたのが海底ケーブルというインフラであり、これがあってこそ、21世紀のインターネット社会が成立するのである。情報とカネの流れは、19世紀以降に飛躍的にスピードアップした。

「情報通信革命」が求められたのは、大英帝国が世界中に植民地をもっていたからである。本国と植民地をネットワークで結ぶために海底ケーブルが敷設された。19世紀の大英帝国を支えていたのが、植民地としてのインドであった。英国にとってのインドは、フランスにとってのインドシナ（=ベトナム）、オランダにとっての東インド（=インドネシア）のように切っても切れない関係として位置づけられていた。いやそれ以上の存在であった。

## 「文明化の使命」

「文明」についてもう少し触れておこう。啓蒙思想家の福沢諭吉が『文明論之概略』（1875年）で主張しているように、「開国」から20年後の日本から見ると、国際社会のなかで日本が独立を維持するためには、「西洋文明」すなわち西欧諸国と米国の文明を最上のモデルとすることは当然のことであった。

福沢諭吉は、日本もまた、西欧から見たら「半開の国」と映っているであろうと、冷静な認識を示している。英国を代表とする西洋文明をモデルとして模倣するのが、キャッチアップのための最短の戦略だったのである。

逆に西欧サイドからみれば、「高度文明」を、停滞した「半開の国」や「野蛮の国」に拡めるのだという、「上から目線」の「使命感」があった。それがキリスト教にささえられた「文明化の使命」と英国人がよんでいたものである。宣教師的な使命感である。

だが、「文明と野蛮」、「進歩と停滞」といった区分はあくまでも相対的なものであり、「産業革命」によって工業化が進展し、アジアに対して自信をつけるようになった西欧の「裏返しの劣等感」がアジアに対する偏見や蔑視となって現れたと捉えるべきだろう。

「経済成長」が目に見えるようになったのが1820年以降とされていることが、その裏付けとなる。この時代に生まれたのが「発展段階説」や「進歩史観」である。アジア人に対する根拠なき優越感や偏見は、無意識レベルではいまだに西欧人のなかに存在する。

大英帝国は、19世紀前半の全盛期には自分たちにとって都合のいい「自由貿易」をスローガンに掲げてグローバリゼーションを推進した。まさに強者の論理であり、「勝者は独り占め」の発想そのものである。当時の「弱者」であった日本やタイにとって、「自由貿易」は「不平等」なものでしかなかった。

大英帝国が「覇権」を握ったことにより、「ゲームのルール」が変わったのである。東洋が西洋に敗れたのはそのためだ。そのことにいち早く気づいた日本が、「西欧近代化」に大きく舵を切ったのは、その当時の意志決定としては当然であったといえよう。

「植民地」には反対の立場を取る米国が覇権をとった20世紀後半には、アジア・アフリカの植民地が第二次世界大戦後に脱植民地化し独立していったが、独立後の「主権国家」というフレームワークは「植民地」化の経験をつうじて西欧諸国から受け継いだものだ。

その意味において、植民地化は功罪両面の性格をもつことに注目しておきたい。英国が使命感をもって推進した「文明化」は、植民地を統治するために正当化された根拠だが、一方では間違いなく「近代化」の基礎が英国を中心とする西欧諸国から移植されたのである。

## 「都市型ライフスタイル」の原点は19世紀英国

「都市型ライフスタイル」という「目に見えるモノ」をつうじて、「大英帝国」は「現代文明」を形作っている。

趣味や文化の世界でいえば、スポーツ、紅茶、博物館、スーツなどの英国風ファッション、英国式マナー、多くのものがこの時期に生み出されて、大英帝国のネットワークをつうじて全世界に拡散していった。カルチャー関連は、現在でも世界中で愛好家が多く、英国の「ソフトパワー」となっている。

1851年に開催された「第一回万国博覧会」（＝ロンドン万博）では、英国が生み出した「文明」の成果が全世界に向けて展示紹介された。万博のために建設された「水晶宮」（＝クリスタル・パレス）は、鉄とガラスをつかった巨大な建造物で、プレハブ建築の元祖といわれている。

「都市型ライフスタイル」をささえるインフラも、18世紀後半から19世紀にかけての英国から始まったものが多い。

道路整備は、軍事上の目的で18世紀後半から始まったものだが、軍隊の移動だけでなく、国民の移動も促している。駅馬車の移動の迅速化は、郵便による通信も活発化させ、民間ビジネスの振興に大いに貢献している。まさに「交通革命」というべきものであった。

英国は、同時代の絶対王政のフランスとは異なり、民間主導でインフラ建設が行われている。運河や水道、鉄道など、みな民間主導である。

「モータリゼーション」以前の馬車の時代であったが、世界最初の舗装道路も英国で誕生している。「マカダム舗装」といい１８１５年に登場し普及していった。道がぬかるむことなく、さらにスムーズな通行が可能となった。道路建設でローラーの使用が開始されたのは１８３０年、アスファルト舗装は１８５４年からのことである。

ロンドンの街頭に「ガス灯」が設置されたのは１８１４年である。１８５５年にフランスで導入された「アーク灯」にとって変わられていくが、「ガス灯」が設置されるまでは、夜になると道は真っ暗になっていたのである。

「産業革命」時代には、生産性向上が主目的の、職場での労働安全衛生の観点から「禁酒運動」が広がり、健全な「娯楽」である「近代スポーツ」が労働者階級にも奨励されるようになる。

「交通革命」の担い手となった蒸気機関車による鉄道は、１８２５年に英国で「ストックトン・アンド・ダーリントン鉄道」が世界初の鉄道として開業している。世界初の地下鉄は、１８６３年のロンドンから始まった。

「交通革命」によって実現したものは、「娯楽」としての「観光旅行」である。「レジャー」（＝余暇時間）の活用は、海外旅行のブームも引き起こした。もともとはパレスチナなどキリスト教の「聖地巡礼」から始まった観光旅行だが、旅行会社のトマス・クックは、世界初の「トラベラーズ・チェック」を開発した。

「高原リゾート」の開発は、熱帯地方の植民地における「避暑地」開発から始まった。インド北部のヒマラヤ山地シムラ、マレーシアのキャメロン・ハイランド、セイロン（＝スリランカ）のヌワラエリヤ高原などが有名だ。日本を代表する避暑地の軽井沢は、カナダ人宣教師が開発したものだ。

## 「覇権国」となった19世紀の「第2次大英帝国」

「大英帝国」の歴史を時代区分しておこう。大きく分けて二つの時期に区分することができる。決定的な時期は、植民地であった米国の独立（1776年）であり、その前後の二期に分けられる。米国からみれば「独立」だが、英国からみれば「植民地喪失」となる。

「第2次大英帝国」は、植民地であった米国を失った18世紀後半から、19世紀初頭の「ナポレオン戦争」終了までの混乱の時代を経て、インドを植民地化してから、植民地インドを独立で失うまでの時期である。

この時期は、19世紀までの「自由主義の時代」と、19世紀末から植民地インド独立までの「帝国主義の時代」に区分できる。興隆の節目は、「ナポレオン戦争」（1799〜1815年）、衰退の節目となったのは「ボーア戦争」（1899〜1902年）である。「スエズ動乱」（1956年）で「大英帝国」そのものがほぼ終りを告げた。

「第2次大英帝国」においては、植民地としたインドの存在がきわめて大きい。英国にとってインドは富を生み出す最大の「源泉」であったが、インドからみれば植民地化されたことによって英国に収奪されたことになる。両者の立場から複眼的にみることが重要だ。

ヴィクトリア女王が「インド皇帝」を兼ねることになった（1877年）のは、インド植民地の維持にとって戦略上死活的な意味をもつ「スエズ運河」を買収（1875年）した翌々年のことである。1882年には「スエズ運河」の周辺地域を軍事占領し、オスマン帝国領のエジプトを支配下におさめた。

南下政策をとるロシア帝国の勢力を阻止するために、インドに隣接するアフガニスタンを保護国とした。1824年に植民地化されたビルマ（＝ミャンマー）は、インド植民地にとっての食糧生産基地と位置づけられた。モノカルチャー（＝単一栽培）としてのコメ生産に特化する。

「第2次大英帝国」を特徴づけるのは、英国とインドと中国の「三角貿易」である。「7つの海を支配した大英帝国」の商船隊と海軍はセットであった。大西洋を制覇した英国は、インド洋を経て、さらに太平洋地域へと向かう。19世紀以降、市場開放を求めて中国に接近し、軍事力によって開港させることに成功したが、この背景にあったのがお茶とアヘンである。紅茶がすでに国民飲料となっていた英国にとって、中国からの茶葉の購入は輸入超過をもたらしていたが、この貿易赤字をインド産のアヘンを中国に輸出することでバランスさせたのが「三角貿易」である。

1870年代に入ってからは、「新興国ドイツ」と「新興国・米国」の激しい追い上げによって「世界の工場」としての地位がゆるぎ、ゆるやかな衰退期に入っていく。「金融力」では勝っていたものの、第一次世界大戦（1914〜1918年）で大幅に疲弊し、米国によって「覇権」を奪われていくことになった。

## 「第2次大英帝国」と植民地インド

日本のビジネスパーソンにとって、これからますます重要性が増してゆくのが、インドであり東南アジアである。この地域について深く知るために押さえておかなくてはならないのが、「大英帝国」を中心とする西欧列強による「植民地化」の歴史だ。

インドが1947年に英国から独立してすでに70年になるが、英国の植民地時代のインドには、現在のインド共和国のほかに、隣接するパキスタン・イスラム共和国も、バングラデシュ人民共和国も、スリランカ民主社会主義共和国も含まれていた。さらにいえば、隣接するミャンマーも一体で統治されていた。

植民地インドが、「王冠のもっとも輝ける宝石」とよばれていたのは、西で隣接するアフガニスタンから中東まで、「大英帝国」内の「インド帝国」として植民地統治を担っていたからだ。経済、外交、軍事に大きな影響力をもち、19世紀半ばにすでに2億人を超えていた膨大なインドの人口は、大英帝国の維持に不可欠な労働力と兵力の供給源となっていた。インド人のもつ「大国意識」の起源は、大英帝国のもとで形成された「インド帝国」にある。

「インド省」は、現地のインド政府の予算から支出されていたので、本国の財務省から独立していた。インド省は、外務省と同格であった。経済学者のケインズも、インド省勤務の経験をもつエリートである。

1920年代初頭まで、インド統治にあたったのが高級官僚集団の「ICS」（＝インド高等文官）で、つねに1000人以上の優秀な英国人がいた。英国は、植民地統治にあたる者は、本国の支配階級とおなじであるべきだという原理原則をもっていた。それほど英国の階級意識はつよいものがあるのだが、総督といった政治ポストだけでなく、貴族の次男三男は陸軍将校としてインドに勤務し、オックスフォード大学やケンブリッジ大学を卒業した優秀な学生はインド勤務を希望したのである。政治家チャーチルも、若き日の陸軍将校時代にインド勤務を体験している。

## 「間接統治」と「分割統治」

英国は、インドを直接支配下においたが、いくら優秀であるとはいえ1000人程度の官僚で2億人を超える人口規模の植民地を統治するのは、きわめて大きな困難がともなう。そこで英国が、植民地統治の基本方針としていたのが「間接統治」と「分割統治」(=ディバイド・アンド・ルール)である。

「間接統治」は、「二重支配体制」と言い換えてもいい。基本的に海岸に近い大都市を戦略拠点として押さえ、拠点と拠点を線で結んで面として統治し、できるだけ内陸には深入りしない。

少数で多数を統治するために、マハラジャ(=藩王)という既存の現地支配勢力を抱き込んで自治領として統治させ、現地住民の支配に活用する。英国人が、植民地の現地人の統治に直接あたるのではなく、何重にもクッションをおいていたわけである。

軍隊もまた、将校は英国人だが下士官と兵はインド人によって編成されており、「アヘン戦争」などの海外遠征にも、インドからインド人兵士が送り込まれている。

「第一次世界大戦」では、メソポタミア戦線や欧州戦線にもインド兵が大量に投入されている。

「第二次世界大戦」においても同様で、ビルマ戦線で日本軍と戦った英軍は、そのほとんどがインド兵とネパールのグルカ兵であった。英軍捕虜となった歴史学者・会田雄次によるロングセラーの名著『アーロン収容所』（中公新書、1962年）には、この件にかんする具体的で興味深い証言がある。

インド全体で500人以上もいたマハラジャたちと交際する必要から、インド総督以下の政治ポストには、本国の上流階級出身者が送り込まれた。最後のインド総督が、現在のチャールズ皇太子の叔父にあたる海軍元帥のマウントバッテン伯爵だった。

「分割統治」とは、統治対象をさまざまな属性によって分断し、お互いがそれぞれ牽制し合うように仕向けることによって、反抗する勢力が育たないようにする統治手法である。

インドの場合は、そもそもカースト制度が存在するだけでなく、多言語地帯であり、多宗教地帯でもあった。インド以外の植民地でも、たとえば英領マラヤでは原住民のマレー人のほかに、中国人やインド人が送り込まれて民族的な分断が行われ、これが独立後も国民統合の妨げになっている。大英帝国の「負の遺産」といわねばならない。ミャンマーでもイラクでも同様だ。

「分割統治」のロジックは、英国の外交戦略でも「勢力均衡」（＝バランス・オブ・パワー）として大いに発揮されてきた。英国外交の基本方針は、対岸の欧州大陸において、「島国」英国の存在を脅かすような巨大勢力が出現しないように、互いに牽制させることにある。

危機的状況が訪れたのは、19世紀初頭のナポレオンのフランス、20世紀になってからは二度の世界大戦におけるドイツであったが、なんとか英国への侵略を食い止めることに成功している。

「勢力均衡」を支えるのはスパイ活動も含めた「情報活動」である。少数の勢力で多数を統治するために、統治の対象を分断させて互いに牽制させるという手法は、組織マネジメントの手法として、ビジネスにも応用可能だ。

## 植民地における「二重支配体制」が多国籍企業の経営モデルとなった

欧州企業や米国企業では、海外展開においては日本企業とはまったく異なるアプローチが行われている。海外子会社の経営は、現地人のジェネラル・マネージャーに権限委譲して完全にまかせていることが普通だ。

ただし、現地法人トップの人事とカネにかんしては、親会社がガッチリ握って離さない。英語で経理部のことを「コントローラー」というのはそういう意味だ。現地代表は、本社でいえば課長程度といってもいい。

なぜこのような経営形態になったかというと、やはり「植民地」における企業経営の経験が非常に大きいと思われる。英国の植民地インドの「イギリス東インド会社」や、蘭領東インド（＝現在のインドネシア）における「オランダ東インド会社」が典型的な事例だ。要は、限られた駐在員ですべてをこなすのは不可能なので、「二重支配体制」を創り上げたわけだ。

「二重支配体制」の事例としては、日本のケースでいえば、「第二次世界大戦」の敗戦後に進駐してきた米国占領軍が、日本の官僚制を温存して現地の行政を行わせ、肝心かなめのところはガッチリ軍政当局が押さえていたという事例を想起してみればいいだろう。マッカーサー元帥は、この支配体制をすでに当時は米国の植民地であったフィリピンで実験済みだった。

## 「1857年インド大反乱」……ムガル帝国の崩壊と英国による支配の開始

「大英帝国」がインドを植民地として統治する前は、「東インド会社」がみずから所有する軍隊を投入した「プラッシーの戦い」（1757年）で勝利した結果、インド東部のベンガル地方の支配権を手に入れていたことが前史となる。

東インド会社のスキームは、戦勝によって現地の徴税権を手に入れ、現地から上がってくる税収でインド製品を買い付け、その製品を欧州市場で販売するというものであった。つまり他人のカネでみずからの懐を膨らませるという手法であったが、おかげで莫大な収益をあげることに成功する。

東インド会社は「文明」の名のもとに「近代的な所有権」にもとづく「土地支配」を導入してインド支配を固めていき、実質的にインドの植民地統治機関となっていった。東インド会社はみずからの軍隊を所有していたが、かつて日本では「セポイ」とよばれていた「シパーヒー」という現地人傭兵を雇用していたため、本国から軍隊をもってくる必要がなかった。東インド会社は、「プラッシーの戦い」後の100年をかけて、「各個撃破」と「分断政策」をフルに活用してインド支配をすすめていった。

転機となったのが、1857年に勃発した傭兵「シパーヒー」たちの反乱である。この反乱はインド全土に拡大したが、1859年初頭には鎮圧され、最終的にムガル帝国は滅亡することになった。

「インド大反乱」の結果、1858年にはインドの統治権をイギリス王室に譲渡し、東インド会社は解散した。英国が直接支配する体制に転換したのである。ムガル皇帝が廃位され、かわって英国国王（その当時はヴィクトリア女王）が「インド皇帝」に即位することになった。

以後、1947年に独立が実現するまでの90年間、インドは大英帝国の植民地として統治されることになったのである。イスラーム王朝であったムガル帝国自体が、ヒンドゥー教徒が多数派であったインドにとっては異民族による支配ではあったが、西欧文明というまったく異なる「文明」の名のもとにおいて行われた英国の植民地時代をどう評価するか、なかなか難しいものがある。

多言語で多宗教のインドは、英語が実質的な意味で共通語となったおかげで、高等教育を受けたインド人エリートが世界で活躍することを可能としている。そのときは不幸と思われた禍いも、後世には福に転じることは多々ある。歴史というものは複雑系であり、一筋縄にいくものではない。

## 大英帝国の貿易構造と「比較生産費説」

19世紀の大英帝国は、「国際分業」によって食料と原材料を植民地インドに依存し、英国で加工して付加価値をつけた製品を、植民地インドや自治領、その他の海外市場に独占的に輸出するというビジネスモデルをつくりあげていた。

英国は、この加工貿易構造を確立して「世界の工業国」となった。英国は、「加工貿易」体制によって富を蓄積したが、リカードの理論によって根拠が与えられたことになる。

19世紀にオランダから英国に移民してきたユダヤ系の投資家リカードは、18世紀後半に「分業」をキーワードに経済を分析した『国富論』のアダム・スミスに心酔して、「外国貿易」と「国際分業」にかんする理論を、「比較生産費説」として体系化した。

「比較生産費説」は「比較優位説」ともいうが、ごく単純化して説明すると以下のようになる。ある特定の生産物にかんして、自国と他国の生産コストを比較したとき、自国の生産コストのほうが低くて有利な場合はその製品は他国への輸出に回し、そうではない製品を他国から自国に輸入すれば、自国と他国の双方にとって利益となり、国際分業が成立するという説である。リカードは、ポルトガルのワインと英国の毛織物の単純比較で説明している。


インド農業は植民地体制のもとで「モノカルチャー」の集合体に再編され、輸出品の穀物はコモディティとして、世界経済の景気変動の影響を受けやすい体質になってしまった。「第二次世界大戦」後に、アジア・アフリカの植民地がつぎつぎに独立したが、政治的に独立しても経済的に独立するのを困難にしたのは、植民地時代の「国際分業」にもとづくモノカルチャーの問題が根底にある。

一方、「世界の工場」となった英国の農業は、自由貿易による「国際分業化」で輸入品に依存するようになり解体され、牛乳や牛肉、野菜や果物以外の生産が行われない状態になって現在にいたっている。

「島国」の日本は、英国を模倣して「加工貿易立国」モデルで成功したが、それは世界的にみて例外なのである。

## 「基軸通貨」ポンドによる「覇権」

20世紀後半以降、現在にいたるまで「基軸通貨」は米ドルの体制がつづいているが、それ以前は英国ポンドが「基軸通貨」であった。「基軸通貨」は「覇権通貨」ともいうように、「覇権国」のパワーの源泉となっている。「基軸通貨」によって生み出されるパワーで、強者をさらに強者にする仕組みであり、「覇権国」にとって、きわめて有利な仕組みである。この構造は19世紀の大英帝国から始まり、20世紀の米国に引き継がれた。

「基軸通貨」の英ポンドを支えていたのは、大英帝国の加工貿易構造によって生み出された「富」と、それを基盤にした「金融力」である。この二つは、「世界最強の海軍力」によって支えられていた。現在においても英国の金融力が衰えたわけではない。英ポンドを維持する英国は、ユーロ圏の圏外にあるが欧州市場の中心にある。

ロンドンの金融街「シティ」の優位性は、英国が「EU離脱」を決定した「ブレクジット」後も維持されるのではないかという見方もある。

なぜ世界最初の「産業革命」を実行した英国が、現在ではモノづくりの国ではないのか？

この疑問は多くの人がもっているのではないだろうか？

じつは、英国の金融覇権は、「産業革命」が直接的な原因ではないのである。「産業革命」の前に起きた「商業革命」こそ、その原因であった。植民地を巻き込んだ世界的な貿易量の急増と取引商品の多様化が、「決済通貨」としての英ポンドの国際的評価を向上させ、英国の金融力の地位を不動のものとしたのである。

１８１６年には、世界ではじめて「金本位制」を導入している。英ポンドの基軸通貨としての評価は、「金本位制」に支えられた「固定相場制」にあった。「金本位制」は、その後、西欧各国が追随していったことにより、19世紀末には国際的に確立した。

工業にかんしては、19世紀後半以降、とくに１８７０年代以降は、「新興国」のドイツと米国に急速に追い上げられたが、国際金融の分野での「金融力」は20世紀初頭の第一次世界大戦まで優位性を維持していた。

「グローバリゼーション」をもっとも享受したのは、ロスチャイルド家に代表されるロンドンを中心とする国際金融の世界である。投資家の国内資金は、もっぱら「マーチャント・バンク」（＝投資銀行）を仲介して植民地インドを含めた海外投資に向かい、インフラ事業などに積極的に投資されていた。

投資家の国内資金が、製造業の中心であったリヴァプールやマンチェスターなどの中部地方の工業都市には向かわなかったのは、当時の製造業は、それほど大きな資金需要がなかったためである。事業家自身がパートナーシップを組んで資金調達を行う形が一般的であったようだ。この点については「産業革命」の項目で後述する。

英国では、中部と北部の製造工業と、ロンドンの商業・金融という「二重構造」が存在してきた。政府もまた、ロンドンの金融街である「シティ」寄りの姿勢であり、20世紀後半のサッチャー首相は、ドラスティックな改革をつうじて、その路線をさらに強化したとみなされている。

# 2 「交通革命」と「情報通信革命」で地球が劇的に縮小

この時代は、18世紀から70年にわたってゆっくりと進展した「産業革命」が生み出した蒸気機関と、19世紀後半からはじまった「第２次産業革命」による電気の発見とその応用が、陸上と海上で「交通革命」と「情報通信革命」を引き起こしている。

年表風にまとめると以下のようになる。

- １８６６年：大西洋の両岸の英国と米国が「海底ケーブル」によって本格的に結びつけられ通信スピードが飛躍的に向上、「情報通信革命」が引き起こされた
- １８５０年：東回り航路の英国と西回り航路の米国が極東の中国でつながった。地球が文字

通り一体化し、海上の「交通革命」が完成。「世界一周」が一般人にも可能となった

・1830年：「蒸気機関車」による鉄道が英国の産業都市リヴァプールとマンチェスター間に開通し、陸上の「交通革命」がはじまった

「ビフォア&アフター」の変化がこれほど大きな時代は、空前絶後といえるのではないかと思われる。その中身についてはこれから見ていくことにするが、「交通革命」と「情報通信革命」による変化がいかに大きなものであったか、想像するのはなかなか難しいかもしれない。

インターネット時代の現在も、グローバルな情報通信の大半は「海底ケーブル」を経由して行われる。20世紀以降は、航空機を乗り継いだ「世界一周」が可能となったが、空港（＝エア・ポート）ということばに端的に表現されているように、航空機による空の移動は、船舶による海上の移動の延長線上に位置づけられているのだ。

19世紀以降、「グローバリゼーション」は一般化していく。20世紀以降の変化は、19世紀の大変化の延長線上にあると言い切っても過言ではないのである。

蒸気機関車を使用した鉄道建設にあたって、英国では株式会社の仕組みが本格的に活用されることになったことにも触れておこう。事業に必要な資本が、パートナーシップではまかないきれなくなったからだ。政府と地元実業家が資本の大半を提供したが、株式は売買され個人投資家も購入できるようになる。

## 大英帝国を支えた「エンパイア・ルート」

19世紀の「覇権国」となった「大英帝国」を支えていたのは、英国本国とインド、さらには極東の中国まで結んでいた東回りの「エンパイア・ルート」であった。

英国から大西洋を南下して、ジブラルタル海峡をへて地中海に入り、マルタ島を経由して、エジプトのスエズからは「スエズ運河」を利用、アラビア半島南端のアデンをへてインド洋にでる。アデンから先はインドのボンベイ(=ムンバイ)。セイロン(=スリランカ)のコロンボからは、インドのカルカッタ(=コルカタ)。英連邦のオーストラリアとニュージーランド。マレー半島のペナン島、シンガポール、そして香港へとつながるルートである。

「エンパイア・ルート」は、「大英帝国」を経済的に支えた通商ルートであり、海軍力によって強力に保護されていた。上記の港湾はいずれもみな英国にとっての戦略的要衝であり、大英帝国にとっては、まさに「帝国の生命線」となっていたのである。英国の戦略は、「面」を押さえるよりも、「点」と「点」を押さえて、そのあいだを「線」で結ぶことにあった。ひとことでいえばネットワーク型ということになる。

そしてこの「エンパイア・ルート」は、技術の発展にともなって所要時間もスピードアップしていった。

## 蒸気船による「交通革命」……スピードアップと正確な所要時間

19世紀の「第2次グローバリゼーション時代」を推進した大きな要素のひとつが「蒸気船」による「交通革命」である。蒸気船は、時代を根本的に変えた画期的なイノベーションであった。

「産業革命」から生まれた動力源としての蒸気機関を船舶に応用したのが「蒸気船」だ。動力源を備えた「自走船」である。「蒸気船」の発明は米国のフルトンだが、「蒸気船」は商業船舶だけでなく軍艦にも応用されていく。

「蒸気船」のメリットは、従来とくらべて飛躍的にスピードアップが可能となったことだけでなく、目的地までの所要時間が、ほぼ正確に予測できるようになったことにある。コントロール不可能な自然現象である風に頼った「帆船」との大きな違いである。

時間が正確に読めるということは、計画的にビジネスを推進することを可能にする。現在ではすでに当たり前の「時間感覚」は、1830年に英国で開通したマンチェスター＝リヴァプール間の鉄道で実現し、英国ではビジネスエリートのあいだで共通感覚となっていた。自動車が発明されていなかった当時、陸上交通はもっぱら馬車であった。馬車よりも鉄道のほうが時間に正確であることはいうまでもない。

「蒸気機関」は、まず蒸気機関車として陸上交通に「交通革命」をもたらし、さらに海上交通にも「交通革命」をもたらすことになったのである。

## 蒸気船のデメリット

だが、蒸気船には大きなデメリットも存在した。それは蒸気機関が、燃料としての石炭を大量に必要とするという点である。長距離のルートで蒸気船を運行するためには、ルート上に補給基地が必要となる。大英帝国が「7つの海を支配する帝国」でありえた理由は、世界の軍艦用石炭の供給を実際上独占していたことにある。

そもそも英国は本国の、しかも海岸から比較的近い場所に良質な炭鉱が多数存在しただけでなく、「植民地」に石炭供給源を確保できたことも大きい。

「蒸気船」というあたらしい技術にもとづく交通手段の登場が、そのまま帆船の時代を終わらせたわけではない。蒸気船のトン数が帆船のトン数を上回ったのは19世紀末になってからである。燃料不要の帆船は、穀物などのバルク貨物の植民地からの輸送に使用されていた。「蒸気船」の燃料である石炭もまた帆船で輸送されていたということは面白い。

「スエズ運河」が開通したのは1869年だが、当時すでに南アフリカの喜望峰まわりルートではなくスエズ地峡経由に変わっていた。エジプトのアレクサンドリア港から蒸気船でナイル川をカイロまでさかのぼり、カイロからスエズまではキャラバン（＝ラクダの隊商！）で砂漠を横断するというルートである。１８５８年にはアレクサンドリアからスエズまで鉄道が開通し、ラクダは使用されなくなった。

## 「80日間世界一周」

フランスを代表するSF作家ジュール・ヴェルヌに、『80日間世界一周』（１８７３年）という作品がある。１９５６年にはハリウッド映画化されテーマ曲とともに世界的ヒットになったので、内容についてはよく知られていると思う。２００４年にはリメーク版も製作されている。

興味深いのは、この小説の主人公がフランス人ではなく、フィリアス・フォッグ卿という資産家の英国紳士に設定されていることだ。あらすじを簡単に書いておこう。

「80日間で世界一周」ができるかどうか、１秒でも遅れたら全財産を失うことになる賭けをトランプ仲間の友人たちとしたフォッグ卿は、ただちに１８７２年10月２日午後８時45分のロンドン発ドーヴァー行きの蒸気機関車に乗って出発した。

そこから先は、陸上は蒸気機関車、海上は蒸気船、その他、馬車やヨット、象やそりなどを乗り継いだ波瀾万丈の旅をつづけて、地球を東回りでロンドンまで戻る。結末はめでたしめでたしとなったわけだが、フォッグ卿がたどったルートは、さきにみた「エンパイア・ルート」

「80日間世界一周」のルート

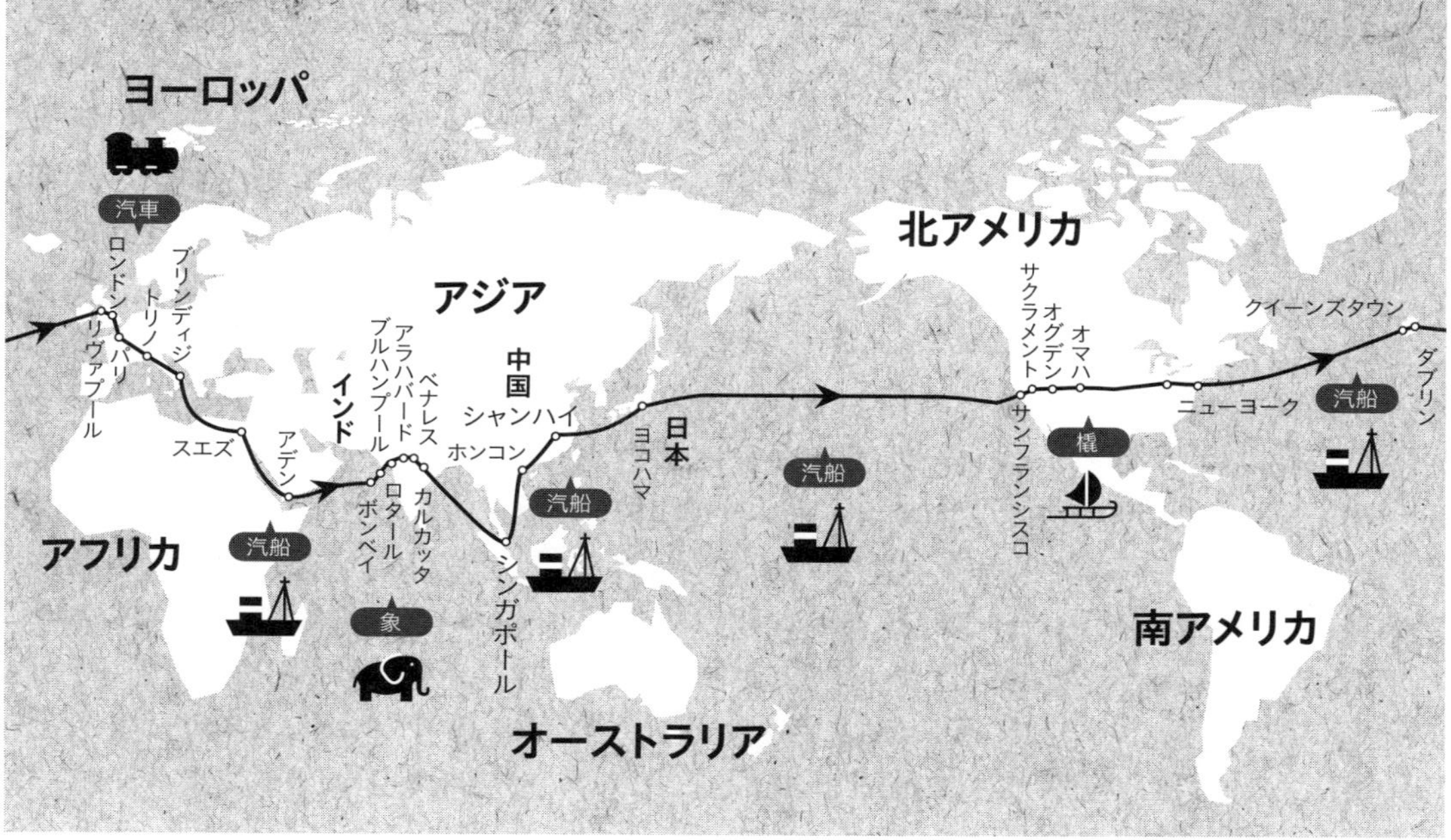

であり、ボンベイ（＝ムンバイ）から先は陸路でカルカッタ（＝コルカタ）まで抜けた以外は、ふたたび「エンパイア・ルート」を香港までたどる。上海から明治維新後の横浜へ、そして大平洋を渡ってサンフランシスコに上陸、北米大陸を陸路で横断、ニューヨークからロンドンまで蒸気船で戻る。

この小説が可能となったのは、1850年に東回り航路の英国と、西回り航路の米国が極東の中国でつながったことにある。地球が文字通り一体化し、海上の「交通革命」が完成。「世界一周」が一般人にも可能となった。ヒトとモノの移動にかんしては、「グローバル化」が文字通り完成したのである。

東回りの「エンパイア・ルート」についてはすでに説明しているが、西回りのルートにかんしては、米国の西部開拓を正当化したイデオロギーである「マニフェスト・デスティニー」（＝明白な運命）と、その結果のひとつであるカリフォルニアの「ゴールドラッシュ」（1849年）がある。米国では1869年に「大陸横断鉄道」が完成していた。「東回り」でインドから中国市場にアクセスした英国と、「西回り」で太平洋を渡って中国市場にアクセスを図った米国が中国でつながったのである。

米国は、「南北戦争」（1861～1865年）の混乱のため、中国市場開拓に後れを取ったが、「米西戦争」（1898年）の勝利でフィリピンを獲得し、「門戸開放宣言」（1899年）を行い、「機会均等」の原則を主張することによって、西欧列強や日本による中国進出を牽制することになる。

小説の発表から16年後の1889年、米国の新聞社「ニューヨーク・ワールド」と雑誌社の「コスモポリタン」が、特集記事のためにそれぞれ女性記者を派遣して、「80日間で世界一周」できるかどうか、東回りと西回りで競わせている。それぞれ72日間と76日間で世界一周を実現しており、「80日間世界一周」は、どちらのルートでも可能なことが実証された。

19世紀後半における「時間距離」は、航空機による空間移動が本格化する20世紀半ば以降まで、ほとんど短縮されていない。

航空機時代の現在なら、世界一周はおそらく48時間で可能だろう。東京から地球の反対側のリオデジャネイロ（ブラジル）まで乗り継いで24時間なので、単純に2倍すれば48時間、つまり2日間ということになる。現状ではこれが限界というべきか。

## 感染症のグローバル化……
## インド発のコレラが大英帝国のネットワークで東西に拡大

ヒトとモノの往来が活発になるのは、すばらしいことだけではない。ヒトとモノといっしょに感染症もまた移動する。21世紀になってから爆発的に流行したパンデミックであるSARS(=重症急性呼吸器症候群)や鳥インフルエンザに限らず、感染症の流行は19世紀においても「グローバリゼーション」につきものの問題であった。

感染症の分野に限っていえば、19世紀は「コレラの世紀」といわれる。植民地インドでコレラの感染が爆発しているが、もともとはベンガル地方で流行していたローカルな感染症であった。植民地インドでは、資本主義にとって都合のよいモノカルチャー(=単品作物栽培)化が強制されたため生態系のバランスが崩れ、しかも鉄道網の整備によってヒトとモノの往来が活発化したために、インド全土に感染が拡大していった。

コレラは、インドから中国に拡大した。その背景には、英国を中心とした西欧列強によるアジア進出によって、もともとあまり接点のなかったインド人の交易圏と中国人の交易圏とが交錯するようになったことがあるとされている。

「アヘン戦争」(1840年)の背景には、英国人にとって不可欠となっていた中国産の茶葉の代金をインド産のアヘンで支払うという「三角貿易」というスキームがあり、これが中国でアヘン中毒を生み出していた健康問題があったことはよく知られている。だが、それだけではない。

「アヘン戦争」を戦った英軍は、将校は英国人だが、下士官と兵のほとんどは植民地のインド人であった。インド人と中国人は、大英帝国を媒介として大規模に接触するようになったのである。これが中国におけるコレラ感染拡大につながっており、中国の感染拡大は、当然のことながら日本にも及んできた。

コレラは、インドから東回りだけでなく、西回りで英国にも波及している。コレラは繰り返しロンドンなど大都市で流行しているが、これは「産業革命」によって工業化が進展し、労働者がスラムで劣悪な生活を強いられていたことにも関係がある。

1848年から翌年にかけてロンドンを襲ったコレラで1万4000人が死亡している。コレラに限らず腸チフスもロンドンで流行しており、ヴィクトリア女王の夫のアルバート公も腸チフスで亡くなっている。

当時のロンドンでは飲料水をテムズ川から取水していたが、下水がそのままテムズ川に排水されるために感染が拡大しやすいことがわかってきたため、コレラ対策としての下水道整備が真剣に取り組まれるようになった。先進国で都市インフラとしての下水道整備が本格化したのは、19世紀後半以降の話である。

## 大英帝国を支えた「海底ケーブル」ネットワークと「情報通信革命」

「交通革命」によってヒトとモノの「グローバル化」、すなわち「地球の一体化」が完成したわけだが、「情報通信革命」による「地球の一体化」はそれよりすこし遅れて実現した。

電信による「情報通信革命」を可能としたのは、「海底ケーブル」が実用化されてからのことになる。1866年には、大西洋の両岸の英国と米国がつながった。1871年には、長崎と上海のあいだと、長崎とウラジオストクのあいだに海底ケーブルが敷設されたが、日本と米国のあいだの太平洋の海底ケーブルがつながったのは「日露戦争」後の1906年であり、その時点ではじめて海底ケーブルで「地球の一体化」が実現したことになる。

「海底ケーブル」は、19世紀の英国によって実用化された。技術的背景は、1830年代後半に米国でモールス信号が考案されたこと、英国で電線をつかった電気通信が発明されたこと、海底電線用ケーブルの被覆に使用されるマレー半島原産のガタパーチャという天然ゴムが、欧州にもたらされたことである。ガタパーチャとはマレー語でゴムの木のことで、現在でもゴルフボールの外皮に使用されている。

「情報通信革命」でどれだけスピードアップしたかというと、英国から植民地インドまでの通信は、1830年代まで郵便は喜望峰周りで5ヶ月から8ヶ月かかっていたが、1850年代には蒸気機関車と蒸気船による「交通革命」のおかげで30日から50日まで短縮、1870年代には「海底ケーブル」による電報で即日通信が可能となった。いかに劇的な変化であったか理解できるだろう。

インターネット時代の現在でも、本社と現地拠点のコミュニケーションには問題がつきまとうが、リアルタイムのコミュニケーションなど想像もつかなかった19世紀当時は、現地に駐在する外交官や植民地官僚だけでなく、ビジネスの現地支配人にとっても、現地での裁量の余地はきわめて大きかったのであり、それを前提にしないと何事も回らなかったのである。

「海底ケーブル」による電気通信は、大英帝国にとっては植民地を維持するために不可欠のインフラとなった。担い手となったのは、英国の国策会社ケーブル・アンド・ワイヤレス（C&W）社である。19世紀末にはすでに英国からニュージーランドまで世界横断ネットワークを完成していた。

現在のインターネットによる情報インフラもまた、19世紀後半以降に敷設が始まった海底ケーブルに大きく依存している。

「情報通信革命」によって「時間距離」が劇的に短縮した結果、ロンドンを中心とした国際商品市場が形成され、大衆投資家による植民地産業への投資が可能になった。現在にもつながる国際金融立国としての英国の強みはこの時代に形成されたものである。

いわゆる経済情報紙は19世紀の英国で生まれている。『エコノミスト』（1843年）、『ロイター』（1851年）、『フィナンシャル・タイムズ』（1888年）といった経済金融メディアは、いずれもこの時代に誕生したものである。

「交通革命」によって、インドや東南アジアの産品が、かつてのような上流階級向けの贅沢品や香料のような希少財ではなく、日常生活で使用する一般消費財や食料、工業原料として、世界市場に組み込まれていった。

## 「知的財産」としての有用植物の組織的収集

「プラント・ハンター」による収集もまたそうである。「プラント・ハンター」とは、西欧にはない有用な植物を求めてアジアやアフリカの野山を駆けめぐった植物の狩人たちのことである。かれらは植物学者として植物分類学につうじているだけでなく、園芸家としてじっさいに植物を栽培する技術をもち、しかもビジネスマンとしての嗅覚も備えた狩人たちであった。

大英帝国と東インド会社にとって、植物が生み出した富ははかりしれないものであった。まず第一にあげなくてはならないのがマラリアの特効薬となった「キニーネ」だ。キニーネが発見されなかったら、西欧人が熱帯アフリカや熱帯アジアを植民地にすることは不可能であったことは間違いない。

また、英国人のライフスタイルとは切っても切り離せない存在となった「紅茶」もそうだ。

紅茶と緑茶の違いは発酵の有無によるもので、おなじチャノキの葉からつくられる。

英国は茶葉の調達を中国からの輸入に依存していたが、貿易不均衡を解消するために、インド産のアヘンをかませた「三角貿易」を行っただけでなく、最高級のチャノキのタネと苗を中国内陸部から盗みだし、インド植民地北部のアッサムやダージリン、そしてセイロン（=スリランカ）に移植するというミッションも実行された。

その他の希少植物や有用植物、薬用植物とその栽培技術は「知的財産」として、英国に富をもたらした。英国の東インド会社は、セイロン（=スリランカ）やシンガポールなど各地に「植物園」（=ボタニカル・ガーデン）をつくっていた。オランダの東インド会社も蘭領東インド（現在のインドネシア）のボゴールに「植物園」をつくっている。

ロンドン郊外にある「キュー王立植物園」では、大英帝国の最盛期に海外植民地からプラント・ハンターたちによってもたらされたキニーネや天然ゴムなどの貴重な植物種がここで品種改良され、ふたたび植民地に戻されていった。天然ゴムの生産は、マラヤ植民地（現在のマレーシア）で大きな意味をもった。英国の産業政策において戦略的な意味をもった植物園であり、植物の研究機関であった。

バイオテクノロジーの時代になってからも、遺伝子の観点から有用な植物の探索はつづいており、「知的財産」をめぐる争奪戦は終わっていない。「キュー王立植物園」は、世界中に版図を拡大した19世紀の大英帝国がエジプトやギリシア、植民地から収集した「大英博物館」（ブリティッシュ・ミュージアム）以上に、重要な役割を果たしてきたといえるだろう。

# 3 大英帝国内の大規模な人口移動

大英帝国の植民地の形成には、英国本国から出ていった移民がおおいに寄与している。移民政策には人口増大のはけ口としての意味もあった。大英帝国が形成されて以降は、帝国の枠組みのなか、経済原則にもとづいた労働者の移動が、植民地相互のあいだで発生している。

## 英国本国からの人口移動……過剰人口のはけ口としての「植民地」

英国本国から、北米植民地であった米国や、現在でも「英連邦」加盟国であるカナダ、オーストラリアとニュージーランドへの移民は、「大英帝国」の形成期から「大英帝国」が消滅して以後の現在にいたるまでつづいている。

金融史を中心に旺盛な執筆を行っている現代英国の歴史家ニーアル・ファーガソンが、「英国ほど世界中に移民を送り出した国はほかにない」と、『帝国：英国はいかにして近代世界をつくりあげたか』（日本語未訳、2003年）のなかで述べているとおりだ。

英国国教会の牧師で経済学者のマルサスが、匿名で出版した『人口論』（1798年）のなかで述べたように、当時の英国は食料生産が人口増加に追いつかない状況にあった。「囲い込み」で土地を失った農民が落ちぶれて貧民となり、犯罪の温床となっていた。

英国は失業や貧困といった社会問題の解決を人口過剰問題の解決として捉え、「植民地開発」に不可欠な人材供給を、本国からの「棄民政策」と両立させたのであった。

植民地に渡航していった農民だけではない。犯罪者や帰還兵もまたそうであった。英国は犯罪者を牢獄に収監することはせず、植民地に「島流し」していたのである。「アメリカ独立革命」によって北米植民地の大半を喪失して以後は、その役割はオーストラリアが果たすことになる。

ナポレオンもまた、追放先のエルバ島からフランスに帰還後、「ワーテルローの戦い」で英国を中心とする連合国に敗れ去ったのちは、当時は英国東インド会社領であった南大西洋のセントヘレナ島に「島流し」されている。

この基本姿勢は、「大英帝国」がもはや存在しなくなってからも続いていた。第二次世界大戦後も1970年代にいたるまで、英国では施設に預けられた13万人もの子どもたちが本人や親の同意もなく、福祉の名のもとにオーストラリアに移民として送られ、強制労働や虐待が行われていたという事実が明るみになっている。2009年にはオーストラリア首相が、2010年には英国首相が公式に謝罪している。この件にかんしては、実話をもとにした映画『オレンジと太陽』（2012年）が英国で製作されている。

1800年に英国に併合され「植民地」化されたアイルランドからは、大量の移民がとくに米国に大量に流出している。

英国の中核をなすイングランドとは異なり、熱心なカトリック人口が大多数を占めるアイルランドには、17世紀以来イングランドに対する根強い抵抗運動があっただけでなく、人口過剰状態にあったアイルランドを直撃した1845年の「じゃがいも飢饉」が、人口流出に拍車をかけたのであった。

米国は、世界最大のアイルランド系人口をもつ。ケネディ大統領はその代表的存在だ。

## 「大英帝国」の枠組みのなかでのインド人と中国人の大移動

なぜ、世界中にインド人や中国人がいるのだろうか。そして現地社会で経済活動の担い手として重要な役割を果たしているのだろうか。その理由は「大英帝国」の移民政策にあった。

「第1次大英帝国」においては、アフリカから労働力として黒人奴隷がカリブ海や北米植民地へ連れてこられたが、北米植民地喪失後の「第2次大英帝国」においては、労働力の供給源は植民地インドと半植民地の中国に求められるようになった。１８３０年代に英国で「奴隷制」が廃止されたことも理由のひとつである。このため、インド人と中国人が「移民」として大量に移動するようになったのである。

インド人はもともと国際商人として、インド洋世界の中東からアフリカにかけて広く活躍していた。16世紀の西欧によるアジア進出は、インド人の交易ネットワークを活用してはじめて成立したとされる。

インド人が世界中に移民するようになったのは、19世紀に「大英帝国」の植民地となっていってからだが、旺盛な労働需要が存在しただけでなく、基本的に人口過剰が背景にあった。

インド人は、カリブ海の西インド諸島、アフリカ東海岸のケニアとタンガニーカ、そしてウガンダ、南アフリカ、モーリシャス、アジアではセイロン（＝スリランカ）、ビルマ、マレー半島、南太平洋のフィジーなど世界各地に移民した。

もっとも有名な例は、セイロンで栽培が始まったお茶の葉の摘み取り作業のために、対岸のインドからタミル人労働者が導入されたことだろう。これが20世紀後半のスリランカの民族紛争の原因となった。

インド独立の父ガンディーもまた、若い頃に英国で弁護士資格を取得しインドに戻ったが、インドでは成功できなかったので大英帝国の植民地となった南アフリカに渡り、インド人居留民のための弁護活動に従事していた。

中国は清朝末期まで海外渡航を禁止する「海禁政策」があったが、国内の人口圧力から東南アジア方面に海外流出していった。これが「華僑」のはじまりである。

1819年に英国東インド会社のラッフルズによってシンガポールが建設されたことで、華僑・華人が集まってきた。その結果、大英帝国の版図内でシンガポールは、香港についで華人系人口では二番目の集中地帯となった。

東南アジア諸国で経済の実権を握っているのは華僑・華人だが、大英帝国の植民地時代は「買弁《ばいべん》」として、英国の権力者や資本家と現地住民との仲立ちをする中間的なポジションを占めていた。支配階級とは違って、現地住民からは直接の接触相手であるために不満の矛先とされたことも多かった。

大半の中国人移民は、苦力（＝クーリー）という肉体労働者として移民している。大英帝国だけでなく、米国への移民も多かった。19世紀の米国の鉄道建設は中国人移民なしにはあり得なかったとさえいわれている。

ここまでインド人や中国人と十把一絡げに表記してきたが、インドは多言語・多宗教地帯であり、しかもカースト制度がからんだ複雑な地域である。中国もまた多言語地帯であり、地縁・血縁にもとづく「宗族《そうぞく》」という単位で人間関係が存在する。インドの場合は中間層以上は英語が共通語で、中国の場合は識字層のあいだでは漢字が共通語であったに過ぎない。

移民にあたっては、地縁や血縁などの人的ネットワークが大きく働いていることは強調しておきたい。これは現在でも変わらない。

## ビジネスチャンスを求めて大移動した客家《はっか》とユダヤ系資本家

「大英帝国」の植民地ネットワークのなかで移動しているのは労働者だけではない。ビジネスチャンスを求めて企業家も移動している。ここでは代表的な例として華人系の「客家《はっか》」とユダヤ系の資本家を取り上げておこう。

「タイガーバーム」（＝虎標萬金油）は、日本でも輸入販売されている軟膏だが、タイガーバームが発明されたのは、19世紀後半のビルマ（＝ミャンマー）であった。

ラングーン（＝ヤンゴン）生まれの創業者の胡文虎・胡文豹兄弟は、華人系移民の「客家」出身で、ビジネス拡大に応じて中心拠点をビルマからシンガポールへと移転している。

大英帝国の植民地統治システムをフルに活用して財をなした胡文虎は、社会貢献の意味も込めてシンガポールと香港に「タイガーバーム・ガーデン」を開園した。シンガポールの「タイガーバーム・ガーデン」は、現在でも「ハウパー・ヴィラ」として一般公開されている。「ハウ」は胡文虎の「虎」、「パー」は胡文豹の「豹」である。胡文虎は晩年はハワイに移住した。

戦前の上海は、英仏や日本などの列強による「租界」が存在した東洋最大の国際都市であったが、当時の上海でもっとも有名な存在であったのは、「東洋のロスチャイルド」とよばれていたユダヤ系のサッスーン財閥であった。

サッスーン・ファミリーは、もともとはメソポタミア（現在のイラク）のバグダッドが起源のセファルディム系（イベリア半島、北アフリカ、中東に住んでいたユダヤ人）である。

中心拠点をバグダッドからインドのボンベイ（＝ムンバイ）、そして中国の上海へと大英帝国の植民地ネットワークを東回りで移動していったサッスーン・ファミリーは、「アヘン戦争」のきっかけとなったインド産アヘンを中国に輸出する貿易で財をなし、そのほか幅広く貿易業務に従事していた。中華人民共和国誕生によって中国が共産化されたあとは、ロンドンに移動している。

ただし、ヘアケア製品で有名なヴィダル・サスーンは英国出身だが、別系統のファミリー出身である。

## 入ってくる「移民」（イミグラント）と出て行く「移民」（エミグラント）

２０１６年に実施された「国民投票」の結果を受けて、英国は「ＥＵ」（＝欧州連合）からの「離脱」を決定したが、賛成票を投じた有権者の最大の関心が「移民」問題にあったことは報道されているとおりだ。欧州域内の人口移動が容易になった結果、とくにポーランドをはじめとする東中欧からの移民が増大し、現地の雇用を奪っているという不満が背景にあったようだ。

英国は「移民」を大量に受け入れてきた国でもある。英国はイングランドを中核として誕生した国家だが、植民地帝国の遺産として、現在は「文化多元主義」の「多民族国家」という複雑な存在となっているのが現実だ。

たとえば、英国を代表する百貨店ハロッズを買収したのはエジプト出身の実業家モハメド・アル＝ファイドであるし（その後、ハロッズは中東の産油国カタールの政府系ファンドに売却。カタールはかつて英国支配下にあった）、現在のシリア大統領のバッシャール・アル＝アサドは、独裁者であった父親を継いだ兄が事故死する前は、ロンドンで眼科医として勤務していた。

現在でも首都ロンドンの一角には「アラブ人街」があるし、生鮮食料品を扱う小売店主にはパキスタンからの移民が多い。ロックバンドの「クイーン」のフレディ・マーキュリーは、インド出身のパルシー（＝ゾロアスター教徒）であった。英文学を代表する作家のひとりジョゼフ・

コンラッドはポーランド出身だし、おなじくカズオ・イシグロは日本生まれである。

歴史をさかのぼれば、「大英帝国」絶頂期のヴィクトリア女王時代の首相ディズレーリは「イスラエル人」という意味の名字をもつユダヤ系だし、現在の英国王室はウィンザー家と名乗っているが、もともとはドイツ北部のハノーファーに出自をもつドイツ系である。第一次世界大戦に際して、英国国民との一体感をつくりだすために敵国ドイツのイメージを払拭するため、英国風の名称に変えたのである。

英国では、「英連邦」加盟の旧植民地から大量の「移民」(=イミグラント)を受け入れつつ、チャンスを求めて米国や英連邦諸国に出て行く「移民」(=エミグラント)も少なくない。メディア王マードックは英連邦のオーストラリア出身であるが、英国を経て現在は米国に拠点を移転している。英語が共通語であるという有利な条件が背景にあるが、流出入が活発であることが英国を活性化していることは否定できない。

英国と日本は、ユーラシア大陸の西端と東端に位置する「島国」という性格を共有するのに、「移民」をめぐってはマインドが大きく違うのである。

# 4 帝国主義国による「中国分割」と「アフリカ分割」

## 「アヘン戦争」で覚醒したのは中国ではなく日本

「アヘン戦争」（1840～1842年）の結果、大英帝国は香港島を「植民地」として獲得した。以後、香港を足場にして、中国市場攻略を本格的に開始する。

「アヘン戦争」の背景について見ておこう。紅茶なしでは生きていけなくなった英国は、貿易不均衡是正のために、中国産の茶葉の代金をインド産のアヘンで決済する「三角貿易」というスキームを構築した。だが、アヘン中毒が蔓延し、危機感を感じた清朝はアヘンの輸入禁止措置を行う。これに対して、英国議会では中国に対する戦争が議決され、「アヘン戦争」となったのである。

「第二次アヘン戦争」ともよばれる「アロー戦争」（1856〜1860年）では、英国は単独ではなく、利害の一致したフランスと連合軍を形成して清朝と戦った。

その結果、九龍半島南部の市街地を新たに「植民地」として獲得した。さらに1898年には、周辺地域を99年リースの「租借地」として使用を開始した。

1997年に「香港返還」が実行されるまでの150年以上にわたって、香港は英国の海外植民地として統治された。英国を代表する国際金融機関の一つHSBCは、もともと香港上海銀行（Hong Kong and Shanghai Banking Corporation Limited）という名称で、香港返還前まで香港に本拠地を置いていた。

習近平体制になってから、中国共産党は中国の「屈辱の歴史」は「アヘン戦争」に始まるとことあるごとに強調している。つまり中国共産党の「公式史観」であるわけだが、「アヘン戦争」で覚醒し、激しい危機意識を抱いたのは、じつは当事者の中国ではなく、対岸の島国・日本だった。

「西欧の衝撃」（＝ウェスタン・インパクト）に対しては、中国と日本では受け止め方に大きな違いがあったのである。日本は、逃れられない運命として受容し、中国はずるずると浸食されつづけた結果、ついに目覚めざるを得なくなった。「アヘン戦争」から屈辱が始まったとする「アヘン戦争史観」は、中国共産党の「公式史観」に過ぎない。
だが、さすがに「第二次アヘン戦争」で首都の北京が攻撃されてから、はじめて清朝の上層部は目覚めたようだ。英国軍によって徹底的に破壊された「円明園」は廃墟のまま放置されていたのである。

## 西欧列強による「中国分割競争」

英国は「アヘン戦争」の結果、香港を「植民地」化したことはすでに見たとおりだが、「大英帝国」に対抗して、ロシア、フランス、ドイツといった「西欧列強」が中国市場に参入してきた。旅順と大連はロシア帝国が租借地に、膠州湾はドイツ帝国が租借地に、広州湾はフランスが租借地とした。きっかけとなったのは「日清戦争」(1894年)で清国が日本に敗北したことである。

「義和団事件」(1900年)では、英国、米国、ロシア、フランス、ドイツ、オーストリア－ハンガリー、イタリアの欧米七列強と日本による連合軍が、義和団鎮圧のために北京に侵攻し、1年間にわたって占領を行った。

このときに、さらに文化遺産が略奪され、海外に流出していった。「北京議定書」によって、清国に対して巨額の賠償金を課しただけでなく、列国軍隊の北京・天津駐在を認めさせた。

中国は西欧列強の草刈場となり、「半植民地」として固定されることになった。かつて「眠れる獅子」（＝スリーピング・ライオン）として恐れられていた中国に対する見方は完全に転換し、西欧列強から「東亜病夫」（＝東アジアの病人）と呼ばれるようになった。同時代に「欧州の病人」とよばれたオスマン帝国が、つぎつぎと領土を手放していったのと同様、清朝もまた「半植民地化」の道を進んでいくことになった。

「日清戦争」によって、中国を中心とする東アジアの国際秩序であった「華夷秩序」が破壊されたのである。中国に対する朝貢関係によって成立していた「華夷秩序」は、日本もその推進者となった西欧による「ウェストファリア体制」によって再編されることとなる。その焦点が中華帝国の属国であった李氏朝鮮の存在であった。「日清戦争」の勝利によって日本は台湾を植民地化した。

「米西戦争」（1898年）の結果、米国はスペインからフィリピンを奪い取り、米国の植民地とした。「桂・タフト協定」（1905年）によって、米国は当時の大韓帝国における日本の支配権を確認し、日本は米国のフィリピンの支配権を確認したことにより、太平洋における日米の植民地支配は相互承認されたことになる。その後1910年に日本は韓国を併合した。

19世紀当時の東アジアから南アジアの情勢を整理しておくと、英国はインドとビルマ、マラヤ（＝マレー半島）と香港、オランダは蘭領東インド（＝インドネシア）、フランスはインドシナ（＝ベトナム・ラオス・カンボジア）を植民地化していた。フランスがインドシナを植民地化したのは1887年のことである。

## 英仏を中心とした「アフリカ分割」競争

「アフリカ分割」は、1880年代から第一次世界大戦前の1912年にかけて、西欧列強によって激しく争われたアフリカ諸地域の支配権争奪と植民地化の過程のことだ。最終的に、米国の解放奴隷が建国したリベリアと古代からつづくキリスト教国のエチオピアを除いて西欧7か国によって分割支配された。

「アフリカ分割」は、英国とフランスという植民地帝国が中心となった競争である。英国は「アフリカ縦断政策」、フランスは「アフリカ横断政策」を実行した。「産業革命」によって工業化をすすめていた西欧列強が求めていたのは、食料や原材料、鉱物資源などであり、それらがない場合は労働力の供給源とされた。

本格展開をはじめたのはフランスである。ナポレオンのエジプト遠征（1798年）から始まり、19世紀には地中海対岸の北アフリカ諸国のモロッコ、アルジェリア、チュニジアを保護国とした。フランスはアフリカ大陸の中央部から東西に広がる植民地拡大を目指す「アフリカ横断政策」を推進した。

　エジプトについてはすでに触れたが、英国はエジプトの南に隣接するスーダンも領有化、「ナポレオン戦争」後の「ウィーン議定書」（1815年）でアフリカ南端の「ケープ植民地」をオランダから入手、南アフリカの内陸部に植民地を拡大した。アフリカ大陸の南北を押さえた英国は、「アフリカ縦断政策」を推進した。いわゆる「3C政策」は、カイロ（エジプト）とカルカッタ（インド）、ケープタウン（南アフリカ）を結ぶ逆三角形で表現された地域を支配下に置くことを意味していた。


　フランスの「横断政策」と英国の「縦断政策」は、「ファショダ事件」（1898年）として衝突する。フランスの譲歩によって英仏間のコンフリクトは解消、棲み分けが実現した。

　新興国のドイツもまた「アフリカ分割競争」に参入してきたが、独仏は「モロッコ事件」で衝突し、とくに「第二次モロッコ事件」では独仏の対立が激化し、第一次世界大戦につながっていくことになった。

　ベルギーはアフリカ大陸の中央部のコンゴを植民地化したが、ゴールドやダイヤモンド、さらにはウランなどの鉱物資源にめぐまれたコンゴは、ベルギーにとっては富の源泉となった。だが、そのために現在でも国際紛争の発生源となっている。

　南アフリカでオランダ系植民者と英国のあいだで勃発した「ボーア戦争」（1899～1902

年）もまた、ゴールドとダイヤモンドをめぐる利権獲得が動機であった。だが英国は、オランダ系植民者のボーア人との泥沼の戦いで消耗、このことが「日英同盟」締結のきっかけともなった。

## 「帝国主義者」セシル・ローズ

30年以上にわたってつづく独裁政権下で、「第二次世界大戦」後では世界最悪とされる「ジンバブエ・ドル」のハイパーインフレーションで21世紀初頭に経済崩壊した「破綻国家」ジンバブエは、改名前はローデシアという国名であり、「ボーア戦争」を挑発したセシル・ローズが命名した英国の植民地であった。

ローズは、南アフリカのダイヤモンド採掘で莫大な財産を築き、さらにトランスヴァールの金鉱を独占して政治家となり、大英帝国の「帝国主義」政策の推進者となった。

ローズは「帝国主義」を擁護した思想を、１８９５年に親友のジャーナリストに語っている。「ロシア革命」の指導者レーニンが１９１７年の「二月革命」と「十月革命」のあいだに出版した、『資本主義の最高の段階としての帝国主義』の「第6章　列強のあいだでの世界の分割」から引用しておこう。

私は昨日ロンドンのイースト・エンド（労働者街）にゆき、失業者たちのある集会をのぞいてみた。そして、そこでいくつかの野蛮な演説をきき――演説といっても、じつは、パンを、パンを！という、たえまない叫びに過ぎなかったのだが――家に帰る道すがら、その場の光景についてよく考えてみたとき、私は以前にもまして帝国主義の重要さを確信した。私の心からの理想は社会問題の解決である。すなわち、連合王国の４０００万の住民を血なまぐさい内乱から救うためには、われわれ植民政策家は、過剰人口の収容、工場や鉱山で生産される商品の新しい販売領域の獲得のために、新しい土地を領有しなければならない。私のつねづね言ってきたことだが、帝国とは胃の腑の問題である。諸君が内乱を欲しないならば、諸君は帝国主義者にならなければならない。（出典：『帝国主義』宇高基輔訳、岩波文庫、１９５６年）

帝国主義者がなぜ「アフリカ分割競争」に精力を傾けていたか、よく理解することのできる発言である。ローズは、階級闘争を「内乱」と捉え、その解決のために帝国主義が必要だと主張していたのである。レーニンは、「彼の帝国主義の擁護は、やや乱暴であつかましい」と評しているが、同時に「ただ少しばかり正直な社会排外論者であったに過ぎない」とも述べている。

ちなみに、オックスフォード大学の「ローズ・スカラーシップ」（＝ローズ奨学制度）は、ローズの遺言によって1902年から始められた世界最古の奨学金制度である。米国の「フルブライト奨学金」の創設者フルブライト上院議員や、ビル・クリントン元大統領、日本でも「ハーバード白熱教室」で有名になったサンデル教授も受給者として名を連ねている。「帝国主義者」の遺産は、学費や生活費として、米国と英連邦諸国およびドイツ出身の奨学生に割り当てられ、100年を超えて影響を行使しつづけているのである。

中国もアフリカも、西欧列強によって植民地化された歴史は共有している。第二次世界大戦後の「非同盟諸国」において、中国は一貫してアフリカ側の立場を貫いてきただけでなく、さまざまな形でアフリカ支援を行ってきた。

日本人の認識にはなかなか入ってこないが、中国とアフリカの密接な関係の背後にそうした歴史的関係があることは、その是非は別にして見過ごすべきではない。ただし、中国の経済支援が一般民衆まで行き渡っているかどうかは、また別の問題だ。

# 5 英米アングロサクソンの枠組みでつくられた「近代日本」

英国王室が授与する最高位の勲章は「ガーター勲章」である。

『女王陛下のブルーリボン　英国勲章外交史』（君塚直隆、中公文庫、２０１４年）によれば、現在のエリザベス女王の時代でも、「ブルーリボン」という愛称をもつガーター勲章は、基本的にキリスト教の王侯に限って授与される。

だが、非西欧で非キリスト教国家の君主として「ガーター勲章」の着用を認められているのは、日本の天皇が世界で唯一の存在だという。

１９０６年の明治天皇から始まって、１９１２年には大正天皇、１９２９年には昭和天皇、１９９８年には今上天皇（＝現在の天皇陛下）に授与されている。「近代」以降の天皇は、すべて「ガーター勲章」の着用を認められ、ウィンザー城にある英国国教会のセント・ジョージ・チャペル（礼拝堂）には、現在の天皇陛下の「菊の紋章」のバナーも飾られている。つぎの天皇もまた、当然のことながら授与されることになろう。

第二次世界大戦では日本は「敵国」となったため、１９４１年から昭和天皇の「ガーター勲章」着用は認められなかったが、30年後の１９７１年には名誉が回復し、ガーター勲章着用が復活したという紆余曲折の歴史があるものの、１９２９年の昭和天皇への叙勲以来、誰一人として非キリスト教徒には授与されていない。その意味において、日本の皇室は、英国王室の価値体系において別格の存在なのである。

その原点は、「日清戦争」後のアジア情勢における日本の地政学的存在がもたらした「日英同盟」（１９０２年）にあった。

## 「日英同盟」と「日露戦争」

「日英同盟」は、英国の立場から見れば、インド植民地への脅威となっていたロシアを極東で牽制するというのが主目的であり、「日清戦争」における日本の勝利を評価した英国が、ロシアの南下政策への対応として極東地域の防衛を日本に肩代わりさせるために締結された同盟（アライアンス）であった。５年期限で更新可能とされていた。

日露戦争風刺画「火中の栗」
「日英同盟」を風刺したもので、左側にロシア、日本の背後には英国、そのとなりには米国がいる。もともとは海外の新聞に掲載されたものだが、日本の『中央新聞』に転載された。

泥沼化していた南アフリカの「ボーア戦争」(1899〜1902年)に忙殺され、財政的にも悪化していた英国は、「栄光ある孤立」という非同盟政策を捨て日本との同盟を決意した。この時点で日英の国力の差はきわめて大きなものがあったが、ユーラシア大陸の西端にある英国と、東端にある日本の利害が、地政学の観点から一致したのである。

「日露戦争」においては、海洋国家の大英帝国はインテリジェンス活動や情報提供などさまざまな形で日本を支援し、日本は米国の仲介もあって、かろうじてロシアとの講和条約に持ち込むことに成功する。

英国のおかげで、当時は世界最先端の英国マルコーニ社製の無線通信システムを採用できたことも大きい。喜望峰周りでウラジオストクまで航行する予定のバルチック艦隊の動向は、すべて大英帝国のネットワークをつうじて日本に提供されていた。蒸気船艦隊だったので、燃料の石炭と水と食糧の積み込みのため「エンパイア・ルート」上の港湾に寄港しなくてはならなかったのだ。

ここで無線通信について触れておくと、イタリア人の天才発明家マルコーニは、大英帝国のネットワークを利用したほうがビジネスとしては有利だと考え、1897年に英国で起業している。無線通信が威力を発揮したのはとくに船舶通信で、これがマルコーニ社にとって大きな利益をもたらした。マルコーニ社は、無線設備は販売せずに貸出とし、使用分を無線設備使用料として徴収するビジネスモデルを経営戦略としていた。

「第一次世界大戦」後の1919年、無線通信の戦略的重要性を評価した米国政府は、米国マルコーニ社の支配権を知的資産ごとGE（＝ゼネラル・エレクトリック）に買い取らせ、RCA（＝ラジオ・コーポレーション・オブ・アメリカ）を設立している。以後、RCAは米国と世界のエレクトロニクス産業の中心となり、ラジオからテレビ時代をリードする存在となった。

「日本海海戦」で完全勝利を達成した連合艦隊司令長官の東郷平八郎の旗艦であった「戦艦三笠」は、英国のヴィッカーズ社製であり、主要戦艦6隻はいずれも英国製であった。薩摩藩出身の東郷平八郎は、初陣をはたした「薩英戦争」（1863年）で英国海軍のパワーを少年時代に肌身を通じて知った実戦体験者であり、英国で海軍のなんたるかを学んだ第一世代でもある。「薩英戦争」で威力を発揮したアームストロング砲は、幕府がグラバー商会をつうじて英国のジャーディン・マセソン商会に発注しているが「戊辰戦争」（1868年）には間に合わず、先に入手していた新政府軍に敗北する原因のひとつとなった。このほか大量の銃器が日本に流入してきた。

「日露戦争」における日本の勝利は世界史的なインパクトをもたらした。植民地となっていたインドやエジプトなどの民族主義者たちを覚醒させたからだ。日本の勝利は、はじめて非白人国が白人国に勝利したと見なされ、非白人でも白人に打ち勝つことができるという自信と勇気を与えたのである。これは西欧列強の脅威にさらされていたトルコやフランスの植民地となっていたベトナムの民族主義者たちも同様であった。

植民地の民族主義者たちの動きに応えて、日本では頭山満や大川周明といった民間右翼が行動面でも支援を行うことになる。だが、日本政府の態度は民間とはまったく異なるものであった。

というのは、インドやエジプトを植民地にしていた大英帝国にとっては、民族主義者による独立運動はまったく歓迎されないことであったため、「日英同盟」を結んでいた日本政府は、英国政府の要請を受けてインド独立運動の志士たちを取り締まる側に回ったからだ。インドシナを植民地としていたフランスもまた、ベトナム独立運動の志士たちの取り締まりを日本政府に対して求めた。

## 「明治維新」……新政府は「西欧近代化」に舵を切る

「明治維新」（1868年）については、その評価をめぐってさまざまな意見もあるだろうが、「近代日本」の出発点となったことは否定できない事実である。「第二次世界大戦」の敗北と占領があったが、断絶よりも連続性のほうがつよいことは「立憲君主制」という体制が継続していることからもわかる。2018年には「明治150年」を迎えることになる。

幕府が米国を皮切りに、英国やフランスといった「西欧列強」各国と結んだ条約が、関税自主権や領事裁判権のない「不平等条約」であることが大きな問題であることを自覚していた明治政府は、不平等条約解消を主目的として「岩倉使節団」を派遣した。

ちなみに、アジアのなかで「植民地化」を回避できたのは、日本とシャム王国（＝現在のタイ王国）だけであったが、タイもまた「ボウリング条約」（1855年）によって、英国にとって都合のよい自由貿易体制に組み込まれている。日本の「開国」（1854年）の翌年のことだ。タイは、1910年に「関税自主権」を回復したが、治外法権を意味する「領事裁判権」は1935年まで撤廃できなかった。

「岩倉使節団」はまる2年間にわたって、東回りで太平洋を渡って米国、さらに大西洋を渡って西欧各国を歴訪して現地調査を行ったが、それは地球一周の米欧視察調査旅行でもあった。

使節団は西欧からは「エンパイア・ルート」で日本に帰国するが、メンバーたちは、蒸気船と蒸気機関車によって「グローバル化」が成立していたことを実感したことだろう。

「岩倉使節団」に参加した政治指導者が現地体験を踏まえて得た認識のなかでもっとも重要なことは、当時は絶頂期で最先端の先進国であった「大英帝国」と日本との格差を40年と見積もったことにある。

現在のような慌ただしさが支配する世界においては、「40年」というと途方もなく長い年月に感じられるが、明治政府の指導者たちは「40年ならキャッチアップ可能」と踏んだようだ。

この認識のもと、「殖産興業」と「富国強兵」路線を突き進んだ「新興国」日本が、約40年後の「日露戦争」の勝利で「先進国」入りしたことは歴史が示しているとおりである。もちろん、日本資本主義の父・渋沢栄一など、民間ビジネスを推進した企業家たちがいたからこそ実現したものであることは言うまでもない。

## 「上からの改革」であった「明治維新」後の「近代化」

「明治維新」は、「復古」「革命」「改革」の3つの側面がある。以下それぞれの要素について見ておこう。

「復古」にかんしては「王政復古」というスローガンに表現されているが、古代そのものに復帰したわけではなく、現体制を打倒するために使用されたロジックであり、スローガンとしての「復古」である。「イラン・イスラーム革命」（１９７９年）にも似たような側面がある。

「革命」にかんしては、「明治維新」は対外的な危機感を背景に中央集権体制確立を目指した革命であり、最終的に武士階級がみずからがよってたつ「封建制」に終止符を打ったという、世界史的にも希有な性格をもつ「革命」である。財政改革によって実現した強い経済力に裏打ちされた、軍事力をともなう「藩」を行動主体として、機を見るに敏な藩主と、実力本位で登用された下級武士たちとの連携プレイがうまく機能したと、『明治維新１８５８－１８８１』（坂野潤治／大野健一、講談社現代新書、２０１０年）では評価されている。

倒幕側の薩長は英国をバックにつけており、フランスをバックにしていた幕府軍に打ち勝った。したがって、アングロサクソンの枠組みのなかで「近代日本」は誕生したという言い方も可能だろう。英国などから正規、非正規に輸入された洋式銃や大砲が大量に使用された「戊辰戦争」では、新政府軍と幕府側双方の死者が７０００人以上もでている。けっして無血の革命であったわけではない。

薩摩藩は「薩英戦争」（１８６３年）で英国海軍との全面戦争を互角に戦ったものの敗北、長州藩は「馬関戦争」（１８６４年）で英仏蘭米の連合艦隊との全面戦争で完敗し、英国との実力差をいやというほど味わっていたからこそ、リアリズムに徹することが可能となったのである。英国もまた、いちはやく「革命」側の薩長に付き、いわゆる「サツマ・スチューデント」とよばれた留学生を受け入れている点に、情報分析の正確さと先見の明があったといえよう。

また、旧体制と癒着していたとみなされた仏教に対する弾圧が、「神仏分離令」のもとに「廃仏毀釈」として行われている。宗教戦争の側面ももっていた。

## 「市民革命」は挫折したが、「産業革命」は成功した日本

「明治維新の世界史的位置」について考えておこう。「明治維新」をウォーラースティンの「近代世界システム」に位置づけてみると、19世紀後半当時において、世界は3つのグループに分けられる。日本近現代史の中村政則教授が、『近現代史をどう見るか　司馬史観を問う』（岩波書店、１９９７年）で行っている分類によれば以下のようになる。

- 第1グループ：「中核」（＝先進資本主義国）：「市民革命」と「産業革命」をともに達成
英国、フランス、米国
- 第2グループ：「半周辺国」：「市民革命」は挫折、「産業革命」は達成
ドイツ、イタリア、ロシア、日本、東欧など

• 第3グループ：「周辺国」…「市民革命」も「産業革命」も未完
インド、中国などアジア諸国、アフリカ、ラテンアメリカなどの植民地や半植民地

「市民革命」は「ブルジョワ革命」ともいう。「ブルジョワ」とは日本語でいう金持ちとか上流階級という意味ではなく、新興の中産階級のことをさしている。したがって、ここでいう「市民」は、現在の用法である「市民運動」などの「市民」とは中身が異なる。

経済力をつけたこの中産階級が、政治的権利の拡大を求めたのが「市民革命」である。「市民革命」と「産業革命」は、ともに18世紀から19世紀にかけての出来事だが（ただし、英国は17世紀後半）、このあとでさかのぼって詳しくみることとする。

「明治維新」は、「改革」という側面がもっとも大きかったのではないかと中村政則教授は指摘しているが、この指摘は重要である。

日本が属する「第2グループ」は「中核」ではなく「半周辺国」であり、日本とほぼ同時期に国家統一をなしとげたドイツとイタリア、そしてロシアや東欧が含まれるが、その特徴は「産業革命」は達成できたが、「市民革命」は挫折したということにある。

つまり政府主導の「上からの改革」は強力に推進されたが、「下からの改革」は徹底的に押さえつけられたということである。「上からの改革」は、どうしても徹底さを欠くので、そのツケはかならず後年に持ち越されることになることは否定できない。それが「第1グループ」

の「中核」（＝先進資本主義国）である英国、フランス、米国との根本的な違いである。

「半周辺」型の抑圧的な政治構造は、いずれも70～80年で破綻しているという事実は直視すべきであろう。「明治維新」から「近代化」を開始した日本は78年目に無条件降伏で破綻、「ロシア革命」から始まったソ連型社会主義は74年で破綻、「イタリア王国」の成立（１８６１年）から無条件降伏（１９４３年）まで82年、「ドイツ帝国」成立（１８７１年）から無条件降伏（１９４５年）まで74年、である。

世界中に影響を与えた「明治維新」だが、小国が一気に近代化したというストーリーは第二次世界大戦後に植民地から脱したアジア・アフリカ諸国では大いに共感を得たものの、歴史的な背景がまったく異なる地域では、じっさいには模倣は不可能であった。

日本では、すでに江戸時代の18世紀から「近代化」は始まっていたとされる。「開国」以降、すでに軍事を中心に「産業化」は開始されていたが、全面的な「西欧化」として踏み切ったのは「明治維新」以降のことだ。

「明治維新」以後の「近代化」においては、日本は「上からの近代化」を推進したが、「下からの近代化」は押さえつけた。このモデルは、第二次世界大戦後に「開発独裁」モデルで「近代化」を成功させたアジア諸国に影響を与えているが、それでも「近代化」に成功したのは一部に過ぎないのである。

## なぜ日本は米国によって「開国」を余儀なくされたのか？

「黒船来航」（１８５３年）は、日本史においては、きわめて大きな出来事である。「黒船」とは、ペリー率いる米海軍東インド艦隊のことだ。艦船4隻のうち2隻は「蒸気船」であった。この4隻の艦船のことを、当時の日本人は「黒船」とよんだのである。

ペリーからは米国大統領からの国書が幕府に渡された。一年後に今度は7隻の艦隊でふたたび来航し、「日米和親条約」の締結にいたる。

圧倒的な海軍力を前にした幕府は、じつに賢明なことに「開国」を決断、外交交渉によって対等な条約締結に持ち込んだことは、おおいに評価されるべきだ。幕府は海外情報の綿密な分析のもとに、時代の流れを読んでいた。軍事政権ならではの現実主義である。

「アヘン戦争」（１８４０年）のインパクトはきわめて衝撃的で、幕府としては、英国よりも米国やロシアとの交渉を好ましいと見なしていた。ペリーには日本と戦争する権限は与えられていなかったようだ。

「黒船来航」から「明治維新」までの15年間を、日本史では「幕末」とよんでおり、「開国」の「ビフォア&アフター」の違いは劇的なものがある。このため、日本史ではきわめて大きな扱いとなるのだが、米国側の認識はこれとは大きく異なる。「開国」を迫った側の米国史においては、扱いは小さいのである。これはかならずしも日米の国力差からくる違いではないようだ。

「開国」は、させられたという被害者意識がつよく、植民地化はかろうじて免れた日本だが、精神的にはつねに超大国の米国に圧迫されつづけてきたという感覚は、無意識のレベルにまで染みこんでいる。

「文明の使命」によって非西欧の「後進国を文明化するという使命」を遂行したと思い込んでいる米国にとって、普遍主義と正義という観点から日本を開国させたという基本見解に変化はない。英国もまた「文明の使命」という考えから、自分より劣るとみなした勢力を「植民地化」していった。福沢諭吉の『文明論之概略』でいえば、「文明」からみた「半開」「未開」がその対象であったが、日本は「半開」という位置づけであったのだろう。

だがそういった自己正当化のイデオロギーは別にして、米国が日本を「開国」させる必要があったのは、もっと実際的な要請があったからである。

一言でいってしまえば、中国市場への補給基地としての日本を必要としていたということだ。中国航路の蒸気船の「石炭補給基地」として必要だったのだ。

英国も米国も狙っていたのは巨大な中国市場であり、日本を蒸気船の燃料である石炭と水の補給基地（ポイント）として確保したかったのである。

英国は、「ナポレオン戦争」のどさくさにまぎれて「フェートン号事件」（１８０８年）を引き起こし、当時の西欧ではオランダが独占していた日本市場に割って入ろうとしたが、その後、「アヘン戦争」（１８４０年）の勝利で香港を確保し、中国市場への足がかりを得ている。英国にとっては国民飲料となっていた茶葉を確保するために中国市場は必要だった。遅れてやってきた米国には、そのような足がかりは存在しなかった。

このほか、よく指摘されているのは、捕鯨船への補給である。米国も英国も、捕鯨船がクジラを追って日本近海へ進出しており、水や薪、食料、石炭を求めていた。米国の作家メルヴィルの『白鯨（モビー・ディック）』の世界である。太平洋を漂流していたジョン万次郎を救出したのも、米国の捕鯨船であった。

米国よりも先に日本に「開国」を追っていたのはロシアである。ロシアは、毛皮を追ってユーラシア大陸を東に移動し、アラスカまで進出していた。アラスカはその後米国に売却されたが、ロシアもまた水や燃料の補給目的の兵站基地を日本に求めていたのである。

# 6 「西欧近代」に「同化」したユダヤ人とロスチャイルド家

「ロスチャイルド」といえば世界の経済を牛耳っているユダヤ人の一族という形で語られることの多い存在だ。国際金融の世界で大きなプレゼンスをもつロスチャイルドは、金融をつうじて石油や原子力など世界のエネルギー情勢にも大きな影響力をもっている。

ロスチャイルド家の実態は、外部の人間には正直いってよくわからないが、名前のもつブランド力に関しては実体以上の価値があるといっても間違いではないだろう。七世代にわたって一族の繁栄が続いているという事実は、特筆に値するといわざるをえない。

## 「大英帝国」とロスチャイルド家の飛躍

ロスチャイルド家が飛躍したのは「ナポレオン戦争」時代である。「空間差」を「時間差」として利用するという、まさに資本主義の王道をゆくビジネスを展開してビッグチャンスをものにした。

ナポレオンが出した「大陸封鎖令」により、英国が植民地ネットワークをつかって流通を牛耳っていたコーヒーや砂糖、煙草などの嗜好品や「産業革命」で生産国となっていた綿製品など生活必需品の輸入が途絶えて、欧州大陸では価格が高騰した。これに目をつけたロスチャイルド家は、欧州に張り巡らせたネットワークをつかって大陸に密輸を行い、大きな利益をあげた。

エルバ島からフランスに戻ったナポレオンが「百日天下」に終わったのが「ワーテルローの戦い」（1815年）だが、大陸で行われた英仏間の戦闘において英軍の勝利をいち早くキャッチしたロスチャイルド家は、伝書鳩をつかった通信で英仏海峡をはさんだ情報格差を利用し、証券市場で英国国債の売買操作をつうじて巨額の利益を得たという。情報の重要性を強調する際によく引き合いに出されるエピソードだ。

大英帝国が最盛期を迎える直前に、英国政府による「スエズ運河」の買収資金400万ポンドを全額調達したのはロスチャイルド家だ。英国の富の源泉であった「インド植民地」にとって死活的な意味をもつ「スエズ運河」の権益をなんとかして確保したいと狙っていた英国政府は1875年、「スエズ運河株式会社」のエジプト副王の持ち株44・15%が売却先を探しているという情報をキャッチするとその取得を決意し、10日間の早業で交渉をまとめあげた。

以後、「スエズ運河」は、1956年にエジプト政府によって「国有化」されるまで、英仏の利権として保持されていた。このときの首相はヴィクトリア女王のお気に入りだったベンジャミン・ディズレーリで、キリスト教に改宗していたがイタリアから移民してきたユダヤ系の二世であった。

## ロスチャイルド家誕生の背景

ロスチャイルド家誕生の背景について見ておこう。ロスチャイルド（ドイツ語ではロートシルト、フランス語読みではロチルド）家の実質上の出発点は、当時は神聖ローマ帝国の「帝国自由都市」であったフランクフルトで、両替商と金貸しをしていたマイヤー・アムシェル・ロートシルトである。フランクフルトは、現在でもドイツだけでなく欧州大陸の金融の中心都市である。

フランクフルトのユダヤ人の隔離居住区である「ゲットー」に1744年に生まれ、1812年に68歳で没したアムシェルは、ユダヤ人の「解放」の前後を一身にして体現した人物だといってもいい。熱心なユダヤ教徒であったが、西欧社会に同化するためにヒゲは剃り落としている。

フランクフルトでユダヤ人が「ゲットー」から「解放」され、居住地選択の自由が認められたのは、「フランス革命」後の「フランス国民軍」によってフランクフルトが１７９６年に武力占領され、ゲットーが破壊された結果である。

だがそれは、「フランス革命」の精神である「自由・平等・友愛」に基づくものというよりも、ユダヤ人に課税するのが目的だったようだ。金融業でためこんだカネを目当てにしたわけである。

小国が分立していた当時のドイツには「統一通貨」がなく、両替商が必要とされていた。両替商が金貸しになり、さらには財務アドバイザー、そして近代的なマーチャント・バンク（＝投資銀行）へと進化を遂げていくことになる。

ロスチャイルドの初代アムシェルは、親戚の紹介でドイツ北部のハノーファー王国のユダヤ人銀行家オッペンハイム家に丁稚奉公した。ここで「宮廷ユダヤ人」の業務を学んだのだ。フランクフルトに戻って古銭商人として自分のビジネスをスタートさせ、ヘッセン選帝侯の「宮廷ユダヤ人」となったことでチャンスをつかんだ。

ロスチャイルド家というと「赤い楯」（＝ロート・シルト）という連想があるが、ドイツ文学者の池内紀が『富の王国 ロスチャイルド』（東洋経済新報社、２００８年）で的確に訳しているように、「赤い看板」あるいは「赤い標識」というべきであろう。当時の金貸し業者は「赤い看板」を掲げることが命じられていた。

「ナポレオン戦争」でビッグチャンスをものにしたことはすでに見たとおりだが、ネットワークの拡大とリスク分散のため、5人の息子たちはフランクフルト、ウィーン、ロンドン、ナポリ、パリの5か所に住まわせて事業を行い、ファミリービジネスとして事業運営を行った。「卵は一つのカゴに盛るな」という発想は、華僑と同じである。

もっとも成功したのが英国とフランスで、英国ロスチャイルド家の三代目は下院議員に当選してユダヤ教式の宣誓を認めさせるのに成功、四代目のナサニエルの代になって「ロスチャイルド男爵」の爵位を与えられ英国貴族の仲間入りをした。新興のブルジョワ階級を支配階層に取り込むこともまた、英国のしたたかさである。

## 「西欧近代」とユダヤ人

西欧に居住していたユダヤ人のなかにはロスチャイルド家のように英国貴族となった成功者もいたが、圧倒的多数のユダヤ人は「ゲットー」への集住を余儀なくされ、劣悪な生活環境のなかで伝統的で保守的な生活を送っていた。

西欧のユダヤ人に変化があらわれたのは、「フランス革命」の影響である。「人間解放」の理念を掲げた「人権宣言」（1789年）につづいて、国民議会は「ユダヤ人にかんする法律」を採択し、市民として誓約するフランス在住のユダヤ人すべてに完全な「市民権」を認めた。

この法律は、ルイ16世の名で「立憲君主制フランス」の法律として公布された。その後の革命の推移のなか立憲君主制は廃止され、ルイ16世は処刑されている。


「フランス革命」から出てきたナポレオンは、占領地となったドイツにおいて「ユダヤ人解放」を推進した。ユダヤ人はまず象徴であった男性の長いヒゲを剃り落として「近代化」の第一歩とした。この状況は「明治維新」後の「文明開化」のなかチョンマゲを切り落とした日本人に似ている。

「市民」として同等の権利義務を与えられたユダヤ人は、帰属先の「国家」に忠誠を誓い、西欧社会への「同化」を求められることになる。

「ネーション・ステート」（＝民族国家、国民国家）の「国民」になることは、ユダヤ民族全体としてではなく、「個人」として「市民」になることを要求されるからだ。ユダヤ人は以後、すすんで西欧社会への「同化」の道を歩むことになった。

ユダヤ人は「西欧近代化」されることによって、能力をフルに発揮できるようになり、さまざまな分野でおおいに貢献するようになった。ユダヤ人の貢献がなかったら、西欧近代の発展は限定されたものであったことだろう。だが、成功者は賞賛される一方、ねたみを買う存在にもなる。

ユダヤ人社会においては、「フランス革命」以前から「啓蒙主義」の影響を受けて、積極的に「西欧化」を受け入れる「改革派」と、伝統を守る「正統派」に分かれることになる。前者の「改革派」のなかからは、出世のためにはユダヤ教を捨てキリスト教に改宗する者もでてきた。ドイツのカール・マルクスのファミリーはその典型である。マルクスの祖父はユダヤ教のラビ（律法学者）であったが、弁護士の父はキリスト教に改宗している。

# 7 「産業革命」は人類史における「第二の波」

1980年に出版されたベストセラーに『第三の波』という本がある。米国の未来学者アルヴィン・トフラーによるものだが、「第三の波」（＝サード・ウェイブ）とは「情報革命」のことを指している。

現在はまさにトフラーの予言どおりの世の中となっているわけだが、インターネットが普及する20年以上前に「情報化社会」の到来を予見した先見性には驚かされる。

「第三の波」が「情報革命」であれば、「第二の波」とは「産業革命」のことだ。ちなみに「第一の波」は狩猟社会から農耕社会への転換を促した「農業革命」、そして18世紀後半から19世紀半ばにかけての「産業革命」をへて、「脱産業社会」としての「情報革命」が起きると、トフラーは主張した。

　ビジネスパーソンにとっての世界史で、もっとも重要な項目はなんといっても「産業革命」であろう。この革命期以降、はじめて近代的な産業と近代的なビジネスが成長していったからだ。そしてこの流れを先導したのが英国であり、その後は米国やドイツ、そして日本といった当時の「新興国」が猛烈にキャッチアップし、やがて英国を完全に追い越していった。

　だからこそ、この時代の英国については「産業革命」を軸にして見ておく必要がある。

## 1820年から「経済成長」が始まった

「経済成長」が見える形で明らかになりだしたのは1820年以降である。その原動力となったのは「産業革命」であり、機械化とエネルギー革命を背景にした当時の圧倒的な工業力と金融力がそれを実現した。

『「豊かさ」の誕生　成長と発展の文明史』（ウィリアム・バーンスタイン、日本経済新聞社、2006年）は、アンガス・マディソンによる長期の経済統計から、1820年頃に世界経済史上の大断絶が存在することに触れている。つまり、持続的な経済成長が人類に富と繁栄をもたらしたのは「産業革命」以降のことであることが経済統計で明らかなのだ。

「繁栄の時代」とは同時に「格差の時代」でもあるわけだが、「豊かさの誕生」をもたらした条件についてバーンスタインは以下の４つをあげている。

- 条件１　私有財産権。具体的な財産に関してのみならず、知的所有権や、自分自身の身体についても「市民の自由」として確立されていなくてはならない
- 条件２　世界を精査・解釈する体系的な手順としての「科学的合理主義」の確立
- 条件３　新製品の開発や製造に対して幅広く誰でもが投資できるような「近代的資本市場」の成立
- 条件４　大切な情報をすばやくやりとりできる「通信手段」と、人や物を迅速に運べる「輸送手段」

右の４条件が確立したのは、いずれも19世紀の英国である。「産業革命」以降の英国を先進国に押し上げた要因である。

「産業革命」じたいは英国で始まったが、「産業革命」という表現が定着したのは19世紀後半以降のことであるらしい。１７６０年頃から１８３０年代までの約70年という長期にわたって進行したプロセスであり、「革命」とよぶのは適当ではないという主張もある。

たしかに、その渦中にいた人たちは、「革命」という意識はもっていなかったようだ。既存の体制を破壊する政治的な「革命」とは性格が根本的に異なるからだ。

だが、「ビフォア&アフター」という観点から考えれば、あきらかに「産業革命」後の世界はそれ以前の世界とは別物に変化している。社会主義者エンゲルスは、『空想より科学へ』（1882年）のなかで、「フランスで革命の嵐が吹きまくっていたとき、イギリスでは静かに、それでいてそのはげしさでは決してそれに劣らない変革が進行しつつあった」（大内兵衛訳）と述べて、その意味を強調している。

ここでは、18世紀の出来事も含めて、「産業革命」の全体像を見ていくことにしよう。

## パートナーシップによるイノベーションとマーケティングの組み合わせ

「産業革命」といえば蒸気機関の発明者であるジェイムズ・ワットが思い浮かぶだろうが、ワットはあくまでも発明家であって事業家ではなかった。発明家のワットと事業家のボールトンが、1775年に共同出資によってパートナーシップを組んだ「ボールトン・ワット商会」によって、ワットのもつ「特許」（＝パテント）の商業化が実現したのである。この共同事業の出資者は二人だけで、ジェネラル・パートナーシップという無限責任形態であった。

技術的な発明だけではカネを生まないし、製品市場が存在しなければ技術は普及しない。技術開発だけでなく、資金調達や経営管理を行う事業家との組み合わせが必要なのである。イノベーションとマーケティングの組み合わせが富を生み出すのだ。

ボールトンの販売戦略は以下のようなものであった。新製品の導入に懐疑的であった顧客には、蒸気機関は設置はするが購入してもらうのではなく、先行するニューコメン式の蒸気機関とくらべて節約できた燃料費の3分の1を使用料として支払ってもらうという成果報酬型のビジネスモデルである。

この販売方法は大成功し、パートナーシップは莫大な利益を得ることができた。だが、31年間という長すぎる特許期間のために、英国では蒸気機関の技術革新が停滞する結果となったという弊害もでている。

「産業革命」当時の英国では、ワットの事例にもあるように、一般的にパートナーシップがよく利用されていた。当時の製造業には、それほど多くの資本が必要とされなかったため、有限責任の株式会社はあまり人気がなかったようである。したがって、ロンドンを中心とする国際金融とマンチェスターを中心とする産業は、それぞれ別個の存在であった。

「株式会社制度」をフル活用したのは、独立後の米国と統一後のドイツ、そして日本であった。「株式会社」や「産業革命」のみならず、英国はさまざまな分野でパイオニアでありながら、後発国にキャッチアップされてしまった分野がじつに多い。

## 「産業革命」は「イギリス経験論」のたまもの

近代科学の成果が技術と産業発展に反映するようになったのは19世紀後半以降であり、「産業革命」時代の英国では、科学と技術のつながりはあまりなかった。

「産業革命」の時代の英国は、同時代のフランスが国家主導で行っていたのとは異なり、技術開発はあくまでも民間ベースで行われていた。ワットの蒸気機関にかんしても、メカニズムの理論的探究よりも実用目的でなされた開発であり、現場で試行錯誤をつづけながら製品改良と改善が行われた結果、製品として完成したものである。

これは、英国の国民性ともいうべき「イギリス経験論」のたまものというべきであろう。理論から応用へ向かう「演繹法」よりも、個別具体的な事実から法則を導き出す「帰納法」を重視する姿勢である。現在の「ビッグデータ分析」にもつながる姿勢だ。高等教育を受けていなかったワットは読書家で、独学で機械関係だけでなく語学も多数身につけており、「哲学者」とよばれていたという。

「科学革命」は、フランスでは科学の進歩をもたらしたが、フランスから「産業革命」は誕生しなかった。そもそも科学と技術は別物であり、数学もまた別物であった。

電磁誘導の法則を発見し、電気や化学にかんする数々の発見で知られる19世紀英国の科学者ファラデーは実験物理学の時代を切り開いた人で、科学を一般向けにやさしくレクチャーした『ロウソクの科学』（1861年）の作者として名高い。ファラデーは根っからの実験屋で、いわば手仕事の人であった。印刷工から身を起こし、自学自習で科学的知識を身につけたが数式などほとんどわからなかったようだ。

だが、「イギリス経験論」には落とし穴もある。英国が当時の「新興国」であったドイツや米国に追い上げられるようになった原因のひとつは、高等教育で「実学」を軽視していたことにある。

オックスフォードやケンブリッジといった大学は中世から存在していたが、あくまでも「英国国教会」の聖職者養成がメインであり、工学などの実学とは縁がなかったのである。「レッセ・フェール」（＝自由放任）思想ともあいまって、「実学」を組織的・体系的に教育するという発想が生まれてこなかった。

英国では、高等商業学校という形で商業教育が始まったのは19世紀末になってからで、現在でも著名企業の経営者が高等教育を受けていないケースは少なくない。その最たる例は、ヴァージン・グループを率いる型破りの起業家リチャード・ブランソンだろう。米国で誕生したＭＢＡコースの普及は、英国は欧州大陸よりもはるかに遅く、20世紀末になってからである。

「遅れてきた国」であるドイツは、先進国英国へのキャッチアップを急いでおり、そのためにあらたな高等教育モデルを構築し、国家主導で科学技術を重視する政策を強力に推進した。国家と研究機関、そして産業界の三位一体の協力体制のもと、とくに生理学・医学、化学分野で大きな成果を生み出すことに成功した。

「統一ドイツ」において、本来は別物であった科学と技術が合体したのであり、テクノクラートの国ドイツが確立した。その結果、第二次世界大戦前のドイツのノーベル賞受賞者数は、英国やフランスを抜いてトップであった。「後発国」の強みである。

おなじく「後発国」であった米国も日本も、高等教育はドイツをモデルにして設計している。19世紀をつうじて米国から1万人近くの留学生がドイツに留学し、そのうち約半数が米国に帰国後は教職についたと推定されている。これは工学や科学だけでなく、音楽教育も含んだ広範囲に及んでいた。

米国の大学の「教養教育」である「リベラルアーツ」も、起源は英国ではなくドイツ経由なのである。ドイツの影響が大きかったのは日本だけだったわけではないのだ。世界ではじめて大学に工学部を設置したのは、明治維新後の日本である。

「進歩史観」や「発展段階説」が生まれたのもこの時代のことである。「近代化」を推進する「後発資本主義国」のドイツで生まれたものだ。「後発資本主義国」であった日本の社会科学が、明治維新後に輸入学問として出発したのは、ある意味では仕方がないことであり、最先端の先進国・英国モデルとのギャップですべてを説明しようという歪みが生じたのは、そのためであった。「高度成長期」の日本が、米国モデルにひたすらキャッチアップしようとしたのと同様である。

## それは綿製品の「国産化」から始まった

「産業革命」は綿工業から始まった。いわゆるアパレル産業である。先にも見たように、「産業革命」は１７６０年頃から１８３０年代にいたる長期間のプロセスであったが、なぜ英国で、綿工業から始まったのかについては理由がある。

21世紀の現在でこそ、工業生産にかんしては中国が「世界の工場」となり、アジアが米国や欧州を超える存在になったとされているが、18世紀までは、むしろアジアと西欧の格差がほとんどなかったどころか、西欧からみればアジアは憧れの存在だったのだ。

とくに人気が高かったのが中国や日本の陶磁器と漆器、そしてインドの綿製品であった。インドの綿製品はインド女性の民族衣装であるサリーを見ればわかるように、美しい色彩に染め上げられ、複雑なデザインが刺繍によってほどこされた、美術品的な要素をもった綿布である。インドでは２０００年以上の歴史をもつ。

そんなインドの綿製品は、西欧の王侯貴族のあいだでインド・キャラコとして人気があり、英国やオランダの東インド会社をつうじてインドから輸入されていた。同時代の日本は江戸時代後期であったが、綿製品は印度更紗《さらさ》として高い人気があり、オランダ東インド会社をつうじて大量に輸入されていた。19世紀当初まで、インドは世界最大の綿布輸出国だった。

上流階級の流行は、時代をくだるにつれて中流階級にも拡がっていく。英国東インド会社によって大量に輸入されるようになったインド・キャラコの人気がきわめて高く、英国の国内産業の毛織物産業を圧迫するようになった。しかも輸入品の増加は貿易不均衡を生み出すため、政府が「使用禁止令」を出してもインドの綿製品に対する重要はいっこうに減退することはなかった。

こういった背景のなかで、綿製品の「国産化」がテーマとして浮上してきたのである。開発経済学の用語をつかえば「輸入代替化」ということになるが、旺盛な潜在需要にささえられた綿製品市場で、輸入品と質的に同等でしかも価格で競争力をもつ製品をつくるため、民間の発明家たちのあいだで機械化への取り組み競争が始まったのである。

職人による手織り手染めのインド製品に対して、英国は機械生産で対抗したというわけだ。ハーグリーヴズの「ジェニー紡績機」（1764年）、アークライトの「水力紡績機」（1769年）、クロンプトンの「ミュール紡績機」（1779年）、カートライトの「力織機」（1785年に特許取得）などは、その代表例である。

「ミュール紡績機」は、「ジェニー紡績機」と「水力紡績機」を合成して誕生した。既存の技術の組み合わせもまたイノベーションである。「ミュール」とは日本語のラバのことである。雄のロバと雌のウマの交雑種を意味する。

明治維新後の日本では、まず「ミュール紡績機」が輸入され使用が始まったが、20世紀初頭には後発の「リング精紡機」にとって代わられた。世界的自動車メーカーのトヨタも、原点は豊田佐吉と「豊田自動織機」にある。

## 英国は「保護関税」によって国内綿工業を支援

英国の機械式生産による綿製品は、最終的にインドからの輸入品に打ち勝ち、インドの織物業を壊滅させるまでに至ったが、それは機械化だけで実現したわけではない。

英国政府は、国内の産業保護のため「保護関税」を導入、インドからの綿製品の輸入に対してキャラコにかんしては67・5％と税率を高くしただけでなく、英国産の綿布は2・5％の低率でインドに入れている。

さらにマンチェスターの綿工業の資本家たちは、なんとインドで、作業ができないように職人の腕を切り落としたり目をくり抜くなどの悪辣非道のことまで行って、インドの織物産業を壊滅させようとしたのである。北米の先住民を殲滅して恥じなかったこともあわせて考えると、アングロサクソンというものの本質が垣間見られるようだ。

その結果、インドの織物業は壊滅的打撃をこうむり、中心地であったベンガル地方ダッカの人口は、15万人から2万人に激減、「インド手織職人たちの白骨がインドの平野を白くしている」と、英国のインド総督が報告したほどの惨状をもたらした。この発言は、マルクスが『資本論』（1867年）で引用して有名になった。

ちなみに21世紀の現在、かつてのベンガル地方北部のムスリム地域はバングラデシュとして独立しており、繊維産業の中心地として米国のGAPやスウェーデンのH&M、日本のユニクロなどアパレルの世界ブランド企業にとって重要な生産拠点になっている。

## 「産業革命」は「地球環境問題」の出発点

地球環境問題がテーマとして浮上するようになってから、石油など化石燃料の燃焼によって発生する$CO_2$（＝二酸化炭素）は、「産業革命」以後に増加して右肩上がりだと指摘されている。

たとえば日本の農林水産省のウェブサイトには、以下のような説明がある。

「温室効果ガスのうち、石油等化石燃料の燃焼により発生する二酸化炭素の排出量は、100

年前と比べ12・7倍に、特にこの40年間で3倍に増加している。また、2006年には大気中の二酸化炭素の平均濃度は、産業革命以前よりも36％増加して過去最高水準に達している」

「豊かな生活」の実現に欠かせないのがモノづくりの製造業だが、その一方で地球環境の悪化をもたらしていることも否定できない。その原点が「産業革命」であるというのはどういうことだろうか。

「産業革命」といえば「蒸気機関」という連想があるだろう。

蒸気機関（スチーム・エンジン）は、ポンプで圧力をかけた水をボイラーで蒸発させて蒸気とし、蒸気から気体だけを取り出してエンジンを回転させ動力を発生させる。ボイラーは、石炭の燃焼によって加熱する外燃機関である。これに対して、ガソリンを燃焼させる自動車のエンジンは内燃機関である。

英国は、もともと豊かな森に覆われた島国であったが、「産業革命」が始まった頃にはすでに森の多くは乱伐され、木材としても、燃料用の薪としても、すでに枯渇状態にあった。英国が「覇権」を争うため戦っていた戦争に不可欠な製鉄と造船には、大量の木材が必要だったからである。

そこで代替燃料として注目されたのが石炭である。木材にくらべて石炭の熱効率がよかった

**二酸化炭素排出量の濃度と量の推移**

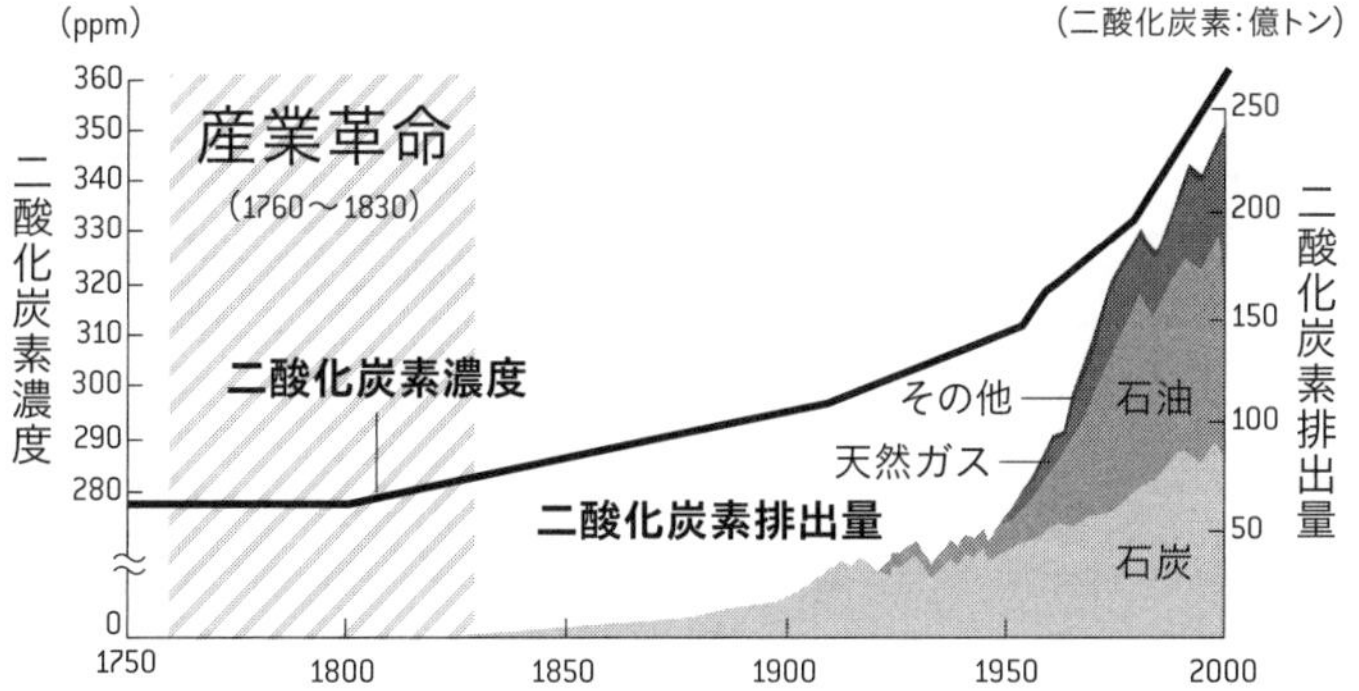


(出所：「オークリッジ国立研究所」をもとに修正)

だけでなく、良質な石炭を埋蔵した炭田が英国全土に存在していたことも大きい。

　蒸気機関の原点は、1712年のニューコメンの「大気圧蒸気機関」にある。石炭採掘作業にともなう湧き水を排水するために、揚水機として製作されたものだ。多くの炭鉱で歓迎されて普及したが、燃料効率が低いのが悩みのタネだった。

　これを改良して効率を格段に高めたのが1782年のワットの発明による「回転式蒸気機関」である。現場の問題解決に技術で応えたものだ。ワットの発明により、制御機能をもった蒸気機関は揚水機から一般の産業用動力機械へと、応用範囲が格段に拡がることになった。

　英国には石炭だけでなく、鉄鉱石も豊富に埋蔵されていた。原料の鉄鉱石と燃料の石炭を輸入に頼ることなく地産地消で確保できたことは、英国で「産業革命」を進展させる大きな要因になったといえる。明治維新後の日本の「殖産興業」においては、鉄鉱石は輸入に依存せざるを得なかったが、石炭は国内で採掘できたことは幸いであった。

「産業革命」において、燃料は木炭から石炭へとシフトし、20世紀には石油へとシフトしていった。$CO_2$を中心とする温暖化ガスの排出が、「産業革命」時代の石炭の燃焼から始まり、その後は石油の発見により20世紀以降は「石油依存文明」となり現在に至っている。

英国ではその後、「産業革命」で破壊された自然環境の復元が行われている。消滅してしまった森を完全に復元することは難しいが、自然景観の復元が意識的に行われた。いかにも英国といった田園風景は、もともと存在したものではない。

環境保護運動は、いちはやく自然破壊が行われた英国であるからこそ、先駆的な役割を果たすことになったわけである。

## 「新興資本家」と「労働者階級」の形成

「産業革命」を主導したのは、既得権をもつエスタブリッシュメントの大土地所有者層ではない。中流階級である新興資本家である。これをブルジョワジーという。日本語でブルジョワというと有閑階級といったニュアンスがあるが、本来の意味はそうではない。ブルジョワジーは革新的な商人や企業家たちであった。

「産業革命」は、「労働者階級」（＝ワーキングクラス）を生み出した。それ以前には、職人は存在しても「労働者」は存在しなかった。機械化と機械生産が「労働者」と「労働者階級」を生み出したのである。

社会主義者のマルクスとエンゲルスが『共産党宣言』（１８４８年）のなかで、ブルジョワジーの世界史的役割について高評価していることに注目するべきだろう。マルクスが現実に観察していた階級対立は、最先端の英国の資本主義のものであった。

西欧諸国では社会主義革命は成功せず、後発資本主義国であったロシアで成功したことはすでに見たとおりである。つまり社会主義革命は必然ではなかったことは、歴史によって実証済みである。その点を割り引いてみれば、マルクスとその同志であったエンゲルスが観察し、分析していた英国の状況は歴史的事実として興味深い。

資本主義は、新興実業家階級であるブルジョワジーと労働者階級であるプロレタリアートの「階級対立」であるというのが、マルクスとエンゲルスの基本思想だが、英国のような階級社会だけでなく、米国でも「階級対立」は現在でも存在する。英米では、基本的に労働組合が業種横断的で、日本のような企業内組合が存在しないため、資本家（＝株主）の利害と労働者の利害は一致しがたい。日本で1950年代の激しい労使対立を経て実現した労使一体の協調路線は、英米では例外的な存在である。

英国では「労働者階級」(=ワーキングクラス)にはそれ固有の文化が形成されており、世代を超えて再生産され継承されている。労働者階級からみれば資本家は「奴ら」であり、「俺たち」とは違うという意識は根強い。

たとえば英国発祥の「近代スポーツ」であるラグビーは上流階級(=アッパークラス)を中心として発達したスポーツであるが、おなじく英国発祥のサッカー(=フットボール)は基本的に「労働者階級」のスポーツであり、サッカーくじというギャンブルの対象にもなってきた。デビッド・ベッカムは、イングランドの労働者階級の出身だ。

英国では中流階級(=ミドルクラス)であった新興資本家層は上流階級を志向し、土地所有者となって旺盛な事業欲を失っていった。この点は、「ビジネス立国」である米国との大きな違いである。

## 「産業革命」は「結核の時代」……労働環境の劣悪化

「世界の工場」となった英国では、化石燃料である石炭の燃焼がもたらす煤煙が、都市の空気をスモッグで覆って健康被害をもたらしていたが、この時代を代表する伝染病は「結核」であった。結核は、労働問題と密接な関係をもっていた。

「産業革命」によってもたらされた機械生産によって、家庭内労働から工場労働へと変化しただけでなく、機械化の進展は労働内容を単純化し、疲れを知らない機械に合わせるため、労働時間が無制限に伸びていった。

当時の紡績工場の内部は蒸し暑く、換気が悪いので空気が濁っており、機械油で汚れた床は悪臭を放っていたと、社会主義者エンゲルスは『イギリスにおける労働者階級の状態』（１８４５年）というルポルタージュで書いている。

現在の開発途上国で問題になっている「スウェット・ショップ」（＝搾取工場）は、「産業革命」時代の英国ではじめて出現したのである。

しかも、労働者は労働が終わると不衛生なスラム街の生活に戻ることになる。機械労働の進展で労働者は都市に集中するようになったが、急増する都市人口によってスラムが形成されたのである。

紡績工場や生活空間の汚れた空気や不衛生な衣食住が、慢性疾患の原因となる。とくに影響が大きかったのが少年や女性で、劣悪な条件下の長時間労働で、多種多様な消化器系統の病気や骨格異常、視力の低下、さらには精神疾患も発生していた。生まれながらの虚弱児も多かった。

　疾病だけでなく、機械によって手足を切断されるなど、労働災害もひんぱんに発生していた。炭鉱では、心臓病や喘息などの疾病のほか、坑内爆発や落盤事故なども多発していた。こうした状況で心身をすり減らしていた労働者は、ジンなどのスピリッツ系の飲酒に頼るようになり、さらに健康を害していった。１８４０年当時の労働者の平均寿命は、なんと15歳にまで低下していたという。

「産業革命」時代の最大の感染症は「結核」であった。とくに紡績工場においては、糸くずゴミを吸い込むことによる胸部疾患が蔓延していた。金属加工業でも製陶業でも粉じんを吸い込んで胸部疾患を病む者が少なくなかった。胸部疾患が肺結核を引き起こしていった。結核は、空気によって感染するため集団感染しやすい。工場は、もっとも感染しやすい場所であった。


　結核は、英国から始まり、工業化の進展にともなって19世紀の西欧社会で病死の唯一最大の原因となった。英国と米国では、１８５０年を境に結核死亡者は減少傾向に転じている。

　結核が伝染病であることがはじめて実証されたのは１８６５年、結核菌がドイツのコッホによって発見されたのは１８８２年、化学療法が開発されたのは１９４３年である。

　明治維新後の「殖産興業」時代の日本でも結核が爆発的に拡大したが、結核は社会経済が農村型から産業型にシフトする転換期に急増し、社会が繁栄していくにつれて死亡率が低下していく性格をもっている。WHOによれば2010年代の現在、結核による死亡の95%以上は低所得国と中所得国で発生しており、世界人口の3分の1は結核菌に感染しているといわれる。

## 「社会変革」を実践した工場経営者ロバート・オーウェン

21世紀の現在、グーグルやフェイスブックなど米国のIT業界を牽引する企業の創業経営者たちは、カネそのものよりもテクノロジーとビジネスをつうじて「社会変革」を行うことを原動力にしているようだ。

こういった企業では職場環境の整備にも最大限の配慮を行っている。もちろん経営者からみれば生産性向上がメインであるが、働く側からみたら「働き方改革」はおおいに歓迎されるものがある。カネはもはや希少財ではなく、価値を生み出すのはヒトであるという認識が定着しているからだ。

19世紀英国のロバート・オーウェンは、その先駆者であるといっていいだろう。企業経営という枠組みを利用して、労働環境の向上と労働者の生活環境の改善を実現した試みは高く評価すべきだ。「産業革命」時代の資本家たちは、カネにしか関心のない者が大半であったが、オーウェンはそれとは異なる考えの持ち主だった。

オーウェンは手工業者の家に生まれ、10歳の頃から働き始めた叩き上げの実践派だ。「産業革命」のさなかにマンチェスターで500人規模の紡績工場の支配人となって成功を収めたのち、「理想工場」の実現のため、1800年にスコットランドのニュー・ラナークに紡績工場をつくった。

ニュー・ラナークでは工場経営に成功しただけでなく、地域コミュニティー全体の生活環境改善も実現している。シェアホールダー（＝株主）だけでなくステークホールダー（＝利害関係者）全体を視野にいれていたのである。

オーウェンは、現在でいえば「ソーシャル・アントレプルナー」（＝社会起業家）と考えていい。じっさいオーウェンは、紡績工場の労働者の安定雇用の実現と、労働時間の短縮など労働環境改善を実行し、出資者である株主には満足する額の配当も出していた。出資者のなかには19世紀英国で確立した「功利主義」哲学で有名なベンサムも含まれていた。野放しの自由主義経済には制限を加えるべきだというオーウェンの経営思想は、ベンサムの有名な「最大多数の最大幸福」原理の徹底でもある。

当時の英国では13〜14時間労働が平均であったが、オーウェンの工場では一日の労働時間10・5時間を実現、綿花恐慌で工場が4ヶ月間操業停止しているあいだも、労働者には賃金を全額支払っている。

労働者とその家族の生活環境改善の一環として、夜間学校や2歳以上の園児を対象とした幼稚園を開設している。幼稚園の創始者はドイツの教育家フレーベルとされるが、オーウェンの実践のほうが数年早い。オーウェンは「協同組合運動」の指導者としても著名である。

社会主義的な傾向を示すようになってからは、産業界から歓迎されなくなっていったが、1819年には「紡績工場法」制定に尽力し、工場における女性労働と9歳以下の労働の禁止、16歳以下の少年工の労働時間を12時間に制限することを実現させた。この法律には監督制度がなかったので実効性は薄かったが、その後1833年の包括的な「工場法」の成立につながるものであった。

オーウェンは1825年に米国に渡り、私財をなげうってニューハーモニー村という共産制社会の実験を行ったが失敗した。そのためもあって、社会主義者エンゲルスによる「空想的社会主義者」という評価が独り歩きしてしまっているが、エンゲルス自身はオーウェンのことを、理想家肌であるだけでなく緻密な設計能力と実務能力にすぐれた人物であったとして高く評価している。

## 社会主義者エンゲルスも英国で紡糸工場を経営

社会主義思想家マルクスの同伴者であった「ナンバー2」のエンゲルスは、ジャーナリストとして出発したマルクスとは異なり、もともとは実業家であった。英国のマンチェスターで父親が所有する綿糸工場を経営していたのは、オーウェンの時代から約20年後のことである。

すでに「産業革命」のプロセスは終了し、英国が「世界の工場」として絶頂期の頃であった。経済成長が資本家に恩恵をもたらしていた一方、労働者にはまだ恩恵が行き渡っていなかった。

先にも触れたように、エンゲルスは都市部に拡がっていた貧困状態に衝撃を受け、工場経営のかたわら『イギリスにおける労働者階級の状態』（1845年）というルポルタージュを執筆している。マルクスは、欧州大陸諸国で連鎖的に発生した「1848年革命」がことごとく失敗に終わった1849年以降は英国に移住し、ロンドンの「大英博物館」（＝ブリティッシュ・ミュージアム）の図書室に通って、ひたすら『資本論』（1867年）の執筆にあたった。「大英博物館」は18世紀半ばに誕生し、19世紀には大幅に拡張されている。エンゲルスはマルクスの同志であり、かつ金銭面で援助を行っていた。マルクスもエンゲルスも、出生地のドイツではなく、英国で生涯を終えている。

マルクスやエンゲルスは、同時代の英国の経済社会を徹底的に観察し研究したことによって、かれら独自の思想や理論を生み出したわけだが、政治学や経済学、法学といった「社会科学」はみな19世紀英国で成立し確立したものである。なぜなら、ブルジョワ階級が主導したこの時代は「経済中心の時代」であり、経済を軸に動く社会の研究は「実学」として欠かせないものとなったためだ。

経済学について補足しておくと、19世紀英国、とくに1860年代から1870年代にかけて、資本主義国では何度も発生する経済恐慌を観察し分析するなかから生まれてきたのが「近代経済学」であり、「ケンブリッジ学派」とされる人たちの系譜が、現在にいたるまで主流のひとつとなっている。

ケンブリッジ学派の始祖である経済学者アルフレッド・マーシャルには、有名な「クール・ヘッド、ウォーム・ハート」(=冷静な頭脳と温かいハート)というフレーズがあるように、貧困問題の解決もまた経済学研究の課題としていた。日本語の「経済」は「経世済民」の略であるが、それに通じ合う姿勢がある。

20世紀後半の「ケインズ革命」のケインズもまた、その流れのなかにある。マーシャルの弟子のケインズは、インド省と大蔵省の役人を経験した実務家であり、金融に精通した投機家でもあった。1929年に発生した「大恐慌」が生み出した大量失業状態を前にしてつくりだした理論が「有効需要の原理」であり、アダム・スミス以来の「古典派経済学」に対する「ケインズ革命」とよばれるものとなった。

大量失業を現実に解決したのは、アウトバーン建設など公共事業で有効需要をつくりだしたヒトラーのドイツと、「ニューディール政策」を実行したルーズベルトの米国であったことはすでに見たとおりである。そのためケインズ理論は、戦後の米国で受け容れられることになった。

18世紀英国で誕生した経済学は、19世紀の「覇権国」英国で確立し、20世紀の「覇権国」米国でさらに発展することになったのである。

19世紀の英国は、まさに「課題先進国」であったといえよう。目の前の現実の課題を解決することが、社会科学の発展におおいに貢献することになったのである。

# 8
# 「ナポレオン戦争」が「近代化」を促進した

「フランス革命」をきっかけに「近代」がはじまったとされているが、「フランス革命」はけっして「近代」そのものではない。「フランス革命」の成果がフランス本国で定着するのに、紆余曲折をへながら、なんと100年間もかかっているのである。

「近代」にとってはるかに大きな意味をもつのは、皇帝ナポレオン率いるフランスによる対外戦争を意味する「ナポレオン戦争」のインパクトである。「徴兵制」によって「国民皆兵」の「国民軍」が創設され、「国民」が誕生した。国民軍の創設とは、中間団体が破壊されバラバラになったアトム的個人をまとめる求心力がそこにつくられたことを意味している。求心力が宗教から、国家へと変化したのだ。

「国民」は「ネーション」であるが、「ネーション」には「民族」という意味もある。「民族」(＝ネーション)イコール「国家」(＝ステート)である「ネーション・ステート」(＝民族国家、国民国家)という政治形態が実質的な意味を持ち始めたのである。世界最初の「ネーション・ステート」はじつは英国なのだが、世界中のモデルとして拡散していったのは「フランス革命」なのである。「ナショナリズム」もまた同様だ。

「フランス革命」が、かつて「進歩派」が主張したような理想ではなかったことは、その後の英仏の経済格差と、「覇権国」になったのがいずれの側だったかを見れば明らかなことだろう。「大英帝国」についてくわしく見てきた以上、そう思うのも当然だ。

「フランス革命」については、このつぎの章で扱うことにするが、その前に「ナポレオン戦争」が欧州を中心に世界にもたらしたインパクトについて、さまざまな角度から見ておこう。

## 「辺境」から出現したナポレオン

歴史を動かすのは何か、という議論は古代からつづいている。傑出した人物や英雄が歴史を動かすという考えは、「人物伝」という形で西洋でも東洋でも行われてきた。西洋では古代ギリシアの『プルターク英雄伝』、東洋では司馬遷の『史記列伝』などが代表的なものだろう。

だが、世界史レベルで歴史を動かしたという人物となると、それほど多いわけではない。政治史だけで語れるほど、世の中は単純ではないからだ。そもそも「人物伝」と「歴史」は、起源が異なるジャンルである。歴史を動かしているのは有名人だけではない。経済や社会もまた歴史を動かしてきた。歴史は「複雑系」である。

100年単位、200年単位を超えて影響を与えた存在といえば、バルカン半島のマケドニアからインドまで大軍を率いて遠征を行った紀元前4世紀のアレクサンドロス大王や、13世紀にモンゴル帝国の基礎を築いたチンギス・ハーンが想起される。18世紀末に彗星のように登場して、巨大な足跡を残して消えていったナポレオンは、その数少ない一人だといえる。

20世紀のヒトラーもまた野望を抱いたが、その範囲は欧州に限定されており、後世に残したポジティブなものは少ない。ナポレオンはフランスが生み出した最大の「英雄」だが、ヒトラーはドイツが生み出した最大の「悪人」という評価が定着している。今後も評価が大きく変化することはなさそうだ。

興味深いのは、20世紀のヒトラーも19世紀のナポレオンも、ともにロシア遠征でつまづき、最終的に英国に敗れたという事実である。「英雄」も「悪人」も、やったことだけみれば似ていないわけではない。欧州大陸を制覇した覇者がつぎに狙うのは、いつも決まって東方のロシアと島国の英国だ。厳密な意味で「歴史は繰り返す」わけではないが、失敗のパターンは似ている。

19世紀と20世紀の違いは、ナポレオン戦争に勝利した英国は名実ともに「覇権国」として「大英帝国」の興隆期を迎えることになったが、ヒトラーに勝利した「大英帝国」は、終焉を迎えることになったという点だろう。

「ワーテルローの戦い」でナポレオンを破ったウェリントン公爵は英雄として賞賛されつづけたが、「第二次世界大戦」で英国国民とともに耐え抜いたチャーチルは、対日戦の勝利目前にして総選挙で敗れ政権交代が行われた。ある意味では、英国の議会制民主主義が成熟していることを示しているのかもしれない。最終的にチャーチルもまた、ウェリントンと同様に国葬されている。


ナポレオンといえば、「3時間睡眠」といったエピソードや、「我輩の辞書には不可能という文字はない」などの名文句がよく知られているように、フランスのみならず世界史的な有名人である。

ナポレオンは名前であってファミリーネームではない。ナポレオン・ボナパルトが正式名だ。この点は、戦国時代の信長・秀吉・家康のようで興味深い。出身地である地中海のコルシカ島はフランス領だが辺境にあるイタリア語地域。ファミリーネームのブオナパルテを、フランス語風にボナパルトに改姓している。

ナポレオンはコルシカ貴族出身とはいえ、フランス本国では差別される立場にあった。数学好きで抜群の成績をおさめていたナポレオンは、このこともあって当時のエリートコースであった騎兵将校ではなく、砲兵将校の道を選んでいる。砲兵科は、弾道計算や測量を行う必要から、工兵や地図作成の幕僚とならんで、陸軍軍人のなかでもとくに数学がものをいう術科であり、身分や家柄による「世襲」ではなく、なによりも「実力本位」の性格をもつ。

しかも平民出身者の多い砲兵を率いた彼は「革命」側につき、「革命」の最終段階では政権を奪って「皇帝」になったのである。ナポレオンの数学的合理精神は、皇帝になってから実行された、さまざまな「改革」において大いに発揮されることになる。

日本では、社会を変えるのは「よそ者・若者・ばか者」だと言われることがあるが、世界を変えるような存在は「中心」からではなく「辺境」からやってくるものだ。

ナポレオンが「第一統領」になったのは30歳、「皇帝」になったのは35歳のときである。天才とバカは紙一重と考えれば、ナポレオンはこの3つの要素を兼ね備えた存在であったといえよう。

ナポレオンを描いた文学作品といえば、なんといってもロシアの文豪トルストイの『戦争と平和』が圧巻だろう。ナポレオンによるロシア遠征とその失敗を描いた大河ドラマのような一大長編だ。ハリウッドでもソ連でも映画化されている。ナポレオン戦争の具体的な展開については、ほかに映画化されているものも多いので、そちらに譲ることにしたい。

## ナポレオンの世界史的意義

ナポレオンの世界史的意義は、既存の枠組みを軍事的に破壊し、「フランス革命」が生み出した理念、さらには具体的なモノや国家統治のシステムを、占領政策をつうじて欧州大陸の被占領地に移植したことにある。とくに影響を受けたのが、当時の後進国であったドイツ人地域である。

被占領地となった市民たちは、最初は「解放者」としてのナポレオンを熱狂的に歓迎している。小国が乱立していたドイツ人地域では、音楽家のベートーヴェンのように『英雄』（エロイカ）という交響曲をつくったり、哲学者のヘーゲルのように「馬上の『世界精神』」と礼賛する者もいた。

だが、フランスによる占領期間が長期化するにつれて、抵抗運動としての「ナショナリズム」が生み出されていったことは、逆説的な影響といってよいだろう。この経緯は、ある意味では、第二次世界大戦に敗れた日本人が、最初は米国による占領を「抑圧からの解放」として歓迎しながら、その後は「安保闘争」によって「反米ナショナリズム」を前面に出した事情とよく似ている。政治の季節が終わると、ナショナリズムは経済分野に移転する。

ナポレオン戦争に敗北しフランスに占領されたプロイセン王国の陸軍将校クラウゼヴィッツの『戦争論』（１８３２年）は、従軍体験をもとに、軍事の天才ナポレオンが変革した「近代戦」の徹底分析を行ったうえで生み出されたものだ。プロイセン王国が生み出した「ドイツ参謀本部」は、後世の「スタッフ型組織」のモデルとなったことで知られている。プロイセン軍は英蘭連合軍に合流し、「ワーテルローの戦い」でナポレオンを倒すことになる。

19世紀後半には、プロイセン王国が中核となって、軍事的に「ドイツ統一」（１８７１年）を実現している。「ドイツ統一」は、フランス第二帝政の皇帝ナポレオン三世を「普仏戦争」で倒して実現した。「ドイツ帝国」の樹立宣言が、プロイセン王国の首都ベルリンではなく、フランスのヴェルサイユ宮殿でなされたことは、なかなか意味深である。

任天堂の花札「大統領」

日本でも、任天堂（ＮＩＮＴＥＮＤＯ）の花札に「大統領」として登場しているように、一般庶民のあいだでも明治時代以来、じつに根強い人気がある。ナポレオンは皇帝になる前に「第一統領」だったので、「大統領」がナポレオンの肖像であってもまったく問題はない。

日本では、なんと幕末から有名人だったという話を紹介しておこう。当時の日本ではナポレオンのことを漢字で「那波列翁」と表記し、略して「那翁《なおう》」と呼んでいた。

日本初の通史で、幕末の志士たちの圧倒的賛同を引き起こしたベストセラー『日本外史』の著者で漢詩人の頼山陽に、「仏郎王歌」という漢詩がある。「仏郎王《ふつろうおう》」とはフランスの王という意味だ。長崎でオランダ商館詰めの医師から話を聞いたという。この漢詩によって、ナポレオンは幕末の日本でよく知られるようになった。

長いのでここには引用しないが、この漢詩がつくられた1818年、なんとナポレオンは島流しとなったセントヘレナ島でまだ存命中だったのだ。ナポレオンが死んだのは3年後の1821年、享年51歳。同時代の英雄として日本に紹介され、西郷隆盛をはじめとする幕末の若き志士たちを、おおいにインスパイアしたのであった。

## 攻撃的な「ナショナリズム」が対外戦争に向かう

革命後のフランスにとっての問題は、「革命」の推進力となった「革命軍」をもてあましたことにある。「徴兵制」によって動員された兵士たちは「国民軍」創設の基礎となったが、これは「革命軍」と言い換えても差し支えない。

「フランス革命」が解き放った民衆のエネルギーは、「革命軍」として対外戦争にそのはけ口を見いだした。それを利用したのが、皇帝となったナポレオンである。

「革命」の敵であった王政が倒れたあとは、ベクトルの方向は国外の「敵」に向けられていくことになる。「敵」を意識した強烈な「ナショナリズム」が生まれてきたのである。

「革命」が解き放った民衆のエネルギーを、どうコントロールするべきかという難問は、「フランス革命」だけでなく、「明治維新」でも、「ロシア革命」でも、「中国革命」でも、「イラン・イスラーム革命」でも同じように解決される必要があった。「革命は銃口から生まれる」というフレーズが毛沢東にあるが、「革命」のもつ暴力的な性格は取り扱いが難しい。

日本では、「明治維新」から10年後には「西南戦争」として暴発したあと、日清戦争と日露戦争を経て「ナショナリズム」確立につながっていく。

「中国革命」は中華人民共和国の建国（1949年）で終了したが、革命軍である人民解放軍は建国の翌年に始まった「朝鮮戦争」に投入された。「イラン・イスラーム革命」（1979年）では「革命防衛隊」が翌年に始まった隣国イラクとの戦いに投入され、8年間という長期にわたって戦争がつづいた。

徴兵された兵士たちは兵営において集団生活を送ることになったが、この集団生活をつうじて、はじめて規律がたたき込まれ、組織で行動する習慣が身についた。「軍隊は人生の学校」というフレーズがあるが、規則によって統制される、規律ある集団生活をつうじて「近代人」としてのマインドセットが形成され、「フランス国民」という意識が形成されていった。

ナポレオン戦争は、こういった文脈で理解する必要がある。

## ナポレオン戦争から生み出されたもの

戦争というものは、たとえ動機が非合理的なものであったとしても、戦争そのものは合理的に推進しなければ勝利を実現できない。ビジネスもまた同様である。ナポレオンは、「近代戦」の確立者であったが、その合理主義の徹底ぶりは、じつに細かいところにまで及んでいた。

戦争に勝つための「新機軸」として導入された項目を列挙しておこう。

軍隊の動員に便利なように道路の「右側通行」が決められ、「道路標識」が設置され、定量把握のため「メートル法」の普及が図られた。「鉛筆」が野戦の筆記用具として開発され、「瓶詰」が軍隊の糧食として開発された。情報通信として「腕木通信」が導入され、軍事技術の研究教育目的で「理工系学校」（＝エコール・ポリテクニーク）がつくられた。国内統治の手法として「国勢調査」が開始された。

「メートル法」そのものは「フランス革命」が始まる前から着手されていたフランスの国家事業である。メートル法が「国際単位系」として世界標準となっている現在も、米国だけは「ヤード・ポンド法」に固執している。この点、日本の選択は賢明であった。

「腕木通信」は、現在でも手旗信号などに残っているが、米国でモールス信号が発明され電気あとで触れる。

通信が普及すると衰退していった。「エコール・ポリテクニーク」と「国勢調査」についてはあとで触れる。

現在の「日常生活」に欠かせない「瓶詰」と「鉛筆」について、具体的に取り上げてみよう。「必要は発明の母」というフレーズが想起される事例である。

ナポレオンは、兵士たちの士気向上には、食べ物がきわめて重要であることを認識していた。殺伐として娯楽の少ない戦場では、食べることが数少ない楽しみのひとつだからだ。栄養豊富で新鮮かつ美味であればいうことはない。

「ナポレオン戦争」以前は、食物貯蔵方法として塩漬けや薫製、酢漬けが中心であったが、腐敗することも多かったのが難点であった。

そこでナポレオンは、総裁政府に軍用食糧貯蔵法の研究を要求した。政府が研究委員会を設置し公募を行った結果、ニコラ・アペールが1804年に発明した「瓶詰」が当選したのだ。ガラス瓶のなかに食物を入れ密封し、加熱殺菌して真空状態で保存するという方法である。

この原理が「横展開」され、同時代の英国で「缶詰」の誕生に応用されることになる。19世紀後半にフランスの細菌学者パスツールによる「低温殺菌法」の発明まで、高温で長時間の「加熱殺菌法」しかなかった。

「鉛筆」は、もともと黒鉛（＝グラファイト）が発見された16世紀の英国で生まれたが、加工されずに黒鉛の棒そのものとして使用されていた。ドイツでも普及していたが、本格的に普及が始まったのは、ナポレオンが戦場で使用するためすべての兵士に鉛筆を配布、戦場での指示命令を徹底するための筆記用具として使用させてからである。

「大陸封鎖」によって英国からの輸入が途絶えていたこともあり、ナポレオンは1795年、フランス政府科学部門に所属していた画家で化学者のニコラ・ジャック・コンテに鉛筆の改良を命じた。

コンテによる新機軸は、黒鉛と粘土を混合して高温で焼きかためるというもので、これが現在も鉛筆芯製法の基礎となっている。黒鉛と粘土の配合比率で「等級」が変わるという仕組みで「標準化」され、「量産」への道が開かれた。

## エリート養成の「エコール・ポリテクニーク」

戦争においては、交戦相手よりすこしでも先を行く軍事技術を駆使したほうに優位性がある。その意味では軍人はエンジニアであることが求められる。「エコール・ポリテクニーク」は、ナポレオンがつくった理工系の実科学校がモデルである。

「エコール・ポリテクニーク」は、もともと士官学校としてスタートしたが、この学校を卒業して軍のキャリアを選択する者はきわめて少ない。フランスではエリート養成のための「グランゼコール」のひとつとして高いプレステージをもつ。

「エコール・ポリテクニーク」は米国の「工科大学」にも大きな影響を与えている。1824年に創立したニューヨーク州のレンセラー・ポリテクニーク・インスティチュートは、ウェストポイントの米陸軍士官学校とアナポリスの米海軍兵学校をのぞけば、米国最古の「工科大学」である。

「工科大学」モデルはドイツにも普及している。「工科大学」という実学系の大学が19世紀の「新興国」であった米国やドイツ発展の原動力になったことは間違いない。

「試験による選抜」というシステムは、19世紀のフランスで本格的に始まった。じつは中国の「科挙」の影響である。18世紀の「啓蒙主義者」は、中国で宣教活動を行っていたイエズス会士による報告書を読んで、試験による選抜制度を賞賛していた。地縁血縁や情実で選ばれる縁故採用システムより、はるかに合理的で近代的であるとされた。

階級社会の英国では、試験による官僚の選抜が始まったのはフランスより大幅に遅れて1870年になってからである。英国では、まず植民地インドで実施された。本国がまだ縁故採用に頼っていた時代に、「インド高等文官」（ICS）を公開試験で選抜するようになったのは1853年のことである。少ない人数の官僚で広大な植民地を統治するため、優秀な人材が求められたからだ。

## 『ナポレオン法典』（１８０４年）は「近代資本主義」の基礎

「革命」後の国内統治のためにナポレオンが導入した政策や仕組みは多数あるが、もっとも有名なものは『ナポレオン法典』であろう。

『ナポレオン法典』（＝コード・ナポレオン）（１８０４年）は全文2281条、「私的所有権の絶対」「個人意志の自由」「家族の尊重」を基本原則とし、身分編・財産編・財産取得編の3部で構成されている。ナポレオン統治下に制定された5法典（民法・商法・民事訴訟法・刑法・治罪法）を総称することもある。

とくに重要なのは、「所有権の絶対」（５４４条）、「契約の自由」（１１３４条）、「過失責任」（１３８２条）の原理である。いずれも個人主義と自由主義を基盤としたもので、近代ビジネスには欠かせない基本原則だ。

「豊かさの誕生」をもたらした条件の筆頭に、「私有財産権。具体的な財産に関してのみならず、知的所有権や、自分自身の身体についても「市民の自由」として確立されていなくてはならない」ことを、投資家で著述家のウィリアム・バーンスタインが『「豊かさ」の誕生』（日本経済新聞社、２００６年）で指摘しているように、「近代資本主義」の基礎には「私的所有権の絶対」がある。

「私的所有権の絶対」は、さらにさかのぼれば18世紀以前の英国で確立したものであるが、これを「民法典」として条文化し、さらには占領政策をつうじて欧州大陸に普及させたことに、『ナポレオン法典』と「ナポレオン戦争」の世界史的意義があるといえよう。

ナポレオンの命で整備されたこの民法典は、現在でも改訂を加えながらフランスで使用されている。「近代資本主義」の根本原理を明確にした「近代市民法」のさきがけとして欧州大陸だけでなく、さらにはスペインから1816年に独立したアルゼンチン、おなじくスペインから1821年に独立したメキシコ、ポルトガルから1822年に独立したブラジルなど、中南米諸国は先を争って導入した。あらたに国際社会に参入した独立国にとって、「自主国」としてのポジションを確保するためには不可欠とみなされていたからだ。

「西欧近代化」に踏み切った日本もまた、積極的に導入を進めた。西欧型の「近代市民法原理」を基礎とする「民法典」をもたない限り、「不平等条約改正」にはいっさい応じないという姿勢を、西欧諸国から突きつけられていたのである。

1870年には、初代司法卿として日本の「法化社会」実現の基礎を築いた佐賀藩出身の江藤新平が、『ナポレオン法典』を高く評価して「民法草案」を作成させている。当時としては、時代のはるか先をいっていた内容であったが、江藤新平自身が不平士族の反乱である「佐賀の乱」（1874年）に担ぎ出されて斬首となったこともあって、紆余曲折をへて1898年に「民法」として施行されたものは、自由な市民を基礎とする先進国の英仏型ではなく、後発国のドイツ型に変更されていた。

日本の「民法」は現在、120年ぶりの大改正中にある。

## 「国勢調査」と「統計」の積極的活用

21世紀に生きるビジネスパーソンにとって、もはや欠かすことのできない「教養」となっているのが「統計学」であるが、もともと「統計」の応用は、17世紀の英国で始まった。「政治算術」という名のもとに、統計による社会把握と将来予測手法が開始されているが、「官僚制」による統治を支える重要な手法として全面的に推進したのは、ナポレオン時代のフランスにおいてである。

軍人は、軍事官僚というテクノクラートであり、軍事技術を扱うエンジニアである。なにごとも数字で定量的に把握するマインドセットが徹底している。技術の優位性が戦争の死命を制するので、最新の技術の動向には敏感である。その意味で「統計」に着目したのは、軍事の天才であったナポレオンならではの発想だといえよう。

フランスではナポレオンの命で1801年に「統計局」が設置され「国勢調査」が開始された。「国勢調査」は「人口調査」(センサス)ともいい、全国民を対象とした全数調査である。

ナポレオンは、徴税や徴兵などの目的のため、国力評価に役立つデータをできるだけ多く収集させた。「革命」以前には教会が行ってきた出生・死亡・婚姻にかんする記録だけでなく、身長など個人の身体属性、病気の発症率、犯罪などの記録である。収集したデータをもとに国民を分類し、数量的に把握する道を切り開いたのだ。

ナポレオンが敗退したことによって、統計局が密室で管理していた数字がフランス国外に流出していき、1820年から1840年にかけて、統計をベースにした「官僚制」が西欧諸国に拡散していくことになる。

「西欧近代化」の路を選択した日本でも、物産統計や人口統計がいちはやく実施されるようになった。ただし、「国勢調査」の開始が1920年まで大幅にずれこんだのは、日露戦争や第一次世界大戦などにより、実施が延期されていたためである。

# 9

# 「フランス革命」で「ネーション・ステート」（＝民族国家・国民国家）と「ナショナリズム」は「モデル化」された

7月14日はフランスの「革命記念日」である。フランスでは毎年盛大に祝われる。「フランス革命」の100年後の1889年には盛大に祝われた「フランス革命記念日」だが、それからさらに100年後の1989年にはフランス以外では関心も下火となっていた。1989年の「フランス革命200年祭」が盛り上がらなかったのは、すでに「ソ連神話」

が崩壊していたからであろう。「フランス革命」は「ロシア革命」の原点とされていたからだ。

1991年の「ソ連崩壊」後は、革命を手放しで礼賛する、いわゆる「進歩派」は消えていった。とはいえ、一般人の「フランス革命」理解が、「進歩派」が撒き散らした旧態依然としたものであることは否定できない。

## フランスは歴史上一度も「覇権国」になったことがない

すでに見てきたように、19世紀に「覇権国」となった「大英帝国」が与えた影響のほうがはるかに大きいのではないか。

「逆回し」でさかのぼっていくと、どうしてもそういう感想をもたざるをえない。英国と比較すると、どう考えてもフランスは成功事例とは言い難い。フランスは、歴史上一度も「覇権国」になったことはない。フランスは、資本主義が徹底しない国なのだ。

そもそも「市民革命」は英国でモデルもないままに始まった。これについては、さらにさかのぼってみていく必要があるが、「資本主義」や「民主主義」にかんしては「フランス革命」のはるか前に英国で定着していたのである。18世紀フランスの啓蒙思想家ヴォルテールが、その著書である『哲学書簡』（1734年）で英国を礼賛することをつうじて、絶対王政のフラン



9　「フランス革命」で「ネーション・ステート」（＝民族国家・国民国家）と「ナショナリズム」は「モデル化」された

スを批判していることからも明らかである。

英国の「市民革命」は、「フランス革命」の時点ではすでに完成しており、「立憲君主制」のもとでの「議会制民主主義」として成熟していた。だから、エドマンド・バークのような「保守主義者」が、対岸の英国から冷ややかに眺めていたのである。

「フランス革命」は最初は英国モデルの「立憲君主制」を志向していたのだが、進行するなかで「共和制」へと暴走した。筋書きのないままに進んだ革命は、左翼と右翼の対立の始まりでもある。

「フランス革命」は最終的にナポレオンによる帝政を生み出すことになるのだが、「ナポレオン戦争」のほうが世界史的な意味は大きいと考えるべきだ。「革命」の成果がフランス本国に定着するのに、なんと100年もかかっている。

「ソ連崩壊」後に左右両翼の対立があいまいになった現在、「フランス革命」の意味が希薄化しているのも当然だ。とはいえ、「フランス革命」で生み出された理念まですべて否定する必要はない。

たとえば、「人権宣言」はきわめて重要である。これがなければ、「人身売買の禁止」や「ユダヤ人解放」、「女性解放」も大幅に遅れていたことだろう。「人権」を重視する「日本国憲法」もその影響下にある。

「バスティーユ監獄襲撃」から始まった「フランス革命」が生み出した「自由・平等・友愛」といったスローガンや「政教分離原則」といった理念は、紆余曲折を経ながらも現在の「共和制フランス」の根幹をなすものである。

そして、なによりも「ネーション・ステート」(=民族国家、国民国家)という政治形態をつくりだし、世界中に普及させる原点となったのが「フランス革命」だとされているからだ。

こういった観点を踏まえて、あらためて「フランス革命」を振り返っておきたい。

## 「フランス革命」は食糧暴動が引き金を引いた

「フランス革命」史研究の大家ジョルジュ・ルフェーブルは、『革命的群衆』(1932年)で、「フランス革命」において歴史上はじめて「群衆」が生み出されたと指摘している。

19世紀以降に革命のモデルとなった「フランス革命」だが、「革命」の進展のなかで、さまざまな思惑をもったプレイヤーが入り乱れて混乱がきわまっていったというのが真相に近い。「革命」は、入念な計画を練って筋書き通りに実行されたわけではない。リーダーも最初から存在したわけではなかった。

「革命」のディテールについては、発表からすでに40年以上たち国民的古典といってもよい池



9 「フランス革命」で「ネーション・ステート」(=民族国家・国民国家)と「ナショナリズム」は「モデル化」された

田理代子によるマンガ『ベルサイユのばら』（通称「ベルばら」）に譲ろう。もちろん主人公のオスカルは架空の人物であるが、事実関係は「世紀末ウィーン」に生きた歴史ノンフィクション作家ツヴァイクの『マリー・アントワネット』などの文献に拠っている。

女帝マリア・テレジアの娘で、ハプスブルク家からルイ16世に嫁いだマリー・アントワネットには、「パンがなければお菓子を食べたらいい」という有名なセリフがある。じつはこのセリフは別人のものだという説が濃厚だが、「革命」の推移を見る限り、食糧不足問題に端を発して突発的に始まった「暴動」が、なし崩し的に「革命」に転換していったというのが真相である。

これは、いわゆる「アラブの春」（２０１０〜２０１１年）と同じ構造だ。アフリカ北部の地中海沿岸のチュニジアで発生した「ジャスミン革命」も、その背景には食品価格の高騰とインフレがあった。これがエジプトに飛び火したのであった。

18世紀末のフランスでは、「革命」の前年（１７８８年）の異常気象による小麦の不作と、フランス政府の食糧政策にかかわる失敗、「アメリカ独立革命」支援による財政問題が重なって、不足する小麦を外国から調達できなかったため、食糧不足とパンの価格高騰が一般民衆の不満を爆発させたとされている。

さらに根本原因をさかのぼれば、日本の浅間山とアイスランドのラキ山の「複合大噴火」（１７８３

年）による噴煙が、北半球に「寒冷化」をもたらしたことが「冷害」につながったという説もある。ラキ山の大噴火は、有史以来、アイスランド史上最大のものだという。

『複合大噴火』（上前淳一郎、文春文庫、２０１３年）には、「フランス革命」と同時代の日本でも「天明の大飢饉」において、東北地方ではきわめて多数の餓死者が発生、人肉食もあったと記されている。これが「開発主義」政策を推進していた田沼意次を失脚させ、緊縮財政を実行した松平定信の「寛政の改革」につながったのだという。

異常気象は国境には関係なく拡散する文字通りのグローバル現象である。地球規模の自然現象は、人間が主導する「グローバリゼーション」（＝グローバル化）とは関係ない。

異常気象と暴動の関係は、因果関係を特定はできないものの、背景としては無視できないものがあると考えるべきだろう。

## フランス革命を招いた深刻な「財政問題」

「アメリカ独立」支援によるフランス財政の悪化もフランス革命の原因のひとつであった。『帳簿の世界史』（ジェイコブ・ソール、文藝春秋、２０１５年）には、ルイ16世から財務長官に任命されたスイスの銀行家ネッケルが、それまで秘密にされていた国家財政をディスクローズした結果、あまりにも偏った予算配分に国民たちが怒り、「革命」につながっていったという指摘がある。



9　「フランス革命」で「ネーション・ステート」（＝民族国家・国民国家）と「ナショナリズム」は「モデル化」された

財務長官ネッケルは、1781年に『国王への会計報告』を公表した。英国議会による年度の財務報告の制度にならったもので、複式簿記の会計報告こそ「倫理と繁栄と幸福とつよい政府」の基盤であると主張したのだという。

『国王への会計報告』は、出版された1781年だけで10万部を売る大ベストセラーになったという。いままで秘密にされていた宮廷の内情が数字として公表されたからである。

現在とは違って識字率が低く、しかも会計数字の意味を理解できる人間が限られていた当時のフランスで10万部のベストセラーになったということは、とてつもない数字であることを理解しなくてはならない。それこそまさに「革命」であった。

数字が公表されたことによって王室批判が高まったため、財政再建の道筋をつけたネッケルはルイ16世によって罷免されてしまった。

財政改革への国民の不満のため、1788年にはふたたびネッケルを登用せざるを得なくなったが、急速に台頭してきた「第三身分」の圧倒的支持を受けていたネッケルの罷免の話がふたたび持ち上がると、情勢は不穏になってくる。ネッケルがふたたび罷免された三日後に、「バスティーユ監獄襲撃」が起こり、フランスは革命へとなだれ込んでいった。

革命後の1791年には徴税請負人制度が廃止され、国税庁が設置されることになる。ネッケルによる『国王への会計報告』のインパクトは、フランスだけでなく先進国の英国や独立後の米国にも大きな影響を与えることになった。

## 反対派を「粛清」する「恐怖政治」

「革命」の進展のなか、いったんはフランスから見た先進国であった英国をモデルとして、「立憲君主制」が確立した。ルイ16世は、「1791年憲法」に宣誓し、フランス最後の「絶対君主」で、かつ最初の「立憲君主」となった。国王の権限は大幅に奪われ、主権者は国王ではなく国民であるという、「国民主権」への道が開かれたのである。

そこで「革命」が終わっていれば、フランスは異なる道を歩むことになり、「フランス革命」が世界的な影響を及ぼすこともなかっただろう。

だが、勢いのついている運動は簡単には止まることはない。急進化の一途をたどった「革命」は、国外逃亡を図った罪で国王を告発、憲法制定のための「国民公会」で多数決で王政廃止を決定したうえで、国王退位を通告した。

さらに、国王の処遇は多数決により即時死刑と決定され、ルイ16世と王妃マリー・アントワネット夫妻の処刑が実行された。

王妃マリー・アントワネットの出身国であるハプスブルク帝国を筆頭に、西欧各国の君主国



9 「フランス革命」で「ネーション・ステート」(＝民族国家・国民国家)と「ナショナリズム」は「モデル化」された

がフランスに介入姿勢を示したことも、「革命」を推進する側に危機感をつくりだしたのである。ジャコバン派による独裁と血の粛清という「恐怖政治」、ほとんど狂信的といっていいほどの「理性」信仰など、「革命」は混乱に混乱を重ねて暴走していく。

フランスの国民作家アナトール・フランスの歴史小説のタイトル『神々は渇く』(1912年)ではないが、「革命」は「正義」の名のもとに大量の流血を要求するのである。

こうした状況のなか、「テロ」というコトバが、現在でも使われる「テロ」の意味を帯びてきた。「テロ」とは「恐怖」というのが本来の意味である。恐怖によって敵の戦意喪失を図るという手法として「テロリズム」が始まった。この特徴もまた「ロシア革命」に引き継がれることになる。

独裁者スターリンによる「粛清」、中国共産党の毛沢東による「粛清」、カンボジアのクメール・ルージュ(=ポル・ポト派)による「虐殺」など、反対派を肉体的に抹殺する手法は、その延長線上にあるといっていい。

なお、「右翼」と「左翼」という表現は、「フランス革命」から生まれたものである。「国民議会」の議会席の右側に陣取っていた「ジロンド派」が「右翼」、その反対の「ジャコバン派」が議会席の左側に陣取っていた「左翼」であった。「ジロンド派」は、金持ちの味方で自由経済信奉者たちが支持、急進派である「ジャコバン派」は、中小商店主や零細業者が支持していた。

## ギロチンは平等思想にもとづいたイノベーション

「フランス革命」では、処刑はもっぱらギロチンによって実行された。ギロチンは、手動で操作する処刑器具である。

現在からみれば、ギロチンによる斬首は残酷な印象がつきまとうが、当時は一瞬のうちに行われるので苦痛が少ないはずだと見なされたのである。

18世紀後半当時主流であった車裂きや斧による斬首とは違って、ギロチンには個人レベルの技量の差による不確実性がなく、しかも身分差や貧富の差に関係なく「平等」に（！）実行できるからだ。「人権宣言」（1789年）にもとづいた思想が背景にある。

発明者とされたギヨタン博士は、「近代市民法」と「罪刑法定主義」の立場から、身分といった属性ではなく、犯罪の種類によって刑罰が同等に下されるべきだ、という考えの持ち主であった。まさに「近代」を体現したかのような思想である。

たしかに、国王ルイ16世や王妃マリー・アントワネットも、革命の中心人物ダントンも、恐怖政治を主導したロベスピエールもまた、多数の平民と同じく断頭台の露と消えた。革命の理



9 「フランス革命」で「ネーション・ステート」（＝民族国家・国民国家）と「ナショナリズム」は「モデル化」された

念の一つである「平等」が貫徹されたわけだ。ただし、処刑前の精神的苦痛に配慮が及んでいた形跡はない。

ギロチンは、プロトタイプが完成してから改良につぐ改良が加えられた結果、フランスでは革命中の１７９２年の採用から、なんと死刑廃止となる１９８１年まで２００年間にわたって使用された。

断頭台のある処刑場に集まってきた「群衆」にも注目すべきだろう。娯楽の少なかった当時、公開処刑は見世物でもあったのだ。

「フランス革命」のなか、マリー・アントワネットをはじめギロチンで斬首された血のしたたる生首から、蠟（ワックス）で型どりして、リアルな蠟人形をつくっていた若い女性がいた。その女性こそ、その後ロンドンの蠟人形館で有名になったマダム・タッソーである。これもまた、エンターテインメント産業におけるイノベーションの一つというべきかもしれない。

## 「政教分離原則」の背後にある「革命」の宗教的情熱

20世紀の「文化大革命」や「ロシア革命」でも見られたように、「革命」というものには、ある種の宗教的な情熱がかならずつきまとう。

「ロシア革命」においては、唯物論と無神論のもとにロシア正教が大弾圧され、教会が破壊され聖職者が粛清された。中国の「文化大革命」では、資本主義と伝統宗教が否定され、徹底的な弾圧と文化破壊が実行された。「明治維新」においては、「神仏分離」と「廃仏毀釈」の名のもとに仏教が徹底的に弾圧され貴重な文化財が破壊された。「フランス革命」においては支配層であるカトリック教会を大弾圧し、修道院の多くが破壊された。

反対派は徹底的に弾圧し、粛清する。破壊される側の「旧体制」(=アンシャン・レジーム)は絶対悪で、破壊する側の「新体制」にだけ正義があるという発想である。革命を推進する側に立つ「神」は、打倒すべき対象の既存勢力の側の「神」をことごとく排斥する。

「フランス革命」で成立した「政教分離原則」は、「日本国憲法」にも継承された「近代国家」の理念だが、それじたいが宗教的信念のように外部の目には映るものがある。現在の「共和制フランス」においては「ライシテ」(=非宗教性の世俗主義原則)として一貫して適用されるが、「フランス革命」からちょうど200年目にあたる1989年以来の「スカーフ論争」に見られるように、かたくななまでに公立学校でのスカーフ着用の禁止を求める姿勢には、たとえそれが原理原則にもとづくものだとはいえ、柔軟性を欠いた、「非寛容」の印象さえぬぐえない。

この原則に異議申し立てをしているのは「イスラーム主義者」だけではない。正統派のユダヤ教徒もまた疑問をなげかけている。この問題が、「イスラーム国」との全面対決を招いてい



9　「フランス革命」で「ネーション・ステート」(＝民族国家・国民国家)と「ナショナリズム」は「モデル化」された

ることは、２０１５年の「シャルリ・エブド事件」や「パリ同時テロ事件」を誘発していることからもわかるとおりだ。

「フランス革命」に由来する原理主義的性格の「理念」が、「イスラーム過激派」の原理主義的性格と全面衝突しているといっていいかもしれない。

## 「ネーション・ステート」と「ナショナリズム」の誕生

「フランス革命」によって「ネーション・ステート」が誕生したとされている。「ネーション・ステート」とは、「ネーション」(＝民族、国民)が主体の「ステート」(＝国家)という意味である。「フランス革命」が生み出したのは、その「ネーション」意識だとされる。

「ネーション」(＝民族、国民)が成立するためには、意識の統一が必要である。共通する事項が多ければ多いほど一体感が生まれるのだが、そのためにもっとも必要なのは、「国語」を確立することだ。「フランス革命」において、フランス語が「国語」として確立したことの意味を考える必要がある。

『ことばと国家』(田中克彦、岩波新書、１９８１年)で説明されているように、絶対王政で中央集権体制が確立していたフランス本国でさえ、全土にわたってフランス語が普及していたわけではない。「フランス革命」中の1793年の時点で、当時のフランスの総人口2300万人のうち、フランス語をまったく理解できない者が600万人いたという。

「フランス革命」が掲げた「平等」の理念から、法の前の平等を実現するために「言語の平等」が求められた。国民すべてが単一の言語を話すことが求められ、言語の標準化と単一化が強力に推進されることになった。

話すだけでなく、読み書きができることは、「国民意識」を作り出す上で不可欠のことである。「ナポレオン戦争」において、すべての兵士に鉛筆が配布され、指示命令を文字で書き留めることが要求されたという事実は、すでに触れたとおりだ。「共通言語」が存在し、言語が「標準化」されていることは、指示命令系統を機能させるために軍事上もきわめて重要である。

「共通言語」をつかうことで、コミュニケーションがスムーズになるだけでなく、一体感や連帯感も培われるようになる。そしてまた、これは「産業革命」で登場した工場労働を行う際に重要になっただけでなく、おなじ言語をつかう人びとが形成する言語圏が、ひとかたまりの市場としても意味をもつようになっていった。つまり、「ネーション・ステート」という形で、ある一定の範囲をもった単位が確立したことが、「後発資本主義国」が「資本主義化」を推進するうえで大きな意味をもったのである。そのためには、「国語」の確立が不可欠だったのだ。「フランス革命」において徹底された「言語革命」は、フランス以外にも波及していった。「近

9　「フランス革命」で「ネーション・ステート」(＝民族国家・国民国家)と「ナショナリズム」は「モデル化」された

代国家」が「国語」の確立を重要な課題として位置づけたのは、19世紀後半に統一が実現されたドイツやイタリアでも同様であった。

そもそも、ドイツもイタリアも統一が実現する以前は小国分裂状態で、それぞれドイツ人意識もイタリア人意識も存在しなかったのである。だからこそ、国家統一をなしとげた政府は、意識的に「国民」をつくりださなくてはならなかったのである。地域による違いが大きく、ドイツ語もイタリア語も「標準化」されていなかったからこそ、「国語」として確立し、初等教育をつうじて普及させることが必要だった。

ドイツやイタリアで、「国家主義」を強調したナチズムやファシズムがなぜ登場したかについては、こういう文脈を押さえておく必要もある。ドイツやイタリアは、現在でも「地域主義」が根強い。地域主義のことをイタリア語では「カンパニリズモ」という。教会の鐘が届く範囲という意味だ。

この事情は、「明治維新」によって「中央集権体制」が確立する以前の日本も同様であった。おなじ日本人という意識は、「徴兵制」による「国民軍」が、「日清戦争」と「日露戦争」という対外戦争で勝利したことによって、はじめて確立したのである。

それ以前は、それぞれ狭い「世間」のなかに生きてきたわけであり、「藩」すなわち「ミニ国家」ごとに「関所」があって、「通行手形」によって出入りが管理されていた。このため、日本人に特徴的だとされる「島国根性」すら希薄だったのである。「国民意識」と「国語」は、徹底的に教化されなくては根付かなかったのだ。

## パスポートによる国境管理と国民の一元的管理

「フランス革命」以後、国家が国民の移動手段を、合法的かつ独占的に掌握するのに決定的な役割を果たしたのが、「出入国管理」とそのために必要とされた「パスポート」(=査証)であった。

パスポートは出入国管理に使用されるが、その内容は、「国籍」という身元を明らかにするためのアイデンティフィケーションの機能をもつ。パスポートによって帰属先である「国籍」を明確化し、「管理の一元化」を実現するわけである。パスポート制度を使って、「近代国家」(=国民国家)が国民を識別し、その移動を管理できるようになったことが、現在の「ネーション・ステート」のあり方を形づくってきた。この前提には、ナポレオンが国家統治のために導入した「国勢調査」の実施があった。

「ネーション・ステート」という仕組みがフランスから欧州全域に広がり、第一次世界大戦と



9 「フランス革命」で「ネーション・ステート」(=民族国家・国民国家)と「ナショナリズム」は「モデル化」された

第二次世界大戦をへて、「民族自決」原則によって主権国家の数が爆発的に増える。パスポートによる国境管理はさらに精緻化されていくことになった。

「ネーション・ステート」と「ナショナリズム」を前提として、「グローバリゼーション」が実現したのである。いっけん対立しているように見えながら、グローバリゼーションが進展しても国境が消滅しないのはそのためだ。グローバル化された世界においても、管理の最小単位はあくまでも主権国家にある。

## 「ロシア革命」と「フランス革命」の類似性

「フランス革命」の評価は「ロシア革命」の評価と連動して変化してきた。

2017年は「ロシア革命」から100年にあたるが、その折り返し点ともいうべき50年前の1967年、英国の外交官出身の現代史家E・H・カーは、『ロシア革命の考察』（1969年）に収録された「未完の革命」（1967年）のなかで、以下のように書いている。

1917年の十月革命が20世紀最大の事件としてその50周年を祝されるのは、もっともなことであろう。それは将来の歴史において、それがある意味では、その結果であり絶頂であったフランス革命にまさるともおとらぬ顕著な地位を占めるであろう。

（出典：南塚信吾訳、みすず書房、1969年）

「歴史とは現在と過去との絶え間ない対話である」というフレーズは、『歴史とは何か』（清水幾太郎訳、岩波新書、1962年）というロングセラーの名著に登場するカーの名言だが、はたして50年後の「将来の歴史」においていかなる評価がくだされることになるか、社会主義寄りの立場をとっていた歴史家には想像もつかなかったのかもしれない。

「歴史とは現在と過去との絶え間ない対話である」とすれば、「フランス革命」批判は、「ソ連崩壊」以前の200年前、同時代の英国ですでに始まっていたことに触れなくてはならない。

## 「保守主義者」による「フランス革命」批判

「保守主義」の元祖とされるアイルランド出身の英国の思想家エドマンド・バークは、1790年に『フランス革命の省察』という本を出版して、「島国」の英国から対岸の「大陸国」フランスで起こった「革命」を批判している。

出版年の1790年に注目していただきたい。この本は、「フランス革命」が始まった1789年の翌年に出版されているのである。「フランス革命」が暴走した以後から振り返って書かれたのではない。バークは下院議員として、議会ではその趣旨で演説もしている。

理想は掲げながらも急進的な革命ではなく、伝統や慣習を重視したうえで漸進的な改革を説いたバークの思想は、ソ連崩壊後の現在、本家本元の英国や、おなじくアングロサクソンの米国だけでなく、世界中で影響を与えるようになっている。

バークのいう「保守」とは、日本で一般的に思われているような守旧派という意味ではなく、よりよい世界の実現を目指しながらも、確実に一歩一歩前進する姿勢のことである。維新や革命とは正反対の立ち位置にあるのが、本来の意味の「保守」である。

英国の二大政党のひとつ「保守党」の理念がそれであり、1979年に登場したマーガレット・サッチャー首相や2016年の「ブレクジット」を主導するテリーザ・メイ首相が、いずれも「保守党」の政治家であることを考えてみるといい。

「ネーション・ステート」と「ナショナリズム」は、「フランス革命」から始まりナポレオンが欧州の全域に拡散した。では、フランスに先行モデルはなかったのか、という問いがある。

じつはモデルは存在した。それは英国だ。英国はすでに17世紀中に「市民革命」を完了していた。だから、ヴォルテールのような18世紀フランスの啓蒙思想家は英国を礼賛したわけだし、バークのような英国人による「保守主義」の立場からの「フランス革命」批判がでてきたわけだ。バークは「アメリカ独立革命」は支持しているが、フランス革命には批判的であった。

「絶対権力は、絶対に腐敗する」という名言を残したのは、19世紀英国の思想家アクトン卿だが、その彼が「バークを超える世界随一の天才」と評価した人物にアレクサンダー・ハミルトンという人物がいる。ワシントンの副官として「アメリカ独立革命」を戦ったハミルトンは、「合衆国憲法」の起草者であった。その「合衆国憲法」こそ、米国という「人工国家」にとって大きな意味をもつものとなった。

「アメリカ独立革命」がなぜ「革命」なのか、つぎに見ていくことにしよう。

# 10 「アメリカ独立」は、なぜ「革命」なのか？

米国は、「人工国家」である。いつできたのか正確にはわからない日本のような「自然国家」とは根本的に違う。英国からの「独立」イコール「建国」であり、普遍志向と未来指向性が濃厚な「人工国家」である。歴史もたかだか240年ほどしかない。

「独立記念日」(＝インデペンデンス・デイ)は、1776年7月4日。「アメリカ独立」は、たんなる「独立」ではない。それは「革命」であった。「アメリカ独立革命」である。米国では「アメリカ革命」(＝アメリカン・レボリューション)という。

文明史家の村松恒一郎は、「アメリカの誕生とフランス革命は、西欧的近代国家成長の第一期の終わりであり、第二期への出発点である」と述べている。まさにその通りであろう。「初期近代」ともいう広義の「近世」と、「後期近代」ともいう狭義の「近代」の分かれ目がそこにある。

ではなぜ、「アメリカ独立」は「革命」であったのか？　「フランス革命」とはなにが共通し、なにがどう違うのか？　これらの問いについて考えることが、20世紀に「覇権国」となった米国を知るための原点になる。そしてまた、19世紀の「覇権国」となった英国との違いをつうじて、米国の特異性について考えてみたい。

「人工国家」で「普遍国家」である米国。そのカギは、世界初の「成文憲法」である「合衆国憲法」にある。この憲法に規定された政治の仕組みが、まさに「革命」としかいいようがないものだったのだ。

まずは、「独立戦争」の経緯を簡単に振り返っておこう。

## 英国にとって「金の卵を産むニワトリ」であった北米植民地

17世紀以来、北米大陸の大西洋沿岸、すなわち東海岸（＝イースト・コースト）に英国人が建設した13州では、住民による一定の「自治」も行われ「市民意識」も育っていた。もともと先住民の土地であったものを、ある場合には平和裏に、そうでなく暴力的に奪ったケースもあり、植民地人と先住民との関係は一様ではなかったが、植民地人たちにとって、本国である英国との関係は良好であった。

植民地の成長資金を提供したのは欧州の支配層であり、かれらに金融サービスを提供していたのは、マイヤー・ロスチャイルドなど、いわゆる「宮廷ユダヤ人」たちであった。「ピルグリムファーザーズ」以来の自営農民や自営業者の多い「北東部」だが、英国にとって「金の卵を産むニワトリ」であった植民地を維持するために、莫大な軍事費が投入されており、この取り扱いで儲けていた現地司令官や政治家、そして政商たちが成金層を形成していた。さらに、戦時には英国本国によってカリブ海における敵国商船への略奪行為が合法的に許可されていたので、略奪によって獲得された貨物をめぐって財産をなした成金も発生していた。それは莫大な量であり、利害対立が存在していた。

バージニア以南の「南部」では、大土地所有者による大規模プランテーションが開発され、綿花やタバコなどの商品作物が大規模に栽培されていた。とくに綿花は、すでに「産業革命」がはじまっていた英国の綿工業への原料と位置づけられていた。労働集約型産業の最たるものである綿花摘み取り作業は、アフリカから供給されていた黒人奴隷によって成り立っており、英国とカリブ海、アフリカを結ぶ「三角貿易」の枠組みのなかで、大いに経済的繁栄を享受していた。

このように植民地エリートは、英国のおかげで財産をなした者が多かったので、英国との戦争を望んでいたわけではない。

## 「植民地13州」による「独立戦争」

だが、国家主導の「重商主義」政策をとる英国は、本国の産業を保護する政策をとり、なにかと植民地にとって不利となるような施策を押しつけてくる。予想以上に経済が発展していた北米植民地は、英国本国にとっては通商上の競争相手となっていたからだ。

「重商主義」は、現在でいえば「国家資本主義」といってよい。「重商主義」を批判していた英国のアダム・スミスの思想は、北米植民地では大歓迎された。

欧州大陸では「七年戦争」（1756〜1763年）、同時に植民地争奪をめぐって北米大陸では「フレンチ・インディアン戦争」という名称でフランスと戦った英国は、戦費調達のため財政が悪化していた。このため、植民地に課税強化することで財政赤字を解消しようとし、「印紙税」などを導入することにした。

植民地側では、本国による課税強化に反発するようになる。「印紙税」は一般庶民には関係なかったが、当時の植民地の支配層であった貿易商や銀行家に直接の打撃となったため、反発が拡がったのである。

これは現在の、儲かっている海外子会社の現地事情を知ろうとしない親会社への反発と似たようなものであるといっていいだろう。遠隔地であると、どうしてもカネだけに注目が集まるようになるからだ。英国と北米植民地とのあいだは、当時は帆船の時間距離で６週間から10週間を要する遠隔地であった。

植民地からの代表を含まない本国政府には、植民地に課税する権限はないという趣旨の、「代表なくして課税なし」というスローガンが主張された。タックスペイヤー（＝納税者）意識のつよい米国人の原風景ともいうべきものを、そこに見ることができよう。「印紙税」は反発の激しさから取り下げとなった。

１７７３年の「ボストン・ティー・パーティー事件」は、本国が導入しようとした「茶税」への反発から発生したものである。オバマ大統領時代に、「草の根保守」として勢力を拡大した「ティー・パーティー」の名称は、そこから取られている。

１７７５年には英国との武力衝突がはじまり、植民地側は南部の大土地所有者ワシントンを総司令官にして戦った。１７７６年に13州の代表がフィラデルフィアに集まって「独立宣言」を発表する。おなじく南部の大土地所有者ジェファーソンらが中心になって起草した「独立宣言」は、17世紀英国の政治思想家ジョン・ロックの「革命権」を理論的根拠にしており、その後に起こった「フランス革命」で発表された「人権宣言」（１７８９年）とともに近代民主主義の基本原理となる。「人権宣言」の起草者は、「アメリカ独立革命」にも参加したラ・ファイエット公爵である。

「独立宣言」の起草者も署名者も、ワシントン、ジェファーソンをはじめとして、いずれもエリート階層の出身者であることに注目すべきである。とはいえ、英国と戦っていた植民地側は、かならずしも利害が完全に一致していたわけではない。「独立派」が半分近くを占めていたが、「中立派」だけでなく、英国支持の「王党派」（＝ロイヤリスト）も存在した。

「独立」への流れをつくったのは、英国から移民してきたトマス・ペインによる『コモン・センス』（1776年）である。英国からの独立が「常識」（＝コモン・センス）であると主張した政治パンフレットは、なんと初年度に15万部が売れたベストセラーとなった。


植民地軍は、かなりの苦戦を強いられていた。なぜなら、当時は世界最強の「大英帝国」を相手に7年間も戦うことになったからである。武器の調達も戦費調達のための税制もない植民地にとって、独立戦争が無謀であったといわれても仕方がない。もしその状況がつづいていれば、植民地軍は間違いなく敗北し、「独立」など夢のまた夢となっていたことだろう。

だが、「敵の敵は味方」である。英国の「覇権」に反発するフランス王国、スペイン帝国が植民地側に立って参戦してきた。フランスは北米とカリブ海に、スペインはカリブ海と中南米に植民地を保有しており、英国とは植民地をめぐって利害対立していたので、植民地側についたのである。また、ロシアが主導した「武装中立同盟」によって、海上帝国の英国は外交的に孤立することになった。

植民地軍が英国の宿敵であったカトリックのフランス王国と手を組んだことは、プロテスタント国の英国に与えた衝撃は甚大なものがあった。プロテスタント国家対カトリック国家という対立構造の図式は、このとき無意味化したからだ。

英国は植民地軍との戦闘で敗北し、最終的に１７８３年に植民地の独立を承認し、ミシシッピ川より東の地域を譲渡することになった。英国は、「金の卵を産むニワトリ」を失ったのである。

## 「連邦共和国」として出発した米国

英国の植民地から「独立」した米国は、「連邦共和制」として出発した。「アメリカ独立革命」が「革命」であった理由はそこにある。正式名称の「アメリカ合衆国」には「連邦共和国」の文字は登場しないが、本質はそこにあるのだ。「連邦共和制」は、「連邦制」と「共和制」の二つの要素に分解できるが、まずは「共和制」についてみておこう。

いまでこそ当たり前のように存在する「共和制」だが、18世紀後半の西欧世界では、「王国」が当たり前だった。ワシントンやジェファーソンなどの「建国の父」たち（＝ファウンディング・

ファーザーズ）も、共和制にするか君主制にするか、その点はおおいに悩んだのだという。「国王」の存在しない「共和制」は、それほど当時の「常識」に反していたのだ。

西欧世界では、米国に先行する事例は、17世紀半ばにスペイン帝国から独立したネーデルラント連邦共和国（＝オランダ）くらいしか存在しなかったが、オランダ総督は実質的にオラニエ家による「世襲」だった。米国独立後のウィーン会議（１８１５年）でオランダは王国となり、オラニエ家が王家となって現在にいたっている。つまり、純粋形態の「共和制」であったとは言い難い。このほかには、スイスが連邦国家として確立したのは、１８７４年の改正連邦憲法以降のことである。

「われわれ合衆国の人民（＝ピープル）」（We the People of the United States）という格調高いフレーズで始まる「憲法前文」にあるように、「合衆国憲法」は、「主権者は人民」であると高らかに宣言している。いわゆる「主権国家」が確立したのは17世紀半ばのことであるが、「主権国家」の主権者はあくまでも国王であると想定されていた。

「主権国家」の「主権」は、国王でなく「人民」（＝ピープル）にある。この点を明確にしたことは、まさに革命としかいいようがない。現代に生きる日本人は、「日本国憲法」のもと、「主権在民」や「国民主権」という概念は当たり前のものと受け止めているが、18世紀後半の時点では「常識」ではなかったことに注意しておきたい。

## モデルとしたのは古代ローマの「共和制」

「共和制」のモデルが、現実世界にはオランダくらいしかなかった当時、「建国の父」たちは、いったい何をモデルにして「合衆国」を設計したのであろうか？

じつはモデルとして想定されていたのは、紀元前の「共和制ローマ」である。「古いヨーロッパ」を否定するためのモデルは、さらにそれ以前の「古代」に想定するしかなかった。これは、国際政治学者の中西輝政教授が『アメリカ外交の魂　帝国の理念と本能』（文春文藝ライブラリー、２０１４年）で指摘している通りである。

すでに見たように、「建国の父」であるワシントンやジェファーソンは、ともに南部バージニアの大土地所有者であり、かれらは英国本国の支配階層と同様、ギリシア語やラテン語の古典語教育を受けていた「教養人」であった。古代ローマ世界にモデルを求めたのは、自然な発想であったといえよう。

古代ローマの模倣は、二院制をとる米国議会の「上院」の名称によく表現されている。米国では、「下院」のことを「代議院」（＝ハウス・オブ・レプレゼンタティブス）、「上院」のことを「元老院」（＝セナート）とよんでいる。

「元老院」は共和制ローマの制度で「セナトゥス」とよばれており、実質的な統治機関となっていた。米国には、英国と違って貴族制度がないこともあって、古代ローマの名称である「元老院」が採用されたのであろう。ちなみに英国では、「下院」のことを「庶民院」(=ハウス・オブ・コモンズ)、「上院」のことを「貴族院」(=ハウス・オブ・ローズ)とよんでいる。

首都ワシントンの国会議事堂がある丘を「キャピトル・ヒル」というが、これも古代ローマに由来する。「キャピトル」は、ローマの七丘でもっとも高い丘である「カピトリヌス」から来ている。最高神ユピテルやユノーの神殿があった。

公式の建築物にローマ神殿風の「新古典様式」(=ネオクラシカル・スタイル)を採用したのは、共和制ローマとの一体感を表明したのだといえる。丸いドーム型建築が特徴的な米国の国会議事堂はその典型だ。「政治制度」は目に見えないが、建築物は目に見える。建築物によって、政治思想を「見える化」したわけだ。

「共和制ローマ」は、「ディクタトール」(=独裁官)となったカエサル(=英語ではシーザー)がその職を「終身」独裁官として恒久化し、その死後に権力闘争の末に養子のアウグストゥスが「皇帝」となったことで「帝政ローマ」に移行する。

共和制ローマにおいては、国家の非常時には一人の「独裁官」のもとに権力を集中したが、それはあくまでも時限的な措置であって、半年が過ぎるとその職を解くことになっていた。「建国の父」たちの念頭には、対外的に膨張した「共和制ローマ」が「帝政ローマ」に転換したローマ史があった。

歴史を深く学んでいた「建国の父」たちは、「共和制」が堕落して「帝国」になってしまうという懸念を抱き、なんとかそれを防ごうとしていた。かれらにとっての課題とは、『世界の歴史㉑　アメリカとフランスの革命』（中央公論新社、１９９８年）の五十嵐武士教授の記述を借りれば、以下のようになる。「広大な領土という、共和国というよりも帝国にふさわしい条件のもとで、連邦政府に帝国を統治する君主制の活力を備えさせながら、共和国の自由をいかに確保するかと言うことであった。ここでいう活力とは、連邦政府が政策の執行力をもつために、それを賢明に行う叡知を備えて、人民の信頼を獲得することをいみしていた」。

初代大統領となったワシントンが退任した際の「告別演説」（１７９６年）は、国際紛争に巻き込まれることを何よりも懸念していたことを示している。「孤立主義」的な傾向は、建国の最初からビルトインされているのである。

「アメリカ独立宣言」から28年後には、「フランス革命」後に「第一統領」の地位についたナポレオンが１８０４年に「皇帝」となり、フランスは帝国となった。共和制から帝政へという事例は、ワシントンの死後ではあるが現実のものとなっている。その後も、共和制から多数の「独裁者」が発生してきた。

米国自身も、その後は膨張につぐ膨張の末、19世紀半ばには西海岸にまで到達、その間にはフランスやロシアから土地を購入して領土とし、メキシコからは戦争で土地を奪い、さらに19世紀末には「米西戦争」の結果として海外植民地を獲得し、「帝国」への道を進んでいくことになる。懸念していたことが実現してしまったのだが、ある意味では、筋書き通りになってしまったといえようか。

現在でも米国の政策が、国際問題への積極的介入と孤立主義のあいだを揺れ動いているのは、建国時点ですでに意識されていたことだといえるかもしれない。

## 「連邦制」の採用……異なる発展の歴史をもつ「地域」をどう一つにまとめるか？

「連邦制」は、多様性のある地域をまとめるための手段として採用された。「独立13州」は、大西洋岸に南北に連続して立地していたものの、それぞれ入植の経緯と発展の歴史が異なる存在であったからだ。

すでに触れているように、「アメリカ独立革命」を主導したのは、ワシントンやジェファーソンなど南部の大農場経営者たちと、自営業者が多く産業志向の強い北東部のピューリタンたちであった。いずれも教養豊かな人たちであったが、経済発展のあり方の違いによる意識の違いは、想像以上に大きかったようだ。のちの「南北戦争」の伏線となるものがすでに存在していたといえよう。

「独立13州」の違いは大きく分けると、北東部の「ニュー・イングランド」、ニューヨークやフィラデルフィアを中心とした「ミッド・アトランティック」(=中部大西洋地域)、ワシントンから南の「南部」の3つの地域に分類できる。

マサチューセッツのボストンを中心とする北東部の「ニュー・イングランド」は、17世紀前半にイングランドからオランダをへて移民してきた「ピルグリム・ファーザーズ」につづいてピューリタンたちが植民した土地。宗教的に厳格だが、独立心のひじょうにつよい人たちが中核となって発展してきた地域である。

ニューヨークやフィラデルフィアを中心とした「ミッド・アトランティック」は、北東部や南部とはまた違う自由で寛容な風土を形成してきた。ニューヨークはもともとニューアムステルダムであったように、オランダ人が入植した土地。宗教的に寛容な風土は、そのままニューヨークに移植された。現在までつづくオランダ系の大地主がいる。

英国から迫害を逃れてきたクエーカー教徒のウィリアム・ペンにちなんだのがペンシルバニアで、独立宣言が公布された都市フィラデルフィアの名は、「兄弟愛」を意味するギリシア語からきている。「フランス革命」の基本理念のひとつ「友愛」と同じ意味だ。フィラデルフィアを体現するようなフランクリンは、ボストン生まれだがフィラデルフィアで印刷業者として成功したビジネスマンで、「タイム・イズ・マネー」（＝時は金なり）や「天は自ら助くる者を助く」などの教訓の入ったカレンダーを出版してベストセラーとなった。

ワシントンから南のメリーランド、バージニア、ノースカロライナ、サウスカロライナ、ジョージアといった「南部地域」は、大土地所有者の英国風ジェントルマンたちが、綿花やタバコなどのプランテーションを経営してきた土地柄だ。英国を中心とした「三角貿易」の枠組みのなかで、アフリカから導入された黒人奴隷を使用し、英国の「産業革命」を支えた繊維産業に原料となる綿花を供給して、経済的な繁栄を謳歌していた。

このように、南北に拡がる北米植民地は、かなり多様な発展をしていたのである。多様な地域をまとめるのは、「連邦制」が適していると判断したのは、ある意味では賢明な選択であった。とはいえ、「連邦制」のもとにおいては、「連邦」を構成する「州」（＝ステート）の利害が異なると、遠心力が働いてバラバラになりかねない。また、首都ワシントンの「連邦政府」がつよすぎると、各地の「州政府」の反発も生まれる。「連邦」を構成する「州」と「州」の関係、「州政府」と「連邦政府」の関係は、「求心力」と「遠心力」のせめぎあいであり、「合衆国憲法」制定にあたっては、「州」の独立を重視するか、「連邦」の立場を重視するかで大議論が展開されたのである。後者の立場にたった人びとは「フェデラリスト」（＝連邦主義者）とよばれ、議論をリードしていくことになる。

「独立宣言」（1776年）の11年後に、「合衆国憲法」（1787年）制定にこぎつけることができたが、最終的にジェファーソンたちが主張した「連邦制」におちついたのであった。

## じつは権限が弱い米国大統領

米国は近代国家で「大統領制」を採用した世界最初の国家である。「大統領」（＝プレジデント）は、共和国の行政を担う最高位のポジションであり、有権者による定期的な選挙によって任用される。「人民主権」を体現した存在だ。

「大量破壊兵器」である核ミサイルを発射させるための「核のボタン」を押す権限が与えられている理由から、米国大統領には、とてつもなく絶大な権力が集中しているというイメージがある。だが、米国大統領の権限は、じっさいはきわめて制限されたものだ。株式を公開していない非上場企業の企業経営者とは違って、大きな権限を行使できるわけではない。そもそも、大統領には「交戦権」はない。議会の承認がなければ、原則として戦争はできないのだ。日本の首相と違って、米国大統領には議会の「解散権」はない。

米国が「第一次世界大戦」に参戦したのは後半に入ってからだが、ドイツによる「無差別潜水艦攻撃」という事態が発生したからこそ、米国のウィルソン大統領は議会で承認が得られたのである。

「第一次世界大戦」後の国際秩序再建のために、ウィルソン大統領は「国際連盟」の設立を提唱したが、おひざもとの米国議会の反対によって、米国は国際連盟には加盟できなかったという事例がある。

『アメリカ大統領制の現在　権限の弱さをどう乗り越えるか』（待鳥聡史、NHKブックス、2016年）には興味深いエピソードが紹介されている。日本への原爆投下を最終的に意志決定した第33代大統領のトルーマンは、つぎの大統領に決まっていたアイゼンハワーについて、こう語っていたのだという。

「かわいそうなアイク。大統領という仕事は、陸軍とはぜんぜん違うのだよ。彼はそれがとても欲求不満の募るものだと知ることになるだろう」と。

アイクはアイゼンハワーの愛称だが、アイゼンハワーは第二次世界大戦で欧州戦線の勝利を導いた陸軍元帥で、大統領就任前は陸軍参謀総長と北大西洋条約機構（NATO）軍の最高司令官を歴任していた。2期8年の任期を全うしたアイゼンハワー大統領は、「退任演説」（1961年）で「軍産複合体」批判を行っている。

それは、大統領といえどもコントロールできない巨大な権力が存在していることを示唆する内容であった。ちなみに、アイゼンハワーは軍人として原爆投下には反対していた。

大統領は独裁者ではない、独裁者であってはならないというのが、米国という民主主義国家の原理原則なのである。第一次世界大戦後のドイツのワイマール共和国で、議会制民主主義の手続きをへて誕生したヒトラーのような独裁者が絶対には生まれないようなシステムが、「合衆国憲法」にはビルトインされている。

大統領の権力は、二重三重にチェックされている。人間は堕落し、悪いことをするということを前提にした、不信感をベースにした性悪説にもとづく制度設計なのである。

「独裁制」の発生を阻止するための装置を最初からビルトインした「合衆国憲法」は、世界最初の「成文憲法」であり、この意義はまさに世界史的であるといえる。

## 大統領制の権限を制限する「三権分立」

いまでこそ「大統領制」を採用する国家は多数あるが、米国は「近代国家」で「大統領制」を採用した世界最初の国家であることを強調しておく必要がある。「大統領職」が名目上の国家元首になっている国もあるが、米国の場合は、元首であり、行政府の長である。

米国大統領は、有権者による4年に一回の選挙によって選出され任用される。米国の選挙制度では、国民投票と州ごとの「選挙人」獲得という二段構えになっているので、単純に総得票数だけで勝敗が決まるわけではない。州ごとに割り当てられた「選挙人」の数で勝敗が決まる。州単位での勝利によってその州の選挙人が「総取り」できるという制度になっている。

「国民投票」のような直接選挙ではないが、英国や日本のように議会で多数を得た与党の党首が首相を務めるという形態とは異なり、有権者の民意がダイレクトに反映されやすい。4年に一回実施される「大統領選挙」は、いわば「小さな革命」であり、「大きな革命」を未然に防ぐ仕組みともいえる。

米国では、「連邦政府」の「行政」部門の長が大統領で、「議会」の「上院」と「下院」が「立法」を担う「二院制」であり、裁判所が「司法」を担っている。行政・立法・司法の三権が、分業して互いに牽制しながらバランスをとる、二重・三重に権力を監視するチェック・アンド・バランスの「権力分立制」である。

議会の「上院」は「州」の代表者であり、「下院」の議席は、10年に1度の国勢調査によって決定される人口に基づき各州に配分される。議会の解散は制度としてないので、「下院」議員は2年に1回全員が改選される。上院は3年に1回、3分の1が改選される。これを「中間選挙」という。上院と下院の関係もまた、チェック・アンド・バランスが働く。大統領には、議会解散権はないので、上院も下院も議員は任期をまっとうする。

大統領の「弾劾制度」がある。「ウォーターゲート事件」でスキャンダルに見舞われたニクソン大統領は、弾劾裁判を起こされる前に任期途中で辞職した。ビル・クリントン大統領は「モニカ・ルインスキー事件」で弾劾裁判にかけられたが、罷免に必要な3分の2の賛成には達しなかったので、かろうじて大統領罷免は免れている。

このように、大統領の権限はきわめて制限されているのである。大統領が自分の考えた政策を打ち出すためには「大統領令」という形があり、トランプ大統領だけでなく、オバマ前大統領もまた「大統領令」を乱発している。大統領令もまた、「合衆国憲法」に照らして合憲か違憲かが最高裁で争われることもある。さらに大統領が指名した政権閣僚については、議会での承認がなければ正式に就任することはできない。

「合衆国憲法」は、基本的に7条で構成されている。「前文」「第1条　連邦議会の立法権と二院制」「第2条　大統領の選挙方法、および大統領の権限」「第3条　司法権をもつ裁判所、および裁判官」「第4条　各州間の関係」「第5条　憲法修正の方法」「第6条　国の最高法規」「第7条　憲法の承認と発効」。これに加えて27条におよぶ「修正条項」がある。「合衆国憲法」は、まさに「アメリカ合衆国」という「人工国家」の設計図である。

「合衆国憲法」のじっさいの起草者は、「建国の父」のひとりであるハミルトンであった。「絶対権力は、絶対に腐敗する」という名言を残した、19世紀英国の思想家アクトン卿がハミルトンを絶賛しているが、「独裁者」の発生を防ぐための仕組みを設計したハミルトンは「立憲主義」の思想家でもある。「合衆国憲法」批准を推進するために書かれた『ザ・フェデラリスト』の執筆者のひとりであり、米ドルの「10ドル札」の表に肖像が登場する。「10ドル札」の裏は、ハミルトンが初代長官を務めた財務省の正面が描かれている。

面白いことに、大量に流通している「1ドル札」のワシントンは別格として、めったに目にすることのない「2ドル札」のジェファーソンより、「10ドル札」のハミルトンのほうが米国では露出度がはるかに高い。「独裁制」に反対するという基本的な思想は共有していたが、「農業共和国」をめざすジェファーソンと「商業共和国」をめざすハミルトンは、政治的見解のうえでは対立関係にあった。ちなみに「100ドル札」は、「タイム・イズ・マネー」のフランクリンである。ハミルトンもフランクリンも自力で成功をつかんだ「セルフ・ヘルプ」(自助)の人である。その点は、南部の大農場主であったワシントンやジェファーソンと大きく異なる。

## 「権力分立制」と「コーポレート・ガバナンス」

「権力分立制」は、17世紀英国の政治思想家ジョン・ロック以来のものであり、「三権分立」は、18世紀フランスの啓蒙思想家モンテスキューが『法の精神』で主張したものだ。これらの政治

## アメリカ合衆国のドル紙幣

アメリカ合衆国のドル紙幣に描かれた「建国の父」たち。
２ドル紙幣の裏には独立宣言署名の場面が描かれている。

思想を、じっさいに政治の仕組みとして実現した最初の事例が、米国の政治システムであり、「合衆国憲法」なのである。現実世界で思想を実現したという点も「革命」なのである。

株主による経営監視の仕組みである「コーポレート・ガバナンス」（＝企業統治）が強調されるようになったのは、企業がらみの不祥事が多発するようになった１９９０年代以降のことであるが、そもそも権力の暴走を制御する仕組みは、企業経営以前に、政治制度の基本構造としてビルトインされているのだ。

「所有と経営の分離」が、20世紀以降の「近代経営」において重要な要素となったのは、経営管理が高度化して、プロフェッショナルな経営者が求められるようになってからのことである。企業の所有者である株主が、経営者による経営が効果的かつ効率的に行われているかチェックするための仕組みが強化されたものが求められ、それが「コーポレート・ガバナンス」として発展していくことになった。取締役（＝ディレクター）と執行役（＝エグゼクティブ）を分離することは、本来の意味に立ち返ることである。ディレクターとはディレクション（＝方向性）をつける人であり、エグゼクティブとはエクセキューション（＝執行）にあたる人のことである。

「コーポレート・ガバナンス」とは、政治における「権力分立」の応用であることが理解できるはずだ。

## 「アメリカ独立革命」と「フランス革命」をあわせて「環大西洋革命」という

「フランス革命」とフランス革命に先行した「アメリカ独立革命」。大西洋をはさんで発生したこの二つの「革命」は、「環大西洋革命」という表現もあるように、セットにして考えるといろんなものが見えてくる。

「アメリカ独立革命」と「フランス革命」の共通点は、「憲法」にもある。「合衆国憲法」と「フランス憲法」の共通点は、「人間は生まれながらに自由かつ平等で、幸福を追求する権利をもつ」という「天賦人権説」にもとづいた「立憲主義」であり、思想的バックボーンは「啓蒙主義」にある。この精神は現在の「日本国憲法」にも引き継がれている。「憲法」は、国家権力の恣意的な運用を牽制するために、国民が国家に対して課すものである。

17世紀英国の政治思想家ジョン・ロックの『統治二論』、とくにその後編の『市民政府論』は、米国の「独立宣言」の原理の核心となり、さらにはフランスの「人権宣言」に大きな影響を与えている。「王権神授説」を否定し、政治権力の源泉を社会契約、つまり人びとによる合意によるものとした点が、当時の西欧社会においては画期的なものであった。

ロックの思想で重要なものに、「抵抗権」と「革命権」がある。最高の主権は国民にあり、政府は国民からの信託を受けた者に過ぎない。したがって、政府がこの信託に違反した場合には国民は「革命権」をもとに抵抗できるという主張である。

この思想を背景にもった「合衆国憲法」があるからこそ、「米国家安全保障局」（ＮＳＡ）による個人情報収集と国家による監視について、２０１３年に告発を行ったエドワード・スノーデンのような米国人もでてくるのである。

スノーデンの言動には、そもそも「憲法」というものは、国家権力の恣意的な運用を牽制するために、国民が国家に対して課すものだという原点を想起させてくれるものがある。その意味ではスノーデンは思想犯であり、しかも確信犯であることがわかる。

英国人ジャーナリストが書いた『スノーデンファイル　地球上で最も追われている男の真実』（ルーク・ハーディング、日経ＢＰ社、２０１４年）によれば、スノーデン自身、「合衆国憲法」への思い入れは強く、とくに「合衆国憲法修正第４条」の「不当な逮捕・捜索・押収の禁止」へのこだわりが、ＮＳＡによる通信監視の実態を暴露する動機になったようだ。

英米アングロサクソンとひとくくりにされがちな英国と米国だが、原理的に異なる性格をもった国家であることは強調しておかなくてはならない。米国は英国から「コモン・ロー」（＝英米法）を継承しており、「法の支配」（＝ルール・オブ・ロー）、「判例法主義」、「陪審制度」といった仕組みにかんしては共通しているが、世界初の「成文憲法」を制定した米国と、「成文憲法」

をいまだにもたない英国の違いは、想像以上に大きなものがある。

## 「政教分離」にかんする米国とフランスの違い……「合衆国憲法修正第1条」

「アメリカ独立革命」と「フランス革命」は「環大西洋革命」としてセットで考えるべきだが、両者には共通点だけでなく相違点もある。とくに相違点としてあげておくべきなのは、「政教分離」にかんしてである。ひとくちに「政教分離」といっても、米国とフランスでは大きな違いがある。

米国型の「政教分離」は、宗教そのものを国家から遠ざけるというフランス型の「政教分離」の発想とは根本的に異なる。フランス型の「政教分離」は、「反宗教革命」ともいうべき「フランス革命」から生み出されてきたものだが、米国型の「政教分離」は、「宗教革命」ともいうべき「アメリカ独立革命」で生み出されてきたものだ。「日本国憲法」の「政教分離」はフランス型である。

世界に先駆けて米国で実現した「政教分離」とは、「国家」(=ステート)と「教会」(=チャーチ)を区分するという基本姿勢である。植民地時代の本国だった英国の「国教」である「英国国教会」のような「公定宗教」は認めないということを意味している。

米国型の「政教分離」制度のもとにおいては、国民は特定の宗教に縛られることがないかわりに、国家は特定の宗教の財政の面倒も見ない。したがって、さまざまな宗教の存在が認められるが、宗教教団は自助努力によって運営資金を調達しなければならないのである。こういう文脈においては、宗教とビジネスが結びつきやすい。


マーケティング重視の「メガチャーチ」で熱狂的な礼拝を行って「集客」している宗教右派のエヴァンジェリカル（＝福音派）だけでなく、ドイツでは「カルト宗教」として禁止されているサイエントロジーのような宗教も、活動の自由を認められているのはそのためだ。サイエントロジーの信者には、トム・クルーズやジョン・トラボルタなど、ハリウッドのセレブも多い。

米国型の「政教分離」の根拠は、「権利章典」（１８７１年）に行き着く。「権利章典」とは、「合衆国憲法」の修正事項で、修正第１条から修正第10条までがこれにあたる。「憲法制定」直後の１７８９年「第１回合衆国議会」で提案され、１７９１年12月に実施された。「権利章典」の名称は、その１００年前に制定された英国の「権利章典」（１６８９年）に由来する。そこには、「マグナ・カルタ」以来の英国の「コモン・ロー」との「連続性」がある。

「権利章典」の「修正第１条」（＝ファースト・アメンドメント）は、米国という国家と国民にとって、もっとも重要な条項である。そこでは、「政教分離」「信教の自由」「言論出版の自由」「政府に対する請願権」が「人民の権利」として規定されている。欧州大陸の宗教迫害から逃れてきた人びとが建国したという「メイフラワー号」神話を前提とする限り、この条項は米国の存在基盤そのものにかかわるものなのだ。

米国の公立小中学校では、キリスト教の祈りを捧げたり、卒業式で牧師や神父が礼拝を行うことは、連邦最高裁判所の諸判決によって1962年以来、厳しく禁じられている。とはいえ、米ドル紙幣には「In God We Trust」(=「ゴッド」に、われわれは信託する)と印刷されている。基本的に大文字で始まる単数形の「God」には、キリスト教を中心とした一神教の神が暗黙裏に想定されている。だが、あくまでも抽象的な「God」であり、特定の宗派が説く「God」ではないことに注意しておきたい。

これをさして「見えざる国教」として、「ユダヤ=キリスト教」的な一神教をさしているという指摘が、『宗教からよむ「アメリカ」』(森孝一、講談社選書メチエ、1996年)にある。大統領就任式で、あたらしい大統領はキリスト教の『聖書』に手をおいて宣誓するが、このシーンには「見えざる国教」が体現されているのである。

かつてWASP(=ホワイト・アングロ・サクソン・プロテスタント)が主流のエリート層であった米国では、基本的に大統領はプロテスタントであるが、1960年にはじめてアイルランド系でカトリック教徒のケネディ大統領が選出されたことで、対象はキリスト教全体に拡大された。だが、現在にいたるまで、米国にはユダヤ教徒の大統領は誕生していない。

「God」(＝ゴッド)に“l”という一文字をくわえて「Gold」(＝ゴールド)を信仰していると揶揄されることもある「資本主義国アメリカ」だが、その根本精神に大陸からもたらされた一神教があることは強調しておこう。

だがはたして、この「God」に、おなじく一神教のイスラームの絶対者アッラーが含まれるのかどうか？　きわめて判断のむずかしい問題であり、米国社会を分断させかねないものがある。

## 「人民の武装権」は「基本的人権」……「合衆国憲法修正第2条」

なぜ米国ではいっこうに「銃規制」が進まないのか？

「銃規制」の進んでいる日本だけでなく、西欧諸国からみても、それは米国社会の際だった特徴のひとつと見なされている。基本的に、警察や軍隊といった公権力以外、特別の許可がなければ武器の保有も携帯もできないのが、近代社会の常識だからだ。

「全米ライフル協会」が強力なロビー団体として議会に圧力をかけているからだとよく言われるが、ではなぜ「全米ライフル協会」を支持し、「銃規制」に反対する米国人が少なくないのか。

その根源をたどれば、これもまた「権利章典」に行き着く。「合衆国憲法修正第2条」にある「人民の武装権」である。これは「基本的人権」なのである。日本人の「人権感覚」とは、なんと異なることか。

「修正第2条」は、以下の文言である。短いので全文を引用しておこう。

「規律ある民兵（ミリシア）は、自由な国家の安全にとって必要であり、武器を保有し携帯する人民の権利は、侵害されてはならない」（拙訳）

（原文：A well regulated Militia, being necessary to the security of a free State, the right of the people to keep and bear Arms, shall not be infringed）

基本的にここで表現されているのは、「自力救済」と「自己責任」の思想である。「自分の身は自分で守る」という原則は、人間に本来そなわった固有の権利であるという発想が根底にある。「セルフ・ディフェンス」という発想は、西欧中世では「常識」であった。

中世から近世にかけての西欧世界は、完全に「自力救済型社会」であった。いまだ「主権国家」も「国家権力」も確立しておらず、国家は軍事も警察も含めた武力は完全に掌握できていなかった。「自分の身は自分で守る」のは、中世に生きた人間には当たり前の常識であった。

米国は、19世紀以降の「近代」を切り開いた存在であると同時に、18世紀以前の「近世」の、さらに先の「中世」に直結しているのである。

英国の植民地から「独立」した米国は、同時代の欧州大陸の「絶対王政」を経験しないまま「近代」に突入したのである。「共和制」のモデルを古代の「共和制ローマ」に求めた「建国の父」たちであったが、思わぬところに「中世」が忍び込んでいるのだ。米国人自身も、さすがにこういった歴史的背景までは知らないだろう。西洋中世史の阿部謹也教授がつねづね指摘されていたことである。

「権利章典」の「修正第3条」以下「修正第10条」まで、「基本的人権」にかんする条項を扱っているが、「修正第1条」とともに重要な「修正第4条」については、すでに「スノーデン事件」にからめて触れておいた。その他の条項にかんしては、ここでは省略することにする。

ただ、1865年に発効した「修正第13条」の「奴隷制度と奴隷労働の禁止」が、「南北戦争」での共和党のリンカーン大統領による「奴隷解放宣言」（1862年）を受けてのものであることは記しておこう。この条項が発効した9ヶ月前にリンカーンは暗殺され、暗殺された最初の米国大統領となっていた。

「権利章典」制定以後も、「修正第11条」以下、現在まで「修正第27条」の条文が追加されている。たとえば、1917年に成立した「修正第18条」は「禁酒法」にかんするものだが、

1933年に発効した「修正第21条」で条文そのものが廃止になっている。
このほか、1951年に成立した「修正第22条」は「大統領の多選禁止」など重要な条文も追加されている。

## 「独立宣言」が発せられた1776年、『国富論』が出版された

米国で「独立宣言」が発せられた1776年、この年に英国では分厚い二巻本が出版されていた。アダム・スミスの『国富論』だ。

『国富論』(＝ウェルス・オブ・ネーションズ)は、「近代経済学」の原点として有名だが、アダム・スミスは、『国富論』の最終章の末尾で、国民経済全体の立場からすると、植民地からの税収より植民地維持コストが上回っているのであれば、北米植民地の分離が望ましいという意味の発言を行っている。それは、18世紀当時の英国もまた追求していた「重商主義」に反対する立場からする主張であった。特権層ではなく、国民経済全体の立場からする発言である。

植民地貿易独占の結果は、すでに明らかにしたとおり、国民の大多数にとって、利益どころか、もっぱら損失のみだったからである。(中略)そして、もし、大英帝国のどの領土にせよ、帝国全体を支えるために貢献できないのなら、いまこそ大ブリテンは、戦時にこれ

らの領土を防衛する経費、平時にその政治的・軍事的施設を維持する経費からみずからを解放し、未来への展望と構図とを、その国情の真にあるべき中庸に合致させるように努めるべき秋（とき）なのである。

（出典：『国富論Ⅲ』（大河内一男監訳、中公文庫、1978年））

『国富論』は、右の一節で終わっている。じっさいに、アダム・スミスが示唆したとおり、米国は「独立宣言」を行い、7年間におよぶ長く苦しい戦いをへて分離独立を達成した。

アダム・スミスといえば、日本でも「見えざる手」がいちばんよく知られているように、「市場経済」の守護者とみなされ、米国では大歓迎されることになった。政府による規制を撤廃した、「レッセ・フェール」（＝自由放任）による自由競争は、ミクロ的にみた個人の「私欲」が、マクロの全体で見たら「公益」になるという発想である。この発想が、米国を根底で支えている自由主義経済とビジネス中心主義を正当化してきたのである。

だが、経済学者である前に、そもそも倫理学者であったアダム・スミスの発想は、むきだしの「欲望」を礼賛するものではなかった。『国富論』の末尾の文章のなかにあるように、「中庸」の徳を説いているのである。この点を無視した都合のよい解釈によって、米国資本主義は貪欲に富を追求して発展したといえるかもしれない。

米国は「南北戦争」で北部が勝利したことによって、新興の「工業国」として台頭し、ついには英国を追い抜き去って20世紀の「覇権国」になった。米国は、英国の「植民地主義」を否定し、領土としての植民地をもたない「覇権」を確立したといえる。

だが、「独立革命」という出発時点から格差が存在していた米国資本主義は、１９８０年代の「レーガン革命」以降は、さらに経済格差を拡大させ、「１％と99％の対立」という「持てる者と持たざる者」の格差を固定化している。はたしてこれが健全な資本主義といえるのかどうか疑問である。

## 「欲望」の追求と資本主義

米国の圧倒的なパワーを支えてきた資本主義だが、「欲望」の追求を前提にした資本主義は暴走しがちである。その結果が、これまで何度も発生した「経済恐慌」であり、１９２９年には「大恐慌」として経済がクラッシュしたのであった。

その後、資本主義の健全な発展を促進するために、さまざまな形で制御する仕組みが導入されてきた。「コーポレート・ガバナンス」もまた、その仕組みのひとつである。

「米国衰退論」が語られ、低成長の定着化に見られるように「資本主義」の機能不全も語られるようになってひさしい。「グローバリゼーション」（＝グローバル化）という資本主義の運動は行き着くところまで行ってしまい、もはや資本主義にとってのあらたなフロンティアは地球上にはほとんど存在しないのである。「グローブ」（＝地球）はひとつしかない。

はたして21世紀に資本主義が終わるのかどうか、そのような長期の大きな問題に結論をくだすのは時期尚早だし、ビジネスパーソンにとっては喫緊の課題でもない。問題には「長期・中期・短期」の「三層構造」で取り組むべきなのは、ビジネスパーソンにとって基本的なマインドセットだが、現実の問題解決に従事するビジネスパーソンには、あまり長期の話ばかりにかかわっているわけにはいかないだろう。

資本主義が終わろうが終わるまいが、人間が存在する限り、経済活動が消えてなくなることはない。したがって、ビジネスがなくなることもない。ここでは、こう言うだけにとどめておこう。

ただし、「経済」の根底に「倫理」を据えなくてはならないことは強調しておきたい。資本主義が、健全でバランスのとれたサステイナブルな発展をとげていくためには、「制御」するための「倫理」が不可欠である。「エシカル」(＝倫理的)ということばは、21世紀のキーワードである。

ここまで「2016年の衝撃」から「アメリカ独立宣言」の1776年までさかのぼってきた。たった240年間であるが、「米英アングロサクソン」が実質的に支配している「現在」を理解するためにに必要なことは、ほぼすべてカバーできたのではないかと思う。

「現在」を理解するために、とりあえずはそこまでさかのぼって「歴史」を振り返っておけば、すくなくともビジネスパーソンにとっては、それで十分だろう。

時間があれば、18世紀以前も「逆回し」でさかのぼりたいという「欲望」があるのだが、いかんせん時間切れだ。残念ながら断念しなければならない。デッドラインを守らなければならないのは、ビジネスパーソンにとっては基本中の基本である。

機会があれば、このつづきを再開し、みなさんと再会できればと願っている。

Column

3

# 「アメリカ精神」の「三層構造」

「資本主義」の中心地である米国はビジネス立国で、成功をはかる尺度はカネであり、なにごともカネがものをいう世界だという印象がなくもない。「拝金主義」というイメージもあるだろう。

その一方では、世界最高の高等教育機関があり、世界中に基地を展開している軍事大国でもあり、キリスト教原理主義といったイメージもある。ヨーロッパやアジアのような「伝統社会」とくらべると、歴史が浅い米国はいっけん単純に見えなくもないのだが、米国人の精神の中身そのものは、表面的にみていただけではわからないことも多い。

『アメリカ精神の源　「神のもとにあるこの国」』（ハロラン芙美子、中公新書、１９９８年）という本がある。米国人と結婚して米国社会に生きてきたノンフィクション作家によるものだ。著者自身カトリックである。

「第９章　天使の助け」で著者は、米国人の精神を「三層構造」でみている。この見方はひじょうに興味深い。重要な指摘だと思うので、ちょっと長くなるが、著者の文章を引用させていただくこととしよう（２７４～２７７ページ）。

一番上の層は、誰でも見聞する世俗文化である。高層ビル、ハイウェイ、自動車の洪水、ロボットからコンピュータまで、日に日に機械化されてゆく日常生活、物質生活の快適さを追及することにかけては、アメリカ人は創造力と実行力に溢れている。

（中略）

ところがその世俗文化のすぐ下に、その世俗の欲望を否定し、自己愛をいましめ、この世は「あの世」への過渡にすぎないと繰り返すキリスト教の世界が横たわっている。しかもこの二番目の層は、表面にもしばしば出てきて、日常世界の中で渾然としている。つまり、欲望の権化のような人間でも、心のどこかにそれ以外の価値観が投影しているところがある。最初は二番目の層が一番上にあったのだが、ここ半世紀のうちにいつのまにか、それがひっくり返った。

（中略）

一番下にある層は、二番目と重なっているところもあるが、いわば「超自然意識」とでもいえる合理的、科学的でない神秘、超自然、夢、予感の世界である。（…中略…）教会が異端として排斥してきた占星術、超能力、秘儀、幻術、魔術は、排斥されればされるほど、地下底流として流れ続けてきた。（…中略…）ここ10年ほどアメリカでは確実に、非科学的、非合理的な世界への関心が深まってきている。論理だけではなく直観、予感、夢、信仰の力といったものの受容がひろまり、真剣に取り上げられている。なかでもマスコミに取り上げられるのが信仰と健康の関係である。（後略）

この本が出版されたのが１９９８年であるから、それからすでに20年近くたった現在では、「一番下にある層」がすでに一大潮流となっているといってもいいすぎではない。機会があれば、米国内のブックストアに立ち寄ってみるといいだろう。ナチズムを体験した西欧社会とは異なり、米国社会には「オカルト」の免疫がないので、この分野のものは「自己啓発」がらみで拡がりやすい。その影響は日本にも及んでいる。

「1968年」の学生運動が挫折した以降の日本には、米国西海岸のカリフォルニアから「カウンター・カルチャー」（＝対抗文化）が入り込んできた。日本で流行しているヨーガなどは、伝統仏教のストレートな延長線上のものというよりも、むしろ米国からの「逆輸入」によるものと考えたほうがいい。それは、総称して「ニューエイジ運動」と呼ばれているものである。

アップルの創業者スティーブ・ジョブズなどは、まさにその渦中で青春を送った人物であることは、若き日のインド放浪や、禅仏教やインド思想への傾倒ぶりからもうかがい知ることができるだろう。英国のビートルズのメンバーたちもまた同様だ。

日本にいるとわからないが、米国で生活していると右の「三層構造」がおぼろげながらも見えてくる。米国と米国人について考える際には、ぜひこの点をアタマのなかに入れておいてほしい。「欲望」は資本主義の推進力であるが、その「欲望」を制御する心理的メカニズムが、米国人のマインドにはビルトインされているのである。このせめぎ合いを理解することは重要だ。

**参考**

『アメリカ精神の源　「神のもとにあるこの国」』（ハロラン芙美子、中公新書、1998年）

# 終章 自分史を世界史に接続する

2017

Modern History for Top Businesspeople

1776

「ビジネスパーソンの、ビジネスパーソンによる、ビジネスパーソンのための歴史書」という本書の構想は、「世界金融危機」の最終局面であった「リーマンショック」の翌年、すなわち2009年にさかのぼる。

大学時代の先輩で国際ビジネスマンの方との会食中、「会社で世界史を講義してほしい」という「宿題」をいただいたことから始まった。それ以来、折に触れ構想を温めてきたのだが、「逆回し」という発想を導入したうえで、やっと本書を完成することができた。構成と執筆には1年近くかかったが、ようやく8年前の「宿題」に形をなすことができた。肩の荷がおりてホッとしているというのが、正直な気持ちだ。

ある意味では、この本は自分にとっては8年間の軌跡であり決算書である。再編集して大幅に書き直してあるが、2009年から書き始めたブログ『「アタマの引き出し」は生きるチカラだ』から多くの記事を材料として使用している。長い旅であったように感じるが、あっという間の一瞬の出来事だったような気もする。

マーティン・スコセッシ監督の『沈黙　サイレンス』（2016年製作）は、1988年にすすめられて遠藤周作の原作を英訳版で読み、すぐに映画化を決意したものの納得のいくシナリオが書けるまで15年間、映画の完成まであわせて28年もかかったという。自分の場合は、それほどのものではないのだが。

「世界史」的にみれば、２００９年から２０１７年までの８年間は、「チェンジ！」をスローガンに選出されたオバマ前大統領の8年間であったが、それは自分にとってはいったいなんだったのか。「自分史」（パーソナル・ヒストリー）に重ね合わせて考えてみたくなる。

わたくしごとではあるが、この場を借りて「自分史」について語らせていただきたい。「逆回し」でさらにさかのぼれば、本書の「原点」は著者であるわたしの大学時代の経験に行き着くことになるからだ。スコセッシ監督の28年よりも、さらに前にさかのぼることになる。

「社会史」研究のパイオニアであった阿部謹也先生のゼミナールに入ったのは、１９８０年代の前半のことだ。もともと魚の養殖の研究をしたいと考えており高校時代まで理系に進むつもりであった自分は、ミッションスクール出身ではなく、キリスト教徒でもカトリックでもない。ヨーロッパ中世史を専攻することに、「それをやらなければ生きてゆけない」といった必然性が自分のなかにあったわけでもない。卒業したら就職しなければならないのだから（それが当時の「世間」の常識だった）、せめて大学時代くらいアカデミックな世界の一端に触れてみたいと思ったのだ。ところが、少人数のゼミナールではフランス語やドイツ語、さらには若干のラテン語など、語学の習得がじつに大変だった。

「歴史学」は当時も就職には有利な専攻ではなかったが、就職さえできればあとはなんとかなるだろうと楽観的に考えていた。卒業後はビジネスの世界に入ったが、内発的動機にもとづいたものではない。なんとか就職できたのはいいのだが、人事労務の分野からビジネスキャリアを開始することとなり、ビジネス関連の知識習得のために死ぬほど勉強せざるをえなかった。ちょうど、「男女雇用機会均等法」施行の前年であった。そのためえらく苦労する結果となったのだが、学生時代に歴史学を専攻したことは、いまでもまったく悔いはない。

阿部先生も編集同人の一人であった『社会史研究』（日本エディタースクール出版局、1982〜1988年）が創刊された頃だ。研究者として脂がのりきっていた時期だったと思う。在籍していたのは、学部の前期ゼミの1年と後期ゼミの2年と合計3年間に過ぎないが、「中世」を知れば「近代」という時代を相対化できるだけでなく、当時のユーラシア大陸西部の高度先進文明がイスラーム文明であったことを理解することになった。たしかに「中世」が「近代」を生み出したことに間違いはないのだが、中世までのヨーロッパはユーラシア辺境の「後発地域」でしかなかったのだ。

卒論のタイトルは、『中世フランスにおけるユダヤ人の経済生活』。当時のユダヤ人は土地所有を禁止されており、消去法として金貸し業にしか従事できなかった。そしてそれは、「利子」をめぐる宗教と経済倫理上の問題であり、「利子」とは「時間」についての哲学的問題である。こんなテーマなら就職活動の際に金融機関受けするのではないか（?）と思ったのも理由の一つだが、もちろんそれだけではない。ユダヤ人というマイノリティーの視点から見れば、社会の多数派にはけっして見えない、なにか違うものが見えてくるのではないかという期待があったのだ。

大学在学中の4年間は、１９８０年代を代表する「ラブコメ」の名作『めぞん一刻』（高橋留美子・作）とまったく重なる。主人公の一人である五代君とは、１９８１年の入学も１９８５年の卒業もまったく同じ、１９８０年に始まった連載が完結したのは卒業後の１９８７年のことだ。このマンガは、１９８６年から１９８８年にかけてＴＶアニメ化もされており、原作のマンガもアニメも世界中で愛されている。高橋留美子作品の単行本は、２０１７年時点の累計発行数が全世界で2億冊を突破している。

そしてまた、１９８０年にデビューした元祖アイドル歌手の松田聖子の全盛期でもあった。当時「ぶりっ子」と呼ばれていた松田聖子とは学年は違うが同い年だ。松田聖子の全盛期の１９８０年代前半は「アイドル革命」の時代であったという評論家もいるが、まったく同感だ。２０１７年には、再度の米国進出という長年の構想を実現した「ＳＥＩＫＯ ＪＡＺＺ」を発表、5月に全米リリースされるなど、あらたなチャレンジにも乗り出している。

「時代の空気」というものは、その渦中にどっぷりとつかっていると当たり前に感じてしまうが、そのほんとうの意味はあとになってからわかってくるものだ。

もちろん、その時代のすべてを肯定的に受け取っていたわけではないし、１９８０年代を20

歳代で過ごした人間が「バブル世代」としてひとくくりにされることには、渦中にいた人間として違和感を感じないわけではない。大学に入ったら「共通一次世代」、会社に入ったら「新人類」などのレッテルを貼られたが、そのようなレッテル貼りは、かえって事実を正確に把握することを阻害することがある。歴史をビッグワードで語ることの危険性である。

1980年代前半は、日本発の「ソフトパワー」という点からみれば画期的な時期であり、その後の推移を考えれば、停滞する成熟経済を脇におけば、けっして「失われた20年」ではなかった。

米ソ冷戦構造下、米国の核の傘に守られていたとはいえ、「世界史」的に見ればまれにみる「世俗的で平和な時代」であった1980年代前半の「転換期」があったからこそ、サブカルチャーをベースに「日常世界」を描いたアニメやマンガ、そしてアイドルという黄金のコンテンツで世界中をとりこにし模倣者を生み出し続けている、世界中に影響を与え続けている「現在」の日本文明がある。

だが地球の反対側では、アニメ映画『戦場でワルツを』(2008年)に描かれているように、同年代のイスラエルの若者たちは徴兵され、大義なき「レバノン侵攻」(1982年)に動員されているのである。こういうことをあわせて考えることもまた「自分史」を「世界史」につなげてゆくことになる。

歴史研究は「自分のなかに」もつ関心、「現在」への関心から出発すべきで、「日常世界」にこだわるべきだという基本姿勢は、いまでも広く読まれている阿部先生の名著『自分のなかに歴史を読む』（筑摩書房、1988年。現在はちくま文庫）に記されている。

「現在」に生きる日本人の立ち位置をはずれた世界史には意味はない。歴史学とは、自己認識の学でもある。だからこそ、現代に生きる日本人を縛っている「目に見えない世間」に着目した「世間論」が、中世史研究のなかから生まれてきたのだろう。

『自分のなかに歴史を読む』に書かれた内容は、書籍になる前からゼミの最中やゼミ終了後の喫茶店、飲み会などでの雑談をつうじてなんども聴いていた。知らず知らずのうちに自分のなかに染みこんでしまったようだ。目で活字を読んだ知識よりも、耳から入ってきた話のほうが記憶に残りやすい。

いまから考えると、阿部先生の基本姿勢と、1980年代以降の指向性はシンクロしていたような気もする。ご本人がどう感じておられたか、いまでは知るすべもないが……。1980年代以降、「日常生活」を重視する消費社会の流れはつづいている。消費者選択の自由が確保されるということは、成熟社会のアドバンテージである。

「自分史」をつづければ、高校時代には「イラン・イスラーム革命」と「アフガン侵攻」、その前に「石油ショック」と「中東戦争」をリアルタイムで見聞きしており、「ベトナム戦争」

の末期くらいまでは、かろうじて記憶にある。小学生時代まで行けば、すくなくとも男子にかんしていえば、子ども時代からアニメをつうじて「地球（防衛）意識」を刷り込まれていた。日本人は地球を救う運命にあるのだ、と。

これ以上はさかのぼる必要はないと思うので、やめておきたいと思うが、読者のみなさんも自分自身の「自分史」と「世界史」を接続してみることをすすめたい。そうすれば、「世界史」が身近に感じられるようになると思う。

とはいえ、「自分史」でさかのぼるには限界がある。そこから先はイマジネーションに頼るしかない。その参考事例のひとつとして、２０１６年に公開されたアニメ映画『この世界の片隅に』（監督：片渕須直）をあげておこう。

「戦前」から「戦中」を経て「戦後」にかけて、地方都市の広島と呉に生きた一女性を主人公とし、「日常世界」から描いた作品だ。こうの史代のマンガが原作だが、「日常生活」と「世界史」の接点を見事に描いている。

たとえ地方でつつましく暮らしていても、「世界史」はいやがおうでも「日常生活」に入り込んでくる。それがなにを意味しているのか、ただちに理解はできないにしても。

＊　＊　＊

「出版」というものは、ビジネスの観点からいえばプロジェクトそのものである。しかも、執筆者である著者一人だけで完結するプロジェクトではない。映画製作やドラマ製作ほど複雑ではないにしても、じつに多くの人がかかわる「ものづくり」のプロジェクトなのだ。

感謝しなければならない人は多数にのぼるが、筆頭にあげなくてはならないのは、朝鮮半島研究の権威で筑波大学大学院教授の古田博司先生である。とあるきっかけから知遇を得るようになって以来、懇意にさせていただいているが、専門の政治思想や東洋思想だけではなく西洋哲学の造詣も深い古田先生からは、本書の編集を担当していただくことになったディスカヴァー・トゥエンティワンの藤田浩芳氏に引き合わせていただいた。

藤田氏は、ビジネス書のフォーマットで世界史の本を製作するという企画を通していただき、さらに「歴史をさかのぼる」という形で取り組んでみたらどうかというチャレンジングな提案をいただいた。奇しくも藤田氏は著者のわたしとは同学年、大学は異なるがイスラーム史を専攻し、しかもオスマン帝国時代のユダヤ史で卒論を書いていたことを知った。なんという奇縁であろう。

「こちら側」の人間サイドからみれば「偶然」であっても、「向こう側」からみればそれは「必然」なのかもしれない、と思ってみたりもする。「引き寄せ」とは、きっとこういう現象をさしていうのだろう。

本書との「出会い」が、読者のみなさんの思考にたとえすこしでも深みを与えるものとなったのであれば、著者の喜びはこれに過ぎるものはない。

「2016年の衝撃」という大転換期に遭遇したことをポジティブに捉えたうえで、異なる視点から世界史を見ることで「複眼的なものの見方」を身につけてほしいと思う。

読者のみなさんもまた「世界史」をつくっているのだという参加意識をもって、ビジネスであれそれ以外の仕事であれ、日々の活動に取り組んでいただけますように。

"Per aspera ad astra" 「苦難をつうじて星まで」(ラテン語の格言)

2017年4月10日　著者しるす

# 主要参考文献 ＊基本的に本文で言及しているものは省略した


- 相田洋／NHK取材班 藤波重成 『NHKスペシャル マネー革命〈第3巻〉リスクが地球を駆けめぐる』（日本放送出版協会、2007）
- 秋田茂 『イギリス帝国の歴史(中公新書)』（中央公論新社、2012）
- 浅羽通明 『ナショナリズム　名著でたどる日本思想入門(ちくま文庫)』（筑摩書房、2013）
- アシュトン（T・S） 『産業革命(岩波文庫)』（岩波書店、1973）
- アタリ（ジャック） 『国家債務危機――ソブリン・クライシスに、いかに対処すべきか?』（作品社、2011）
- アタリ（ジャック） 『21世紀の歴史――未来の人類から見た世界』（作品社、2008）
- 阿部謹也 『日本人の歴史意識　「世間」という視角から(岩波新書)』（岩波書店、2004）
- 阿部謹也 『近代化と世間　私が見たヨーロッパと日本（朝日新書）』（朝日新聞社、2006）
- 阿部重夫 『イラク建国　「不可能な国家」の原点（中公新書）』（中央公論新社、2004）
- 石弘之／安田喜憲／湯浅赳男 『環境と文明の世界史　人類史20万年の興亡を環境史から学ぶ（新書y）』（洋泉社、2001）
- 石井彰 『木材・石炭・シェールガス　文明史が語るエネルギーの未来（PHP新書）』（PHP研究所、2014）
- 石井正 『世界を変えた発明と特許（ちくま新書）』（筑摩書房、2011）
- 飯島渉 『感染症の中国史　公衆衛生と東アジア（中公新書）』（中央公論新社、2009）
- 稲上毅 『現代英国労働事情　サッチャーイズム・雇用・労使関係』（東京大学出版会、1990）
- 稲上毅 『現代英国経営事情』（日本労働研究機構、1997）
- 井野瀬久美恵 『大英帝国という経験（興亡の世界史16）』（講談社、2007）
- 猪木武徳 『経済思想（モダン・エコノミックス24）』（岩波書店、1987）
- 今村仁司 『近代性の構造　「企て」から「試み」へ（講談社選書メチエ）』（講談社、1994）
- イム・ホーフ（ウルリヒ） 『啓蒙のヨーロッパ（叢書ヨーロッパ）』（平凡社、1998）
- 伊豫谷登士翁 『グローバリゼーションとは何か　液状化する世界を読み解く（平凡社新書）』（平凡社、2002）
- 岩崎美紀子 『分権と連邦制』（ぎょうせい、1998）
- 岩下哲典 『江戸のナポレオン伝説　西洋英雄伝はどう読まれたか（中公新書）』（中央公論新社、1999）
- 岩下哲典 『予告されていたペリー来航と幕末情報戦争（新書y）』（洋泉社、2006）
- 岩村忍／勝藤猛／近藤治 『世界の歴史19　インドと中近東（河出文庫）』（河出書房新社、1990）
- 上田和夫 『ユダヤ人（講談社現代新書）』（講談社、1986）

- 上田貞次郎 『英国産業革命史論（講談社学術文庫）』（講談社、1979）
- ウェーバー（マックス）『プロテスタンティズムの倫理と資本主義の精神（日経BPクラシックス）』（日経BP社、2010）
- ヴェルヌ（ジュール）『八十日間世界一周（創元SF文庫）』（東京創元社、1976）
- ウォーラースティン（イマニュエル）『史的システムとしての資本主義』（岩波書店、1997）
- ウォーラースティン（イマニュエル）『近代世界システムⅠ　農業資本主義と「ヨーロッパ世界経済」の成立（岩波現代選書）』（岩波書店、1981）
- ウォーラースティン（イマニュエル）『近代世界システムⅡ　農業資本主義と「ヨーロッパ世界経済」の成立（岩波現代選書）』（岩波書店、1981）
- ウォーラースティン（イマニュエル）『長期波動（叢書 世界システム2）』（藤原書店、1992）
- 宇野重規 『保守主義とは何か　反フランス革命から現代日本まで（中公新書）』（中央公論新社、2016）
- 梅棹忠夫 『文明の生態史観（中公文庫）』（中央公論新社、1974）
- 梅棹忠夫 『近代世界における日本文明　比較文明学序説』（中央公論新社、2000）
- 梅棹忠夫編著 『日本文明77の鍵（文春新書）』（文藝春秋、2005）
- 海野弘 『二十世紀』（文藝春秋、2007）
- エンゲルス（フリードリヒ）『空想より科学へ（岩波文庫）』（岩波書店、1966）
- 遠藤誉 『チャイナ・セブン　紅い皇帝 習近平』（朝日新聞出版、2014）
- 種田明 『近代技術と社会（世界史リブレット81）』（山川出版社、2003）
- 大石慎三郎／中根千枝他 『江戸時代と近代化』（筑摩書房、1986）
- 大河内暁男 『経営史講義［第二版］』（東京大学出版会、2001）
- 大島直政 『ケマル・パシャ伝（新潮選書）』（新潮社、1984）
- 大嶋仁 『ユダヤ人の思考法（ちくま新書）』（筑摩書房、1999）
- 大野健一 『途上国ニッポンの歩み　江戸から平成までの経済発展』（有斐閣、2005）
- 岡並木 『舗装と下水道の文化』（論創社、1985）
- 岡本隆司 『世界のなかの日清韓関係史　交隣と属国、自主と独立（講談社選書メチエ）』（講談社、2008）
- 小川浩之 『英連邦　王冠への忠誠と自由な連合（中公叢書）』（中央公論新社、2012）
- 越智道雄 『大英帝国の異端児たち(日経プレミアシリーズ)』（日本経済新聞出版社、2009）
- 越智道雄 『ワスプ（WASP）　アメリカン・エリートはどうつくられるか（中公新書）』（中央公論新社、1998）
- カー（E・H・）『ロシア革命　レーニンからスターリンへ、1917~1929年（岩波現代選書）』（岩波書店、1979）
- 笠原敏彦 『ふしぎなイギリス（講談社現代新書）』（講談社、2015）
- カザミヤン（ルイ）『イギリス魂　その歴史的風貌（現代教養文庫）』（社会思想社、1971）
- 学研「歴史群像」編集部（前川清／立山良司／滝川義人／高井三郎）『図説　中東戦争全史』

（学研、2002）
• 勝田有恒／森征一／山内進編著 『概説　西洋法制史』（ミネルヴァ書房、2004）
• 加藤祐三／川北稔 『世界の歴史25　アジアと欧米世界』（中央公論社、1998）
• 加藤祐三 『イギリスとアジア　近代史の原画（岩波新書）』（岩波書店、1980）
• 加納啓良 『東大講義　東南アジア近現代史』（めこん、2012）
• 苅谷剛彦 『知的複眼思考法　誰でも持っている創造力のスイッチ（講談社＋α文庫）』（講談社、2002）
• 川勝平太 『近代文明の誕生（日経ビジネス人文庫）』（日本経済新聞出版社、2011）
• 川勝平太 『資本主義は海洋アジアから（日経ビジネス人文庫）』（日本経済新聞出版社、2012）
• 川北稔 『砂糖の世界史（岩波ジュニア新書）』（岩波書店、1996）
• 川北稔 『民衆の大英帝国　近世イギリス社会とアメリカ移民（岩波現代文庫）』（岩波書店、2008）
• 川北稔 『世界システム論講義　ヨーロッパと近代世界（ちくま学芸文庫）』（筑摩書房、2016）
• 木谷勤 『帝国主義と世界の一体化（世界史リブレット40）』（山川出版社、1997）
• 木畑洋一 『支配の代償　英帝国の崩壊と「帝国意識」（新しい世界史⑤）』（東京大学出版会、1987）
• 倉沢愛子 『9・30 世界を震撼させた日　インドネシア政変の真相と波紋（岩波現代全書）』（岩波書店、2014）
• 倉戸康行 『金融史がわかれば世界がわかる 「金融力」とは何か（ちくま新書）』（筑摩書房、2005）
• クロスビー（アルフレッド） 『数量化革命　ヨーロッパ覇権をもたらした世界観の誕生』（紀伊國屋書店、2003）
• 高坂正堯 『現代史の中で考える（新潮選書）』（新潮社、1997）
• 小島明 『グローバリゼーション　世界経済の統合と協調（中公新書）』（中央公論社、1990）
• 小室直樹 『世紀末・戦争の構造　国際法知らずの日本人へ（徳間文庫）』（徳間書店、1998）
• 小室直樹 『小室直樹の資本主義原論』（東洋経済新報社、1997）
• 小室直樹 『経済学をめぐる巨匠たち　経済思想ゼミナール』（ダイヤモンド社、2003）
• 近藤和彦 『イギリス史10講（岩波新書）』（岩波書店、2013）
• 斎藤眞・編 『アメリカ政治外交史教材　英文資料選』（東京大学出版会、1972）
• 坂井榮八郎 『ドイツ史10講（岩波新書）』（岩波書店、2003）
• 桜井哲夫 「近代」の意味　制度としての学校・工場（NHKブックス470）』（日本放送出版協会、1884）
• 桜井哲夫 『メシアニズムの終焉　社会主義とは何であったのか』（筑摩書房、1991）
• 桜井哲夫 『戦争の世紀　第一次世界大戦と精神の危機（平凡社新書）』（平凡社、1999）
• サッセン（サスキア） 『グローバリゼーションの時代　国家主権のゆくえ（平凡社選書）』（平凡社、1999）

• 猿谷要 『物語 アメリカの歴史　超大国の行方（中公新書）』（中央公論社、1991）
• 塩川伸明 『民族とネイション　ナショナリズムという難問（岩波新書）』（岩波書店、2008）
• 柴田三千雄 『フランス史10講（岩波新書）』（岩波書店、2006）
• シャノン（デイヴィッド）編 『大恐慌　1929年の記録（中公新書）』（中央公論新社 、1963）
• シロニー（ベン=アミー） 『ユダヤ人と日本人の不思議な関係』（成甲書房、2004）
• 新人物往来社・編 『ユダヤ大事典（新人物往来社文庫）』（新人物往来社、2011）
• 菅原出 『アメリカはなぜヒトラーを必要としたのか（草思社文庫）』（草思社、2013）
• 杉本栄一 『近代経済学の解明 上（岩波文庫）』（岩波書店、1981）
• 関榮次 『日英同盟　日本外交の栄光と凋落』（学習研究社、2003）
• 関曠野 『民族とは何か（講談社現代新書）』（講談社、2001）
• 石平 『なぜ中国は覇権の妄想をやめられないのか　中華秩序の本質を知れば「歴史の法則」がわかる（PHP新書）』（PHP研究所、2015）
• 園田英弘 『世界一周の誕生　グローバリズムの起源（文春新書）』（文藝春秋、2003）
• 曽村保信 『地政学入門　外交戦略の政治学（中公新書）』（中央公論社、1984）
• ソーン（クリストファー） 『太平洋戦争とは何だったのか　1941~45の国家、社会、そして極東戦争』（草思社、2005）
• 竹下節子 『無神論　二千年の混沌と相克を超えて』（中央公論新社、2010）
• 武田知弘 『ヒトラーの経済政策　世界恐慌からの奇跡的な復興（祥伝社新書）』（祥伝社、2009）
• 武田知弘 『ヒトラーとケインズ　いかに大恐慌を克服するか（祥伝社新書）』（祥伝社、2010）
• 竹森俊平 『ユーロ破綻　そしてドイツだけが残った（日経プレミアシリーズ）』（日本経済新聞出版社、2012）
• 立川昭二 『病気の社会史　文明に探る病因（NHKブックス152）』（日本放送出版協会、1971）
• 田中彰 『岩倉使節団「米欧回覧実記」（同時代ライブラリー）』（岩波書店、1994）
• 田中彰 『明治維新と西洋文明　岩倉使節団は何を見たか（岩波新書）』（岩波書店、2003）
• 田中和夫 『英米法概説（再訂版）』（有斐閣、1981）
• 田中優子 『グローバリゼーションの中の江戸（岩波ジュニア新書）』（岩波書店、2012）
• 谷川稔 『十字架と三色旗　もうひとつの近代フランス（歴史のフロンティア）』（山川出版社、1997）
• 玉木俊明 『海洋帝国興隆史　ヨーロッパ・海・近代世界システム（講談社選書メチエ）』（講談社、2014）
• 常松洋 『大衆消費社会の登場（世界史リブレット48）』（山川出版社、1997）
• 角山榮／川北稔・編 『路地裏の大英英国　イギリス都市生活史』（平凡社、1982）
• 角山榮／村岡健次／川北稔 『生活の世界歴史10　産業革命と民衆（河出文庫）』（河出書房新社、1992）

• ドイッチャー（アイザック）『非ユダヤ的ユダヤ人（岩波新書）』（岩波書店、1970）
• 堂目卓生　『アダム・スミス　「道徳感情論」と「国富論」の世界（中公新書）』（中央公論新社、2008）
• トッド（エマニュエル）『新ヨーロッパ大全Ⅰ』（藤原書店、1992）
• トッド（エマニュエル）『新ヨーロッパ大全Ⅱ』（藤原書店、1993）
• トッド（エマニュエル）『「ドイツ帝国」が世界を破滅させる　日本人への警告（文春新書）』（文藝春秋、2015）
• トッド（エマニュエル）『問題は英国ではない、EUなのだ　21世紀の新・国家論（文春新書）』（文藝春秋、2016）
• トーピー（ジョン）『パスポートの発明　監視・シティズンシップ・国家（サピエンティア04）』（法政大学出版局、2008）
• 飛田茂雄　『アメリカ合衆国憲法を英文で読む　国民の権利はどう守られてきたか（中公新書）』（中央公論社、1998）
• トロツキー（レフ）『裏切られた革命（岩波文庫）』（岩波書店、1992）
• 永井義雄　『人類の知的遺産44　ベンサム』（講談社、1982）
• 中北徹　『やっぱりドルは強い（朝日新書）』（朝日新聞社出版、2013）
• 長崎暢子　『インド大反乱 一八五七年（中公新書）』（中央公論新社、1981）
• 長崎暢子　『ガンディー　反近代の実験　（現代アジアの肖像8）』（岩波書店、1996）
• 長崎暢子　『インド　国境を越えるナショナリズム（新世界事情）』（岩波書店、2004）
• 長島伸一　『大英帝国　最盛期イギリスの社会史（講談社現代新書）』（講談社、1989）
• 中山秀太郎　『機械発達史』（大河出版、1987）
• 中田考　『イスラームのロジック　アッラーフから原理主義まで（講談社選書メチエ）』（講談社、2001）
• 西川潤　『飢えの構造　近代と非ヨーロッパ世界（増補改訂版）』（ダイヤモンド社、1984）
• 野村達朗　『ユダヤ移民のニューヨーク　移民の生活と労働の世界（歴史のフロンティア）』（山川出版社、1995）
• 橋本毅彦　『〈標準〉の哲学　スタンダード・テクノロジーの三〇〇年（講談社選書メチエ）』（講談社、2002）
• 橋本毅彦　『近代発明家列伝　世界をつないだ九つの技術（岩波新書）』（岩波書店、2013）
• 長谷川貴彦　『産業革命（世界史リブレット116）』（山川出版社、2012）
• ハッキング（イアン）『偶然を飼いならす　統計学と第二次科学革命』（木鐸社、1999）
• 浜渦哲雄　『英国紳士の植民地統治　インド高等文官への道（中公新書）』（中央公論社、1991）
• 林瑞枝　『フランスの異邦人　移民・難民・少数者の苦悩（中公新書）』（中央公論社、1984）
• ハワード（マイケル）『ヨーロッパ史における戦争 改訂版（中公文庫）』（中央公論新社、2010）
• 尾藤正英　『江戸時代とはなにか　日本史上の近世と近代（岩波現代文庫）』（岩波書店、

2006）
• 平野聡　『「反日」中国の文明史（ちくま新書）』（筑摩書房、2014）
• ファーガソン（ニーアル）　『マネーの進化史』（早川書房、2009）
• 布施克彦　『島国根性を捨ててはいけない（新書y）』（洋泉社、2004）
• ふらんす特別編集　『シャルリ・エブド事件を考える』（白水社、2015）
• ふらんす特別編集　『パリ同時テロ事件を考える』（白水社、2015）
• 古田博司　『東アジア・イデオロギーを超えて』（新書館、2003）
• 古田博司　『日本文明圏の覚醒』（筑摩書房、2010）
• 古矢旬　『アメリカニズム　「普遍国家」のナショナリズム』（東京大学出版会、2002）
• ブレマー（イアン）『自由市場の終焉　国家資本主義とどう闘うか』（日本経済新聞出版社、2011）
• ブローデル（フェルナン）　『歴史入門（中公文庫）』（中央公論新社、2009）
• ヘッドリク（ダニエル）　『帝国の手先　ヨーロッパ膨張と技術』（日本経済評論社、1989）
• 細谷雄一　『国際秩序　18世紀ヨーロッパから21世紀アジアへ（中公新書）』（中央公論新社、2012）
• ボニファス（パスカル）／ヴェドリーヌ（ユベール）　『増補改訂版　最新 世界情勢地図』（ディスカヴァー・トゥエンティワン、2016）
• 真木悠介　『時間の比較社会学（岩波現代文庫）』（岩波書店、2003）
• 松本佐保　『バチカン近現代史　ローマ教皇たちの「近代」との格闘（中公新書）』（中央公論新社、2013）
• 松元崇　『持たざる国への道　あの戦争と大日本帝国の破綻（中公文庫）』（中央公論新社、2013）
• 松本太　『世界史の逆襲　ウェストファリア・華夷秩序・ダーイシュ』（講談社、2016）
• 丸山眞男／加藤周一　『翻訳と日本の近代（岩波新書）』（岩波書店、1998）
• ミクルスウェイト（ジョン）／ウールドリッジ（エイドリアン）　『株式会社（クロノス選書）』（ランダムハウス講談社、2006）
• 水野和夫　『資本主義の終焉と歴史の危機（集英社新書）』（集英社、2014）
• 水野和夫　『株式会社の終焉』（ディスカヴァー・トゥエンティワン、2016）
• 溝口雄三　『中国の衝撃』（東京大学出版会、2004）
• 宮城大蔵　『「海洋国家」日本の戦後史（ちくま新書）』（筑摩書房、2008）
• 三好範英　『蘇る「国家」と「歴史」　ポスト冷戦20年の欧州』（芙蓉書房出版、2009）
• 三輪修三　『工学の歴史　機械工学を中心に（ちくま学芸文庫）』（筑摩書房、2012）
• 村上泰亮　『反古典の政治経済学　上　進歩史観の黄昏』（中央公論社、1992）
• 村松恒一郎　『文化と経済』（東洋経済新報社、1977）
• 村山雅人　『反ユダヤ主義　世紀末ウィーンの政治と文化（講談社選書メチエ）』（講談社、1995）

• 森まり子 『シオニズムとアラブ　ジャボティンスキーとイスラエル右派 一八八〇~二〇〇五年(講談社選書メチエ)』(講談社、2008)
• 森嶋通夫 『サッチャー時代のイギリス　その政治、経済、教育(岩波新書)』(岩波書店、1988)
• モリス(ジャン) 『帝国の落日　パックス・ブリタニカ完結編 上下』(講談社、2010)
• 森本あんり 『反知性主義　アメリカが生んだ「熱病」の正体(新潮選書)』(新潮社、2015)
• 森安達也 『神々の力と非力(これからの世界史8)』(平凡社、1994)
• 八木宏美 『違和感のイタリア　人文学的観察記』(新曜社、2008)
• 薬師寺泰彦 『テクノヘゲモニー　国は技術で興り、滅びる(中公新書)』(中央公論社 、1989)
• 山内進 『決闘裁判　ヨーロッパ法精神の原風景(講談社現代新書)』(講談社、2000)
• 山上正太郎 『第一次世界大戦　忘れられた戦争(講談社学術文庫)』(講談社、2010)
• 湯浅赳男 『ユダヤ民族経済史』(新評論、1991)
• 湯浅赳男 『大英帝国の興亡と日本の命運　ビッグバンで大国病を克服した英国の叡知』(日本文芸社、1998)
• 湯浅赳男 『日本近代史の総括　日本人とユダヤ人、民族の地政学と精神分析』(新評論、2000)
• 湯浅赳男 『「東洋的専制主義」論の今日性　還ってきたウィットフォーゲル』(新評論、2007)
• 湯沢威・編 『イギリス経済史　盛衰のプロセス(有斐閣ブックス)』(有斐閣、1996)
• 横井勝彦 『大英帝国の〈死の商人〉(講談社選書メチエ)』(講談社、1997)
• 横井勝彦 『アジアの海の大英帝国　19世紀海洋支配の構図(講談社学術文庫)』(講談社、2004)
• 義井博 『カイザー　ドイツの世界政策と第一次世界大戦(人と歴史シリーズ)』(清水書院、1976)
• 吉岡昭彦 『インドとイギリス(岩波新書)』(岩波書店、1975)
• 吉川洋 『高度成長　日本を変えた6000日(20世紀の日本)』(読売新聞社、1997)
• 吉村正和 『図説　フリーメーソン』(河出書房新社、2010)
• 吉見俊哉 『大学とは何か(岩波新書)』(岩波書店、2011)
• 米川伸一・編 『経営史(有斐閣双書)』(有斐閣、1977)
• 米倉誠一郎 『経営革命の構造(岩波新書)』(岩波書店、1999)
• リボリ(ピエトラ) 『あなたのTシャツはどこから来たのか?　誰も書かなかったグローバリゼーションの真実』(東洋経済新報社、2006)
• 笠信太郎 『ものの見方について』(角川文庫、1966)
• ルイス(マイケル) 『ブーメラン　欧州から恐慌が返ってくる』(文藝春秋、2012)
• レヴィ(バーバラ) 『パリの断頭台　七代にわたる死刑執行人サンソン家年代記』(法政大学出版局、1987)
• 蝋山芳郎 『インド・パキスタン現代史(岩波新書)』(岩波書店、1967)

• ローズ（サラ）『紅茶スパイ　英国人プラントハンター中国をゆく』（原書房、2011）
• 渡辺京二　『近代の呪い（平凡社新書）』（平凡社、2013）
• 渡辺尚・編　『ヨーロッパの発見　地域史のなかの国家と市場』（有斐閣、2000）
• 渡辺みどり　『シャネル・スタイル（文春文庫）』（文藝春秋、2005）
• 渡辺靖　『文化と外交　パブリック・ディプロマシーの時代（中公新書）』（中央公論新社、2011）
• 度会好一　『ユダヤ人とイギリス帝国』（岩波書店、2007）

• Ferguson（Niall）『Empire　How Britain Made the Modern World』（Penguin Group, 2004）
• Gilbert（Martin）『Atlas Of Jewish History』（Dorset Press, 1976）
• Greenfeld（Liah）『The Spirit of Capitalism: Nationalism and Economic Growth』（Harvard University Press, 2001）
• Gray（John）『Al Qaeda and What It Means to be Modern』（Faber & Faber, 2007）
• Kagan（Robert）『The Return of History and the End of Dreams』（Knopf, 2008）
• Marshall（P.J.）edit.『The Cambridge Illustrated History of the British Empire』（Cambridge University Press, 1996）
• Muller（Jerry）『Capitalism and the Jews』（Princeton　University Press, 2010）

【教科書と補助教材】
• 『詳説　世界史B』（木村靖二・佐藤次高・岸本美緒、山川出版社、2012　文部科学省検定済教科書）
• 『世界史年表』（山川出版社）
• 『世界史地図』（吉川弘文館）
• 『移住・移民の世界地図』（丸善出版、2011）

# ビジネスパーソンのための近現代史の読み方

Modern History for Top Businesspeople

発行日　2017年5月20日　第1刷

Author　佐藤けんいち

Book Designer　新井大輔
地図制作　アトリエ・プラン（p.260,262）

Publication　株式会社ディスカヴァー・トゥエンティワン
〒102-0093　東京都千代田区平河町2-16-1 平河町森タワー11F
TEL　03-3237-8321（代表）
FAX　03-3237-8323
http://www.d21.co.jp

Publisher　干場弓子
Editor　藤田浩芳

Marketing Group
Staff　小田孝文　井筒浩　千葉潤子　飯田智樹　佐藤昌幸　谷口奈緒美　西川なつか　古矢薫　原大士　蛯原昇　安永智洋　鍋田匠伴　榊原僚　佐竹祐哉　廣内悠理　梅本翔太　奥田千晶　田中姫菜　橋本莉奈　川島理　渡辺基志　庄司知世　谷中卓　小田木もも

Productive Group
Staff　千葉正幸　原典宏　林秀樹　三谷祐一　石橋和佳　大山聡子　大竹朝子　堀部直人　林拓馬　塔下太朗　松石悠　木下智尋

E-Business Group
Staff　松原史与志　中澤泰宏　中村郁子　伊東佑真　牧野類

Global & Public Relations Group
Staff　郭迪　田中亜紀　杉田彰子　倉田華　鄧佩妍　李瑋玲　イエン・サムハマ

Operation Group
Staff　山中麻吏　吉澤道子　小関勝則　池田望　福永友紀

Assistant Staff　俵敬子　町田加奈子　丸山香織　小林里美　井澤徳子　藤井多穂子　藤井かおり　葛目美枝子　伊藤香　常徳すみ　鈴木洋子　内山典子　谷岡美代子　石橋佐知子　伊藤由美　押切芽生

Proofreader　文字工房燦光
DTP　アーティザンカンパニー株式会社
Printing　共同印刷株式会社



ISBN978-4-7993-2100-3　